本书由华中师范大学出版社提供的出版基金全额资助

法学文丛

法治的生活之维

FAZHI DE SHENGHUO ZHIWEI

罗丽华 著

華中師範大學出版社
Central China Normal University Press

新出图证(鄂)字 10 号

图书在版编目(CIP)数据

法治的生活之维/罗丽华著. —武汉：华中师范大学出版社，2011.11

ISBN 978-7-5622-5187-3

Ⅰ.①法… Ⅱ.①罗… Ⅲ.①社会主义法制—研究—中国 Ⅳ.①D920.0

中国版本图书馆 CIP 数据核字(2011)第 165141 号

法治的生活之维

 罗丽华 著

责任编辑：谢 琴　　责任校对：刘满元　　封面设计：甘 英

出版发行：华中师范大学出版社

编辑室：文字编辑室　　电话：027—67863220

社址：湖北省武汉市珞喻路 152 号　　邮编：430079

电话：027—67863426(发行部)　027—67861321(邮购)

传真：027—67863291

网址：http://www.ccnupress.com　　电子信箱：hscbs@public.wh.hb.cn

印刷：武汉理工大印刷厂　　督印：章光琼

字数：200 千字

开本：880mm×1230mm　1/32　　印张：7.75

版次：2011 年 11 月第 1 版　　印次：2011 年 11 月第 1 次印刷

印数：1—1500　　定价：23.00 元

欢迎上网查询、购书

序

人是法律的主体、关键和目的，法治之法必须以人为依归。而人是生活中的人，是不断更新生活方式、不断提高生活质量的人。关注人的生活、创造人的幸福生活是法学乃至所有人文社会科学存在与发展的意义。当今中国正处于从传统社会向现代社会、从农业社会向工业社会、从封闭性社会向开放性社会的变迁和发展过程之中，人们的生活背景、生活方式、价值体系都在发生明显的变化。在这样一个特殊的社会转型时期，法治怎样去影响人们的生活，生活如何去适应法治的要求，这是一个具有重大理论意义和现实意义的课题。而对这一课题，中国法学界进行系统的理论研究和阐释还不够，《法治的生活之维》一书可谓是对这一不足的弥补，其重要意义，应予肯定。

从生活的角度分析法治其实不仅仅是一个法学命题，它需要借助哲学的研究成果和学术范式，需要借助历史学、社会学的研究方法与分析路径。本书的理论渊源之一就是盛行于20世纪西方哲学界的“生活世界”理论，该理论以日常生活批判为中心，区分了“非日常生活世界”与“日常生活世界”两个相互关联又各自独立的生活世界，吹响了向“生活世界”回归的号角。本书的另一个理论渊源是马克思以经济基础为主要对象的社会批判理论。在法治的分析路径上，作者对马克思的以经济政治为中心的宏观革命设想与以日常生活为中心的微观文化革命理想予以了融合，将日常生活看成独立于经济基础和上层建筑两个平台之外的一个新的平台。法治既以经济基础为基石，也以日常生活为基础，法治既应在宏观的“非日常生活世界”运行，更应向微观的

"日常生活世界"渗透，因为法治只有扎根于公民的生活世界并进而成为人们的生活方式，才有生命力。本书的研究方法主要运用了法学、哲学、历史学和社会学的综合分析法，从历时性与共时性两个角度，揭示了法治与生活演进的内在逻辑与历史经验，通过对中西文化的比较、传统与现实的比较，探索中国法治与生活世界的理论意蕴与建设之路。

本书立意新颖，富有创见，对下述三个问题的论述尤为独到：一是对中国法治图景的判断。作者根据中国法治实践，提出中国法治实现过程首先是要完善法律制度，然后在科学完善的法律制度基础上结合实践来凝练正确的法治理念，再通过对法律制度的遵守、法治理念的信仰来逐步培育一种"文化"和"传统"，即从法律制度的完善到法治理念的凝练再到法治文化的型塑的法治实现过程。二是对"法治是一种生活方式"的推导。作者从文化视角、历史视角、价值视角分析出生活由自在向自觉、由日常生活向非日常生活转化并最终实现两者和谐统一的历史必然性，从原始社会、传统社会、现代社会法治与生活的不同历史方位中印证"法治"的生活的必然性以及优越性，得出"法治是一种生活方式"既是法治应该进入生活的一个价值命题，也是法治可以进入生活的一个事实命题。三是对中国法治进入"生活世界"的路径分析。借鉴"生活世界"重建的理论框架，从理论到现实、从历时性到共时性分析阻滞中国法治进入"生活世界"的理论壁垒和现实障碍，探求出中国法治进入"生活世界"的三条基本路径："文化"路径、"社会"路径、"个性"路径，呼应中国法治图景实现的过程。

本书作者曾是我的博士生，作为一名青年学者，她谦逊勤奋、认真踏实、颇具洞见。该书写作过程中，作者多次与我探讨交流，有很多观点我们都能取得共识。通读书稿，感到该书视野开阔、体系完整、理论深邃、语言流畅，颇具学术感染力。当然，该书也并不是完美的，比如对作为法治与生活主体的"人"增加一些专门章节进行阐述可能会更完备；"走向'生活世界'的中国法治"一章，如能进行针对性更强一些的具体论述，可能会更好。但不管怎么说，该书具有学术前沿性和理论创新性，也具有很强的时代感和实践指导意义，是中国法治研究方面的佳作。相信该书的出版，能对“生活世界”理论基点上的中国法治研究，尤其是中国法治实践起到重要的推动作用。希望作者能继续努力，坚持不懈地为我国法治建设贡献新的理论成果。

应作者之约，特书数言以为序。

李龙

2011年7月于珞珈山

目 录

导　　论①

法治蕴涵隽永，既承载了深厚的历史底蕴，又寄寓了深刻的时代沉思；既是对现实生活的精神超越，又是对理想生活的理性回归。法治概念至今并无确切指陈，从生活的维度研究法治，是法治理论丰富和发展的需要，也是法治实践探索和反思的结果。

一、法治的生活关怀

法治的知识图式复杂难解，不同文化域、不同时间段的法治概念和法治实践，反映了不同时期的历史—社会结构特点、不同民族的生活方式和价值体系。中国在“依法治国，建设社会主义法治国家”写入宪法后，表明中国的宪政体制彻底否定了人治，中国坚定不移地走上了法治道路。中国的法治道路不同于西方国家：西方国家所走的是在数百年的文化积淀、市场发展、观念启蒙、制度变迁的基础上，先在社会生活层面形成法治的需求，进而形成法治国家的道路；当代中国所走的却是伴随着社会转型、经济变革的由精英启蒙、政府主导、民众参与的社会主义法治道路。与西方的法治道路相比，我国的法治道路具有特殊性、复杂性、艰巨性和逆向性，经过十来年的发展，我国法治实践正在描绘一幅可能的法治图景：首先完善法律制度，然后在科学完善的法律制度基础上结合实践来凝练正确的法治理念，再通过对法律制度的遵守、法治理念的信仰来逐步培育一种“文化”和“传

---

① 本部分内容作为论文的阶段性研究成果与导师一起署名发表于《法制与社会发展》2009 年第 1 期。

统”，使个人、企业以及政府机关都能逐渐接受或习惯法治的运作，从而实现法治在生活世界的扎根、植入、嵌入和渗透。在此意义上，我国的法治已经或将在三个层面展开：

制度层面的法治。法治的主旨在于依据一定的价值观来构建社会的基本结构、运行机制、行为方式，形成以法律制度为主导的有序化模式。从形式意义上看，法治就是人们对社会的一种制度设计和安排，即通过制定法对权利和义务、权力和责任等进行合理分配。因而，“法律界往往把法律理解为制定法，因此把重视法治或法制理解为立法，理解为用制定法对社会进行全面、深入、持久的干预”①。在过去的十几年里，中国处在一个以大量立法、强调正式法律制度为标志的法治建设时期。党的十五大提出，加强立法工作，提高立法质量，到2010年形成有中国特色社会主义法律体系。十六大重申了这一目标。2007年10月，十七大报告指出，中国特色社会主义法律体系已基本形成。中国特色社会主义法律体系基本形成的主要标志为：一是法律部门齐备，我国现行有效的全部法律，已形成七个部门，即宪法及宪法相关法、民商法、行政法、经济法、社会法、刑法、诉讼及非诉讼程序法；二是法律部门中基本的主要的法律齐备，七个法律部门中，均有“代表性”和“骨干性”立法；三是与法律配套的附属性规范，包括法规等，也已基本齐备。1979年至2007年10月底，全国人大及其常委会共制定了现行有效的法律220余件；国务院制定了现行有效的行政法规近700件；地方人大及其常委会共制定了现行有效的地方性法规7000余件②。这些法律和法规基本覆盖了社会生活的基本方面。

理念层面的法治③。法治理念是关于法治的理想、信念和观念，

---

① 苏力：《法治及其本土资源》，中国政法大学出版社2004年修订版，第108页。

② 《人民日报》，2008年2月27日，第13版。

③ 这里的理念专指中国法治推进过程中正在建设的社会主义法治理念。

是对法治的内在要求、精神实质和基本原则的理性认识及高度概括。社会主义法治理念自提出以来受到各界的高度关注，党的十七大报告中明确指出“坚持依法治国基本方略，树立社会主义法治理念，实现国家各项工作法治化，保障公民合法权益”。社会主义法治理念的基本内容表述为“依法治国、执法为民、公平正义、服务大局、党的领导”。“依法治国，就是广大人民群众在党的领导下，依照宪法和法律规定，通过各种途径和形式管理国家事务，管理经济文化事业，管理社会事务，保证国家各项工作都依法进行，逐步实现社会主义民主的制度化、法律化，使这种制度和法律不因领导人的改变而改变，不因领导人看法和注意力的改变而改变。”从党的十五大报告对依法治国的界定中可以明确，依法治国的主体是人民，即党领导下的广大人民群众；依法治国的客体是以权力为基点的权力组织、权力活动以及由此产生的权力关系①。执法为民的法治理念作为社会主义法治理念的本质要求，就是指执法要依靠人民、保护人民，要以“以人为本”为执法的出发点与落脚点。“一个国家的最高福祉，不在财富与秩序，而在美德与自由。……设定每个人对自己的思想、人格、身体、财产、行为等拥有权利并通过法律予以平等保护，是十分重要的。”②执法为民的法治理念实质是保护民“权”，权利作为现代法学的基石范畴，是对人的尊严和价值的确认和维护，这也是法律的终极价值、法治的基本理念。社会主义法治理念中的公平正义是其价值取向，侧重于实体的公平正义，法律本是为了实现某些价值而设计出来的制度形式，法固然要追求实体的公平正义，但法要通过对程序的科学设定、强制遵守来实现实体的公平正义，也就是说法本身其实更重视程序的正义。罗尔斯认为，一种程序正义之所以称作程序正义是因为它能产生一种公

① 李龙：《依法治国方略实施问题研究》，武汉大学出版社 2002 年版，第 52 页。

② 夏勇：《中国民权哲学》，三联书店 2004 年版，序第 15 页。

平的结果。既然法本身是追求程序的或者形式的正义的，那么作为法的理念就必须对法的这一现实进行超越，从这个意义上，我们可以说法治理念的公平正义是超越了形式的实体公平正义。在社会主义初级阶段，发展是硬道理，稳定压倒一切，所以，政治、经济、文化、社会等各项事业的稳步发展就是大局。法律是为政治、经济、文化、社会发展“保驾护航”的，政法工作是维护政治社会稳定、推动各项事业发展的最直接的基础工作，政法队伍是维护和保障政治社会稳定的中坚力量，因此，社会主义法治理念中的大局侧重于政治社会的稳定。社会主义法治理念中党的领导侧重于观念上的引导，即在政法领域强化党的领导观念，保持政法领域的社会主义方向，而并不是直接由党来司法。

文化层面的法治。法治不只是一种制度化模式，也是一种理性精神、一种文化意识①。文化是个多义的概念，这种多义性既表现在人类文化生活的实践中，也表现在学界对文化概念的阐释中。胡适曾把文化界定为“人们生活的方式”，而梁漱溟在区分文化与文明的意义上称文化为“人类生活的样法”，在此意义上，文化并不简单地是意识观念和思想方法问题，而是历史地凝结成的稳定的生存方式，它像血脉一样，溶于总体性文明的各个层面中，自发地左右着人的各种活动。如果以历史来衡量，我国是缺乏法治文化传统的，但也有学者认为传统不是单指过去的东西，而是指经历历史流变而产生变化的现实存在，“现实的人的生命存在，处于文化传统之中，现实是传统的一个组成部分；但另一方面，现实同传统在时间属性上有绝然的不同：现实是人们可以在其中进行文化实践的文化时间领域，而传统，则是人们只能以其精神性的活动所把握的文化时间领域”②。所以传统不仅是过去文化的系统，还应是现代文化的系统。在这种意义上，我们不

① 杨解君：《走向法治的缺失言说(二)——法理、宪法与行政法的诊察》，北京大学出版社 2005 年版，第 17 页。

② 李鹏程：《当代文化哲学沉思》，人民出版社 1994 年版，第 371 页。

能断言我国没有法治文化，至少在建设社会主义法治国家的今天，我们虽缺乏法治文化的传统，但却正在孕育一种具有中国特色、带有社会主义性质的法治文化，这种法治文化以民主政治、市场经济、理性规则、多元文化为基础，以权利、自由、平等、公平、正义等为要素，以主权在民、保障人权、监督制约公权力、依法行政与独立司法等为核心，以民众普遍的稳定的守法、信法、护法、用法等为心态。当然，我国的法治文化基础还很薄弱，我们文化层面的法治建设还“任重而道远”。因此，中国现代法治文化的建立和形成最需要的也许是时间，因为任何制度、规则、习惯和惯例在社会生活中的形成和确立都需要时间。法治也内在地包含有一个时间要素：法治作为一种法律制度作用于国家、社会生活的时间过程，法治理念不断充实和丰富的发展过程，法治文化的完整图景推展和逐渐清晰化的历史过程。

将法治作制度、理念、文化三个层面上的区分也许在逻辑上不是很严密，广义的文化其实是可以包括制度和理念的，而且在一般的逻辑中，理念似乎应在制度之前。之所以未按逻辑的推演来设计，是因为法治是一门实践的艺术①，正如爱因斯坦在牛津的讲演中提到的“纯粹的逻辑思维不能给我们任何关于经验世界的知识，一切关于实在的知识，都是从经验开始，又终结于经验”。如果一定要在制度、理念、文化三个层面的法治中找寻一种逻辑的话，我们认为应该是理念、制度、文化三个层面构成的一个“金字塔结构”，但显然中国的法治实践并不是按照这个应然的逻辑来运行的。我国十来年的实践已在制度层面基本实现了法治，其主要标志是社会主义法律体系的基本形成；理念层面的法治建设已经开始启动，其标志就是社会主义法治理念的提出；但法治最终的实现决不是简单的文字法规和抽象的观念理念，它应当是人的生存模式的根本性转变和重塑，也就是生活在法治社会的人的行为准则、生活习惯、价值取向、思维方式等内在文化机

---

① Lon L. Fuller. *The Morality of Law*(revised edition). Yale University Press，1969：91-94.

理的转变，因为法治说到底是“人”的问题，法治建设实质上也是人的形象建设和塑造问题。而人总是文化的人，人的世界在某种意义上就是文化的世界；人总是生活在文化中，文化现象在人的世界中无所不在①。因此，文化层面的法治应该是人们的一种生活方式。不能简单地理解：“法治作为对所有人的一种要求和原则而确定在宪法和其他法律中，法治作为权力主体的活动方法而得到实施，并因此成为社会生活制度……”②而应将法治理解为“生活中不可或缺的组成部分，成为人们的生活方式”③。法治不仅是一种生活方式，而且是一种有着特定价值规定性的生活方式④。亚里士多德是提出这一思想的第一人，他在其名著《政治学》中明确提出：“我们应该注意到邦国虽有良法，要是人民不能全部遵循，仍然不能实现法治。法治应该包含两重意义：已成立的法律获得普遍的服从，而大家所服从的法律又应该本身是制订得良好的法律。”⑤他认为：“公民们都应遵守一邦所定的生活规则，让各人的行为有所约束，法律不应该被看作(和自由相对的)奴役，法律毋宁是拯救。”⑥从亚里士多德的论述中，我们可明确法治作为生活方式必须具备形式方面的规定性，即法律规范必须清晰、公开、适度、可行、非溯及既往、规则之间协调一致、有明确的效力范围和制裁方式等。法治作为生活方式还需具备价值方面的规定性，尽管没有统一的标准，就现代社会来说，法治的价值基础和取向至少应

---

① 衣俊卿：《现代化与文化阻滞力》，人民出版社 2005 年版，第 56 页。

② [俄]B·B·拉扎列夫主编：《法与国家的一般理论》，王哲等译，法律出版社 1999 年版，第 33 页。

③ 孙笑侠、胡瓷红：《法治发展的差异与中国式道路》，载《新华文摘》2003 年第 10 期。

④ 张文显主编：《法理学》，高等教育出版社 2003 年第 2 版，第 332～334 页。

⑤ [古希腊]亚里士多德：《政治学》，吴寿彭译，商务印书馆 1985 年版，第 199 页。

⑥ [古希腊]亚里士多德：《政治学》，吴寿彭译，商务印书馆 1985 年版，第 276 页。

该包括：法律必须体现人民主权原则，必须是人民利益和共同意志的反映，并且以维护和促进全体人民的综合利益为目标；法律必须承认、尊重和保护人民的权利和自由；法律面前一律平等；法律承认利益的多元化，对一切正当的利益施以无歧视性差别的保护①。只有同时具备形式规定性和价值规定性的法治才能成为人们的价值、观念、心态及行为，进而成为人们的生活需求和生活理想。

尽管我国制度层面和理念层面的法治建设已取得了明显的成效，但法治建设的第三步也是最为关键的一步应该是文化层面的法治建设。前文已述文化可以界定为"人们生活的方式"或"人类生活的样法"，从这个角度来审视，我们不难发现在我国法治还没有成为公民的一种生活方式。我国的法治更多地出现在社会理论和精神的流动之中，出现在社会运行的某些方面或某些侧面，法治更多是"法律共同体"内部的浪漫主义的理想，或者现实主义的批判，在"法律共同体"外部，法治在本质上处于"不在场"或"无根基"的状态。或者说，我们的法治建设还在重视理论上的建构，还在解决运行中的"有法可依"，我们的认识还停留在将法治作为工具和手段加以接受，顶多作为观念和价值而加以认同，法治还没有成为民众的信仰和生活方式，法治与现实的人的生活关系还不大。进而言之，我国法治走进公民生活，成为公民的一种生活方式遇到的障碍比其他任何外源型法治国家更大。昂格尔认为传统中国缺乏集团的多元主义、自然法理论及其超越性宗教的基础，他说，如果以法治的有无为坐标轴，那么古代中国居其负极，现代西欧居其正极，其他大多数文明都不过在这两极之间各得其所而已②。中华文明最为辉煌的是农业文明，尽管中国百年来对法治的追求、十年来对法治的实践，或多或少地影响和触动了我们的国家

① 张文显主编：《法理学》，高等教育出版社 2003 年第 2 版，第 334 页。

② [美]R·M·昂格尔：《现代社会中的法律》，吴玉章、周汉华译，译林出版社 2001 年版，第 44～131 页。

生活和社会生活，但普通民众的生活方式还是深深刻上了农业文明的标记，农业文明中凭借传统、习惯、经验以及宗法血缘和天然情感等文化因素来维系生活的方式延续至今。借用卢梭在谈到公民和国家的关系时所说的："只要有人谈到国家大事时说：'这和我有什么相干?'我们可以料定国家就算完了。"①只要有人谈到法治时说："这和我的生活有什么相干?"我们可以料定法治在生活中的"不在场"和"无根基"。生活关怀是法治的终极关怀，法治只有扎根于公民的生活世界，才有生命力。

二、法治的生活维度

将"生活"作为一个学术话语进行研究滥觞于20世纪的西方哲学界，在20世纪的哲学王国中，许多哲学家或哲学流派不约而同地从不同视角将注意力聚集到生活世界上，提出了关于生活世界的构想和批判理论。我们可以从胡塞尔的现象学、维特根斯坦的语言哲学、海德格尔的"日常共在世界"、列斐伏尔的日常生活批判、哈贝马斯的交往行动理论、许茨的生活世界理论、A·赫勒的"日常生活世界"等重要理论中看到20世纪西方哲学向生活世界回归这一重要主题。

"生活世界"概念最早由胡塞尔于20世纪初提出，他认为，生活世界具有先在的给定性，是"前科学的、直观的"、"可经验的"人之存在领域。这种给定的生活世界包含我们通常所说的日常生活的范畴，但是，这个生活世界是主体性的意义构造。生活世界作为自在的第一性的主体性的意义构造，不是孤立的自我的产物，而是交互主体性的产物②。胡塞尔奠定了生活世界理论的基础，其他哲学家由于思维视

---

① ［法］卢梭：《社会契约论》，何兆武译，商务印书馆1982年版，第124～125页。

② 相关论述可参见［德］胡塞尔：《生活世界现象学》，上海译文出版社2002年版；［德］胡塞尔：《欧洲科学危机和超验现象学》，上海译文出版社1988年版；倪梁康选编：《胡塞尔选集》(上下卷)，三联书店1997年版等。亦参见衣俊卿：《现代化与文化阻滞力》，人民出版社2005年版，第128～136页。

角、认知兴趣和理论目标的差异，对生活世界的内容与构成等的看法虽明显不同，但都只是从某一方面对胡塞尔的理论进行补充、完善、发展、超越。

哈贝马斯是生活世界理论的集大成者，他对生活世界理论做了某种综合化和完善工作。哈贝马斯把行动者的世界划分为三个部分，即客观世界、社会世界和主观世界①，这是行动者交往行为的形式的世界，它与“生活世界”有别。形式的世界“乃是行为角色从事活动时，能够与他的行为目的和利益相关联的、起着限定其行为论题的作用的外在环境因素的总和，可以成为有关各方说明认识的对象”。而生活世界“乃是为行为角色的创造性活动提供相互理解的可能的建构性范围的因素的总和，它作为交往行为过程本身的产生来源，一直居于背后，作为背景性的因素，并只是作为文化传统力量在解释过程中体现出来”②。哈贝马斯认为，生活世界分三个层次，即文化、社会与个性，这也是生活世界的三个构成要素。哈贝马斯关于生活世界的理论阐述并没有停留在对生活世界的内在结构、功能以及交往行为的背景和境域的分析上，而是进一步分析了现代理性及现代危机条件下的生活世界的状况。哈贝马斯详细地分析了人类社会从部落社会，经过传统社会，直到现代国家组织化的社会的演进过程中体系与生活世界的分离。在哈贝马斯看来，问题不在于系统与生活世界的分离和系统的相对独立，问题在于，随着社会的发展，系统的复杂性越来越增强，相应地它的独立性也在不断增强。独立化的系统反过来干预和破坏生活世界的文化机制，造成生活世界的危机和系统与生活世界的冲突，即“生活世界的殖民化”。摆脱“生活世界的殖民化”的出路在于，以生活世界的合理化趋势为基

① [德]哈贝马斯：《交往行动理论》(第 2 卷)，洪佩郁、蔺青译，重庆出版社 1994 年版，第 166～167 页。

② 艾四林：《哈贝马斯》，湖南教育出版社 1997 年版，第 112～113 页。

础，推动交往理性的合理化，从而发挥生活世界的理解、协商和非强制意见一致的功能，推进文化再生产、社会统一和社会化的协调发展①。

除胡塞尔和哈贝马斯外，支撑本书基本论证的还有法国哲学家列斐伏尔及我国学者衣俊卿的相关观点。列斐伏尔是西方马克思主义理论界的代表人物，他以马克思的异化理论为基础把马克思主义改造成一种以现代人的异化为出发点的日常生活批判理论。作为一名人本主义哲学家，他的全部理想是“总体的人”(即自由自觉的、创造性的、占有自己本质的、自我创造的人)在世界历史中的生成。列斐伏尔认为，日常生活的琐碎性、重复性是导致异化的重要原因，他反对将日常生活看成一个位于经济基础与上层建筑之间的领域，而是独立于经济与政治两个“平台”之外的一个新的“平台”，并且日常生活这个“平台”已经处于比生产更重要的主导性的位置上，日常生活取代了马克思的生产过程而成为社会的核心，人正是在这个“平台”上“被发现”和“被创造”的。列斐伏尔认为经济基础、上层建筑是通过日常生活小事实现的，社会的本质依存于人的日常生活小事，社会关系只有在日常生活中才会产生出来，人也是在日常生活小事中被真正塑造和实现出来②。

我国学者衣俊卿综合了西方哲学家的“生活世界”理论，并以中国的现代化进程为背景，以人自身的现代化为宗旨，构建了我国的日常生活批判理论，使之成为一种关于现代化的独特的文化哲学表述形式。在衣俊卿的众多论述中，笔者采纳了其将人类社会视作一个金字塔结构的观点。他认为：处于金字塔顶部的是科学、艺术和哲学等活动的领域，是非日常的、自觉的人类精神和人类知识领域，可以称之

① 相关论述可参见[德]哈贝马斯：《交往行动理论》(第 1、2 卷)，洪佩郁、蔺青译，重庆出版社 1994 年版。

② 吴宁：《日常生活批判——列斐伏尔哲学思想研究》，人民出版社 2007 年版，第 156～201 页。

为自觉的类本质①活动领域。处于金字塔中部的是非日常的社会活动领域，主要包括政治、经济、技术操作、经营管理、公共事务、社会化大生产等。在现代社会中，这些活动领域主要靠法律和各种制度加以调节维持，因此可称之为“制度化领域”。处于金字塔底部的是以个体的生存和再生产为宗旨的日常活动领域，主要包括衣食住行、饮食男女等以个体的肉体生命延续为目的的生活资料的获取与消费活动及其生殖活动；婚丧嫁娶、礼尚往来等以日常语言为媒介，以血缘和天然情感为基础的个体交往活动以及伴随上述日常活动的重复性的日常观念活动。其中，前两个层面即有组织的社会活动领域和自觉的人类精神生产领域具有共性，构成了非日常生活世界，它与处于人类社会金字塔结构底基的日常生活世界相对应。这一人类社会结构突破了马克思主义的社会历史理论即唯物史观关于经济基础和上层建筑的原理，拓宽了关于人类社会(人的世界)的定义域。因为经济基础与上层建筑只涵盖了由有组织的社会活动和自觉的精神生产所构成的非日常生活世界，而没有包括衣食住行等日常生活世界。经济基础和上层建筑架构的社会历史理论往往只关心非日常生活世界的政治经济运行规律等宏大问题，而实际上，正是日常生活世界的文化图式，从深层次上影响和制约着特定时代的个体的行为方式和社会运行的内在机制②。

以上很不全面地介绍了几位西方哲学家和中国学者的“生活世界”理论，这些理论给法治提供了新的范畴体系、理解框架和理论背景。

首先，关于法治的“生活”范畴。对“生活”的界定，《现代汉语词典》有五种解释，一是人或生物为了生存和发展而进行的各种活动；二是进行各种活动；三是生存；四是衣食住行等方面的情况；五是

---

① 马克思认为人的类本质是自由自觉的活动，有自己的意志和思想，懂得按美的规律来创造。

② 相关论述可参见衣俊卿：《现代化与日常生活批判——人自身现代化的文化透视》，黑龙江教育出版社 1994 年版；衣俊卿：《现代化与文化阻滞力》，人民出版社 2005 年版。

[方]活儿(主要指工业、农业、手工业方面的)①。本书的“生活”主要有三个方面的含义，一是作为活动的“生活”，即公民(民众)生活，指公民(民众)在政治、经济、文化等领域中的各种活动②。二是作为模式的“生活”，即生活方式，也就是人的生存活动所采取的方法和形式。三是作为场域的“生活”，即生活世界，也就是现实的人在其中生存、交往、创造价值和意义的世界，包括日常生活世界和非日常生活世界。日常生活世界是指使社会再生产成为可能的维持个体的存在和再生产的各种活动领域；而非日常生活世界则是指维持社会再生产和类的再生产的活动领域，日常生活世界总是同个体的生命延续即个体的生存直接相关，非日常生活世界总是同社会整体即人的类存在相关。需要补充说明的是，对生活和文化两个概念本书未作严格区分，因为自文明时代以来，“生活世界从本质上、在根基上表现为一个文化的世界”③。对于“生活”的结构，我们赞同衣俊卿教授“金字塔结构”的三分法，即自觉的类本质活动领域、制度化领域、日常活动领域，其中，前两者构成非日常生活世界，后者即日常生活世界，日常生活世界是非日常生活世界得以生成并赖以存在的基础④。

关于生活的“法治”范畴。“法治”首先是一种活动，活动主体不仅是国家、政府、政党，还是团体、法人、作为自然人的社会成员，也就是说，在制定了法律之后，任何个人和组织的非日常和日常活动均应该受到既定法律规则的约束，生活世界的每个人平等地依法办事、遵守法律是法治的基本要求和标志。“法治”其次是一种生活方式，法

---

① 中国社会科学院语言研究所词典编辑室编：《现代汉语词典》，商务印书馆1980年版，第1016页。

② 周叶中：《宪法与公民生活息息相关——关于树立我国宪法权威的一点思考》，载《求是》2004年第11期。

③ 衣俊卿：《现代化与文化阻滞力》，人民出版社2005年版，第176页。

④ 这个分类是相对的，我们不能把生产生活中的活动一一对应到每一个类型，因为生活本身具有多样性，不能用“非此即彼”的思维来区分生活的方方面面。

治不仅是国家、政府“自上而下”推进的社会控制方式，还是转化为公民的自觉行动、内化为公民的内心信仰的文化机理和生活方式。“法治”再次是一种生活场景。自文明社会产生以来，共存在过三种文明秩序，即宗教文明秩序、道德文明秩序和法律文明秩序①。法治是一种法律文明秩序，不论是内源型法治国家还是外源型法治国家，在生成了或选择了法治之后，都会给生活于其中的每一个人提供一种不同于宗教文明和道德文明的生活场景，这个场景是法律规范施行和实现的结果，也是法治社会的一种基本要求和向往。

其次，从“生活”维度理解法治的意义。对于“生活”，特别是大众日常生活，很多人以此为庸俗肤浅而嗤之以鼻，所以，在我国人文社会科学的研究中，将“生活”作为一个“元命题”来论述的学者寥寥无几，这与西方国家对“生活世界”持续的研究热潮恰成对比。在法学界，将法律或法治与“生活”联系在一起时，基本是作为一种普法意义上的、法律通俗化的过程，往往通过一些个案来揭示法律与“生活”某些方面的关联性；在学术论著中，涉及法律或法治与“生活”的关系时，基本上是把“法律与生活息息相关”、“法治是一种生活方式”等这样的表述当作一个不证自明的问题来直接加以使用；也有学者进行过一些研究，如周叶中教授论证的“宪法是公民的生活规范”，“宪法是公民的一种生活方式”②。李林教授提出的“西方‘法治’和‘宪政’进入中国，在与中国国情的长期碰撞过程中，它们主要地被作为工具和手段而接受，次要地被作为理念和价值而认同，最不幸的是它们几乎还没有成为国人的信仰和生活方式”③等等，我们认为这些研究触及了

---

① 於兴中：《法治与文明秩序》，中国政法大学出版社 2006 年版，第 20 页。於兴中认为西方历史上存在过两种文明秩序，即宗教文明秩序和法律文明秩序，中国几千年的传统是单一的道德文明秩序。

② 周叶中：《依法治国首先是依宪治国：关于宪法与公民生活的演讲》，载《中国律师》2002 年第 12 期。

③ 李林：《法治与宪政的变迁》，中国社会科学出版社 2005 年版，序言第 1 页。

法律、法治与“生活”的关系、存在的问题，但未作为“元命题”来加以深入论证。其实，关注“生活”恰恰是包括法学在内的所有人文社会科学的厚重与深沉之处，因为只有站在“生活”的立场上，而不是纯思辨构成的概念泡沫之上，才避免了我们的肤浅和空洞。

从“生活”的维度来理解我国的法治，实际上是从微观和个体的角度来理解法治。我国的法治一开始就是被当作治国方略而提出的，这个意义上的法治也称“法的统治”，是指统治阶级按照民主原则把国家事务法律化、制度化，并严格依法进行管理的一种治国理论、制度体系和运行状态。其核心内容是：依法治理国家，法律面前人人平等，反对任何组织和个人享有法律之外的特权①。其基本特点是：社会生活的统治形式和统治手段是法律；国家机关不仅仅适用法律，而且其本身也为法律所支配；法律是衡量国家及个人行为的标准②。其表征的价值就在于：对权力予以制约，通过权力的制约来实现每个公民自由合法地享用属于自己的权利。应该说，这种宏观的、政府主导的、作为治国方略的法治为法治在社会层面的实现、生活层面的生成发挥了前提和条件的功能，但它同时存在一种悖论，即法治本应由人民来对权力进行制约，但政府的主导地位实际造成了行使权力者自己要求对权力制约、自己来对权力进行制约的循环，普通民众事实上成了法治的“旁观者”。从“生活”的维度研究法治是将法治的立足点定位为现实的个人，将法治从宏观的、国家的非日常生活世界落实到微观的、个体的日常生活世界中来，从而实现法治在普通民众中的启蒙和生活世界中的践行。

再次，关于法治的“生活”背景。前文所述西方哲学家“生活世界”研究的背景与我们现在所处的“生活”背景有很大的区别，20 世纪西

---

① 周叶中主编：《宪法》，高等教育出版社、北京大学出版社 2005 年第 2 版，第 110 页。

② 张文显主编：《法理学》，高等教育出版社 2003 年第 2 版，第 210 页。

方资本主义国家以工业文明为基础的现代性已经生成，西方哲学家基于工业文明对人的异化而提出回归“生活世界”理论。我们的工业文明还未完全形成，我们还深受农业文明的桎梏，一方面我们要克服工业文明对人的异化，另一方面要摆脱农业文明对人的阻滞。中国的法治建设可谓是在相互冲突的双重“生活”背景中展开的：其一，它面对着农业文明下的生活模式转型。中国有着十分漫长而又辉煌的农业文明，民众的生活方式倚重的是经验、习惯、传统、宗法血缘和天然情感等，这与法治所要求的民主、自由、平等、人权、理性、文明、秩序、效益与合法性等文化模式相冲突。其二，中国的法治建设面对着工业文明下的文化危机。中国的经济建设、城市化发展已将相当一部分中国人带进不太发达的“工业社会”，“工业社会”日益加深的人的异化和物化的生存困境、人与自然的生态关系的破坏等，开始展示出工业文明的局限性和内在缺陷。于是，我们一边正在从农业文明走向工业文明，一边又要克服工业文明带来的局限和弊端，这种双重“生活”背景所导致的冲突和错位使得中国的法治建设和研究十分沉重与复杂。在这样的转型时期，成千上万的普通中国人处于传统与现代的夹缝之间，萌生着走出熟悉的日常生活世界进入充满竞争又充满创造性的非日常生活世界的历史涌动之中，法治面临着既要回归日常生活世界，又要超越日常思维的双重挑战。从这样的背景看问题，就可以解释为什么我国的法治进程较慢，为什么法治建设需要政府的推进，为什么法治难以融入生活等问题。

三、法治的生活立场

确立法治的生活立场，首先得明确法治原来的立场。马克思主义的社会历史理论中有一个重要原理：经济基础和上层建筑原理，按照这个原理，法治显然属于上层建筑的范畴。上层建筑包括政治、法律等制度和与之相适应的社会意识形态两大部分，政治、法律制度包括国家机关、政党、军队、法院、监狱等，被称为上层建筑的“硬件”部分；社会意识形态包括政治、法律观点和道德、宗教、艺术、哲学等被称为上层建筑的“软件”部分。我国法治的源起和建立就是经济基础和上层建筑原理的具体体现。20 世纪 90 年代初，我国开始了建设社会主义市场经济的历程，当时提出了“市场经济是法治经济”的观点，市场经济成为孕育、催生我国法治的经济基础。在这个基础上，党的十五大报告中提出了“依法治国，建设社会主义法治国家”的治国方略，并于 1999 年通过宪法修正案对这一治国方略予以最高法律确认。十多年来，我国对作为上层建筑的法治进行了大量的“硬件”建设，如前文所述，制度层面的法治建设在我国已基本完成就是“硬件”建设的标志性成果；随着社会主义法治理念的提出，标志着我国法治开始转向“软件”系统的开发。回顾我国十多年的法治建设，我们欣喜于一部一部法律制定出来、一项一项法制改革推行、一本一本法治著作问世，然而，在我们的现实生活中，一方面，从幼儿入托、儿童择校、学生高考、工作调转等个人生活，到企业经营、行政管理、法律诉讼、职务提拔、职称评定、干部录用等社会活动，无处不显露出熟人社会、人情社会的痕迹。另一方面，政府更密切、更广泛地介入到我们的生活中，从“依法治市”、“依法治村”、“依法治林”、“依法治水”等“法治”的“普及”，到强制骑摩托车者戴头盔、汽车司机系安全带到劳动法规中的强制保险，乃至强制婚检等，到处都体现着法治社会对人民的“父爱”①——有时候这种“父爱”过于强制、过于宽泛。这些或阻滞、或影响、或曲解法治的现象，已很难用单纯的“经济基础和上层建筑原理”来予以解释，我们需要找寻或建立一种新的理论来诠释法治的“生活”实践。我们认为，前文所述列斐伏尔将日常生活看成独立于经济基础与上层建筑两个“平台”之外的一个新的“平台”的理论，可以尝试用来解释法治实践带给我们的困惑。

---

① 父爱主义(Paternalism)又称家长主义，它来自拉丁语 pater，意指像父亲那样行为，或对待他人像家长对待孩子一样。当然，这个父亲或家长的形象是具有责任心和爱心的。参见孙笑侠、郭春镇：《法律父爱主义在中国的适用》，载《中国社会科学》2006 年第 1 期。

列斐伏尔认为，分析日常生活问题不能局限于传统马克思主义的经济基础与上层建筑两分法的理论视野中，日常生活既不是上层建筑也不是经济基础，相反，上层建筑倒是要以日常生活为基础，上层建筑是从日常生活和社会实践中产生的。在这个认识层面上，列斐伏尔将日常生活看成独立于经济与政治两个“平台”之外的一个新的“平台”，并且日常生活这个“平台”已经处于比生产更重要的主导性的位置上，日常生活取代了马克思的生产过程而成为社会的核心。基于此，有学者高度评价列斐伏尔“提出了经典马克思主义所没有的新主题，开辟了马克思主义研究的新领域”①。其实，马克思、恩格斯在《德意志意识形态》中曾经提到“个人的生活过程”、“现实生活过程”、“日常生活”②等概念，而且称之为除政治关系、经济关系之外的第三种关系，他们指出：“一开始就进入历史过程的第三种关系是：每日都在重新生产自己生命的人们开始生产另外一些人，即繁殖。这就是夫妻之间的关系，父母和子女的关系，也就是家庭。”③对此，恩格斯后来更进一步地进行过论述，“根据唯物主义观点，历史中的决定因素，归根结蒂是直接生活的生产和再生产。但是，生产本身又有两种。一方面是生活资料即食物、衣服、住房以及为此所必需的工具的生产；另一方面是人自身的生产，即种的蕃衍”④。这些论述中包含了日常生活的内涵，但马克思、恩格斯当时主要集中于从物质生产的角度揭示人类社会结构及其发展的动因，从而创立了经济基础和上层建筑原理，而对“人自身的生产”即日常生活的理论范式并没有真正建立起来。事实上，马克思、恩格斯对生活和生产并未区分，他们将生

① 吴宁：《日常生活批判——列斐伏尔哲学思想研究》，人民出版社 2007 年版，第 194 页。

② 《马克思恩格斯选集》(第 1 卷)，人民出版社 1995 年版，第 71、72、93 页。

③ 《马克思恩格斯选集》(第 1 卷)，人民出版社 1995 年版，第 80 页。

④ 《马克思恩格斯选集》(第 4 卷)，人民出版社 1995 年版，第 2 页。

产分为物质资料的生产和人自身的生产，将生活也划分为社会生活和个人生活，或者说，马克思、恩格斯将其社会历史理论也运用于日常生活了。列斐伏尔以日常生活为中心的社会批判理论置换了马克思以经济基础为主要对象的社会批判理论，以日常生活为中心的微观文化革命理想取代了马克思的以经济政治为中心的宏观革命设想。应该说马克思、恩格斯对日常生活理论的疏忽或将社会历史理论运用于日常生活、列斐伏尔以日常生活取代经济基础和上层建筑理论都有缺憾，我们完全可以将日常生活批判理论视为经济基础和上层建筑理论的补充，它们一起构成了我们的范畴体系、理解框架。在这个意义上，上层建筑既以经济基础为基础，同时以日常生活为基础，上层建筑本身也与非日常生活世界有着某种对应，如非日常生活世界中的自觉的类本质活动领域与上层建筑的"软件"部分、非日常生活世界中的制度化领域与上层建筑的"硬件"部分。需要说明的是，这种对应是相对的，只是将生活世界理论与马克思主义社会历史理论作某种"牵强"的"附会"，或者说，用大家更为熟悉和广为接受的一种理论来说明、解释另一种可能不是那么熟悉、不是那么易容被接受的理论，因为就两者的切入点及理论基础来看是迥然不同的，而且日常生活同经济基础、上层建筑根本无法对应，它们实际是不同的"平台"。

以上述理论为背景，再来分析我国的法治现象就容易了。长期以来我国的法治理论是用马克思主义社会历史理论的经济基础和上层建筑原理来加以构建的，法治被定位为"高高在上"的上层建筑，法治的这一立场导致了使原本应由民众来主导的法治，实际上由国家、政府机关在主导着，尽管政府机关不停地表达着对民众的"父爱"，但民众对这种"父爱"却有一种本能的"反抗"，这种"反抗"是民众"自治"的体现，正如一个成年的孩子虽然回应着"父爱"，却要求自己独立一样，用生活世界理论来解释这种"父爱"即非日常生活的法治对日常生活的干预。法治的上层建筑立场还导致了法治理论建构的盛行，十多年来，我国学者在法治理论研究方面可谓是"大发展、大繁荣"，有关法治的文章、书籍已是汗牛充栋。热心于理论建构者相信，人类社会包括法律在内的制度与组织，包括法律在内的秩序与观念，都是人在其智识参与之下理性设计并加以贯彻推行的结果。既然人类的历史与现实生活都是理性设计和人为创造的产物，那么显然人类的未来的理想生活也可以而且应该通过人的理性设计和创造而得到。所以，由法的规范、制度、组织、设施与观念的组合及其运作而形成的秩序状态的法治，其历史、现实与未来也离不开人自己的主观构设与理性创造①。建构出来的法治理论，其本身有一个独立性和自我发展的逻辑，并不必然与社会实践一一对应，且随着理论越来越系统，它离社会实践会越来越远，这是认识过程的规律，也是理论发展的矛盾②。所以，理论的建构和预设虽有其积极意义，但在法治已经成为国家、社会一个实然命题的现阶段的中国，法治推行中的很多问题最终的解决还要靠实践，因为只有摸索中的法治实践才是最佳的法治理论。法治的上层建筑立场还容易脱离生活，理论上普遍认为，法治的主体是广大人民，对象是权力机关及其工作人员，法治的核心是治权、治吏。但人民治权、治吏的前提是人民客观上有这种需求、主观上有这种动机。事实上，我们发现在我们的法治理论越来越系统、我们的法治理念越来越先进、我们的法律体制越来越完善的今天，法治对普通民众的生活触动远不如股票、物价、娱乐等来得实在和轰动，法治对普通民众而言只是国家和政府的“阳关道”，在他们重复性的日常生活中，他们却宁愿凭人情、凭经验过着自己的“独木桥”。所以法治对权力制约的价值取向也像绝大多数法治理论一样仅仅是“理论”，它还没有成为普通民众的生活方式。事实上，法治只有成为人们“生活终极

---

① 姚建宗：《法治的生态环境》，山东人民出版社2003年版，第21页。

② 这个矛盾实际上就是哈贝马斯“生活世界的殖民化”的基本内涵，哈贝马斯认为随着社会的发展，系统的复杂性越来越增强，相应地它的独立性也在不断增强。独立化的系统反过来干预和破坏生活世界的文化机制，造成生活世界的危机和系统与生活世界的冲突。

目的和意义的一部分”①，立足于人的现实生活世界，并以现实的人的幸福生活为依归，落实到体现到日常生活中来，才有可能真正成为人民的法治、生活的法治。

法治以生活为立场，法治在生活中起步、在生活中发展、在生活中生成，“生活”的法治是有着丰富内涵、有着深厚底蕴的法治。法治与生活有着共同的价值基础——秩序，有着共同的价值目标——自由，无论是作为制度的法治，还是作为理念的法治，“从根本上说都是对人类的一种关怀方式，是人类的自由与秩序本性在动态平衡中追求的一种生存方式”②。法治的生活立场拓展了法治理论，回应了法治实践。法治以“生活世界”为背景，将使法治获得更大的历史舞台和现实空间。从中国法治实践出发，笔者对中国法治建设作三个层面的划分，即制度层面的法治、理念层面的法治、文化层面的法治，将这一分层与“生活世界”理论对接，我们不难发现它与“生活世界”的结构层次有着自然的对应：理念层面的法治对应“生活世界”的自觉的类本质活动领域，制度层面的法治对应“生活世界”的制度化领域，文化层面的法治对应“生活世界”的日常活动领域。这一对应关系是相对的，但它表明理念层面和制度层面的法治均属于非日常生活世界，而非日常生活世界与上层建筑又是对应的，所以，法治的生活立场并非对法治上层建筑立场的抛弃，而是一种完善和补充。值得说明的是，非日常生活世界与日常生活世界的区分也并非绝对，因为生活世界在人的生存和社会运行中的重要性主要体现在它作为自明的、给定的文化解释体系和文化规范系统的意义和价值内涵，外在的划分可能会带来许多理论的混乱和实践的难题。作出这种划分或对应的价值在于其更有利于我们找出法治实践的问题及法治建设的侧重点，在此意义上，我

---

① ［美］哈罗德·J·伯尔曼：《法律与宗教》，梁治平译，中国政法大学出版社 2003 年版，第 43 页。

② 陈福胜：《法治：自由与秩序的动态平衡》，法律出版社 2006 年版，第 178 页。

们可以说，中国法治建设的关键在文化层面的法治建设，生活世界的重心在日常活动领域。

由于法治以生活为立场，“走向‘生活世界’的中国法治”就不仅是一个价值命题、事实命题，还应是一个规范实证的命题和一个经验领域的条件命题。中国法治走向“生活世界”的路径需要法治理念的启蒙和传播，需要法律制度的运作和落实，但最为根本的路径是中国特色社会主义法治文化的培育和型塑，以消解传统的“泛道德主义”、经验主义、教条主义和官僚主义的行为方式，打破过分强大的经验、习惯、传统、宗法血缘和天然情感等交往模式，发展理性的、民主的、法治的、人道的、契约的社会运行机制，使作为文化的法治在日常生活世界扎根、植入、嵌入和渗透。中国的日常生活长期被上层建筑所遮蔽，被经济基础所潜藏，被理论研究所忽略，随着中国体制改革和社会转型的深化，日常生活将逐渐摆脱社会宏大目标、制度的强行控制，显示它微观而鲜活的本色之美。当前，党中央提出的和谐社会、以人为本、政治文明以及社会主义人权、民主、法治、私有财产等直接与日常生活相关的新话语，是当代中国的马克思主义逐渐融入日常生活世界的开始，法治走向“生活世界”因而也成为历史的潮流、现实的观照。

第一章 “生活”的法治

第一节 法治“源”“流”

古今中外的学者对法治进行过众多的理论建构和实践探索，无论是英国法学家所谈的 rule of law(法的统治)，美国法学家所说的 government under law(法律下的治理)，法国法学家所讲的 le principe de legalite(合法性原则)或 la suprematie de la regle du droit (法律至上)，德国法学家所用的 Rechtsstaat (法治国)、Gesetzestaat (法律国)、Jusitizstaat(司法国)，以及由上述概念所衍生的 rule by law(依法统治)、government by law(依法治理)、government through law(通过法律的治理)，或者中国宪法规定的“依法治国”、“法治国家”，等等，法治一直是个莫衷一是的概念。不同的法治概念反映了不同的理论视角、价值取向、文化模式以及生活方式，如果我们以历史的视角对法治进行一番追根溯源，可以发现法治发展的脉络一直以生活为中心，法治在生活中起步，在生活中发展，在生活中生成，在此意义上，我们可以说法治其实就是“生活”的法治。

一、法治在生活中起步

法律是人们为了解决人类生活中的困难而构造，从而为人们达到终极幸福的生活目标开道。现存的历史最长的法律文献《汉谟拉比法典》的开篇写道：“我在这块土地上创立了法和公正，在这时光里我赋予人类幸福。”①可见，法律从其创立之日起就与人类幸福生活密不可分，这一点不仅体现在法律条文中，也体现在古今中外的法律观念中。西方学者金杰特教授指出：“人对其生存的自觉，对其生活的关切，对未来的不确定性，对生与死、幸与不幸、权力与冲动等的不安全感，使人创造了法律。”②法律直接关乎生活，作为“法的统治”的法治其实就是人们的一种生活方式。

1. 西方法治传统的起源

对涉及法治的任何讨论，都是在一定的生活模式中进行的，这种生活模式不仅为法治提供了资源，而且也提供了思考法治的语境。我们把西方法治传统的起源归功于希腊人，因为希腊的城邦生活为法治理论的产生提供了背景，为希腊思想家思考法治提供了资源。亚里士多德在其名著《政治学》中叙述说：“……(城邦)为了人类生活而诞生，而其实际的存在却是为了优良的生活……因此，一切城邦都是自然的产物……这是其他社会团体发展的终点。无论是一个人或一匹马或一个家庭，当它生长完成以后，我们就见到了它的自然本性；每一个自然事物生长的目的就是显明其本性，或其极因，必然达到至善，那么，自足是一种终点，它也必然达到了至善。由此可以明白城邦处于自然的演化之中，而人类自然是趋向于城邦生活的动物(一个政治动物)。”③从亚里士多德的叙述中我们明白“城邦的存在并不是为了满足人们对一种令人满意的存在的生活的需要，我们要努力使之成为与人性一致的生活方式”④。这一点也是亚里士多德不同于柏拉图的地方，

① [美]约翰·梅西·赞恩：《法律的故事》，孙运申译，中国盲文出版社2002年版，第62页。

② 转引自杨奕华：《法律人本主义——法理学研究诠论》，(台北)汉兴书局有限公司1997年版，第99页。

③ [古希腊]亚里士多德：《政治学》，吴寿彭译，商务印书馆1985年版，第1页。

④ [英]韦恩·莫里森：《法理学：从古希腊到后现代》，李桂林等译，武汉大学出版社2003年版，第45页。

柏拉图主张每个城邦的形成是为了满足人类生活的需要，而亚里士多德却进一步认为城邦的存在是为了满足人类优良生活的需要，即“为了获得善”，而人类的善是“与美德一致的行动”。亚里士多德清醒地认识到，由于法律是政治共同体的命令，正义(首要的美德)是城邦的一个功能，法律的任务是确定什么是公正的。在这个基础上，亚里士多德提出了其著名的“法治公式”：“法治应该包含两重意义：已成立的法律获得普遍的服从，而大家所服从的法律又应该本身是制订得良好的法律。”①他认为：“公民们都应遵守一邦所定的生活规则，让各人的行为有所约束，法律不应该被看作(和自由相对的)奴役，法律毋宁是拯救。”②亚里士多德的“法治公式”影响深远，为后来历代思想家普遍接受，后代的思想家和学者们尽管对法治的论述颇丰，但基本上未超出亚里士多德的法治理论框架。

亚里士多德的法治理论之所以能得到普遍的认同，主要是其理论源起于生活、立足于生活，有着深厚的生活基础。古希腊的城邦生活到底为法治的起源提供了哪些生活基础呢？我们认为，一是商品经济。古希腊很少维持着长时间的统一，基本上都是数个或者数十个城邦并立的局面，许多城邦的政权掌握在拥有大量财富的贵族手中，他们推行的重商主义促进了古希腊商品经济的发展，在城邦比较发达的商品经济基础上产生了契约意识、平等观念，为法治思想的产生和发展提供了肥沃的土壤。二是民主政治。古希腊人建立了世界上最早的民主国家并实行公民直接选举，一切官职都由选举产生，废除了权力世袭和权力垄断，废除了特权制度。尽管古希腊人的公民权利仅限于本国的贵族和公民范围，广大的奴隶、外籍人享受不到民主，但古希腊人的民主政治充分体现了主权在民和人人平

---

① [古希腊]亚里士多德：《政治学》，吴寿彭译，商务印书馆 1985 年版，第 199 页。

② [古希腊]亚里士多德：《政治学》，吴寿彭译，商务印书馆 1985 年版，第 276 页。

等的民主原则，只有在民主政治的基础上，法治思想才有可能实现。三是人文精神。古希腊的文化生活中蕴涵着丰富的人文精神。古希腊智者学派的代表人物普罗泰戈拉提出了“人是万物的尺度，是存在的事物存在的尺度，也是不存在的事物不存在的尺度”①这个著名的命题，他还认为，法律、道德的存废都应当以“人”为其衡量的尺度。古希腊另一位有着重大历史影响的人物柏拉图，不论其早期的哲学王统治还是后来的法律之治都是以人的利益和幸福为最终目的。柏拉图说：“人类必须有法律并且遵守法律，否则他们的生活就像最野蛮的兽类一样。”②在柏拉图的法治理论中，人既是出发点又是最终归宿。亚里士多德认为法律能摆脱个人的意志和腐败从而体现大多数人的利益，进而提出“良法”之治，充分反映了亚里士多德法治观念中的人文关怀。商品经济、民主政治、人文精神为法治在古希腊的源起提供了适宜的经济、政治、文化生活基础，也正是在这种适宜的生活土壤中，古希腊产生了法治传统，这一传统延续至今依然具有强大的生命力。

2. 传统中国法治的起源

昂格尔曾说，如果以法治的有无为坐标轴，那么古代中国居其负极，现代西欧居其正极，其他大多数文明都不过在这两极之间各得其所而已③。按照昂格尔的观点，古代中国是没有法治的。这种观点在中国学者中大有人在，认为法治是西方文化的产物，在小农经济和儒家文化占主导地位的专制集权主义中国，不可能出现法治及法治思想。我国学者夏勇教授则从分析法治要素的路径来论证古代中国的法

① [英]罗素：《西方哲学史》(上卷)，何兆武、李约瑟译，商务印书馆1963年版，第111页。

② 转引自[美]萨拜因：《政治学说史》(上卷)，邓正来译，上海人民出版社2008年版，第127页。

③ [美]R·M·昂格尔：《现代社会中的法律》，吴玉章、周汉华译，译林出版社2001年版，第286页。

治思想①，认为早在殷周时代的法律观念中就包含了我们今天所谓的某些法治要素，这些法律观念包括自然法观念、悯刑观念、法律平等观念、容忍讼争的观念等②。我们可以从先秦诸子的思想和主张中来进一步予以证明，如老子在《道德经》中所述“人法地，地法天，天法道，道法自然”③，这是一种朴素的自然法观念。儒家则从人性之维寻求礼(法)之所出，并且在这种求索中经由命的中介作用连接天、性，沟通天人。荀子说“古者圣王以人之性恶，以为偏险而不正，悖乱而不治，是以为之起礼义、制法度，以矫饰人之情性而正之，以扰化人之情性而导之也。始皆出于治，合于道者也”④，说明法律制度和礼义产生于性恶，人性恶是法律的根源。但以孔孟为代表的儒家正统思想只承认法律的有限价值，并仅在礼(德)治中容纳法。墨家从法律的现实价值追问“奚以为治法而可?”墨子给出的答案是“莫若法天”⑤。这表明法源自天，法律的内容取决于天意，“顺天意者，兼相爱，交相利，必得赏；反天意者，别相恶，交相贼，必得罚”⑥，墨子的法律观念进一步发展了老子的自然法思想。法家的思想里有不少颇为精彩的关于法治要素的论述，商鞅认为法律是驾驭民众之根本和

---

① 夏勇以沃克总结的法治八大要素为基础来分析我国古代的法治思想，这八大要素即法律必须是可预期的、公开的和明确的；法律应该是相对稳定的；应该在公开、稳定、明确而又一般的规则的指导下制定特定的法律命令或行政指令；必须保障司法独立；当法律不能够引导行为时，应该遵守像公开审判、不偏不倚那样的自然正义原则；法院应该有权审查政府其他部门的行为以判定其是否合乎法律；在法院打官司应该是容易的；不容许执法机构的自由裁量权歪曲法律。夏勇认为我国古代法律观念中包含了某些现代法治要素。参见夏勇：《法治源流——东方与西方》，社会科学文献出版社 2004 年版，第 60～61 页。

② 夏勇：《法治源流——东方与西方》，社会科学文献出版社 2004 年版，第 63～64 页。

③ 《道德经》第二十五章。

④ 《荀子·性恶》。

⑤ 孙诒让：《墨子闲诂》，中华书局 1986 年版，第 19 页。

⑥ 孙诒让：《墨子闲诂》，中华书局 1986 年版，第 177 页。

治理天下之道，他希求明君圣王“垂法而治”①，关于法律的来源，商鞅溯求历史后认为无君臣上下之分的古代，民乱而不治，圣人因之创造礼，以“列贵贱，制爵位，立名号，以别君臣上下之义”；地广人多，物产丰富，才“分五官而守之”②；人民众多而产生奸邪之时，才“立法制，为度量，以禁之”③。这说明，法律产生于国家起源过程中，法律产生的深层原因是民众的“奸邪”，即从一己欲望出发的趋利避害的非道德行为。韩非则提出“不恃人之为吾善也，而用其不得为非也”④。所以，实行法治就是要“用法之相忍，而弃仁人之相怜也”⑤。管仲在中国历史上是提出“以法治国”概念的第一人，管子说：“是故先王之治国也，不淫意于法之外，不未惠于法之内也。动无非法者，所以禁过而外私也；威不两错，政无二门；以法治国，则举措而已。是故有法度之制者，不可巧以诈伪。——是故先王之治国也，使法择人，不自举也；使法量功，不自度也。”⑥从先秦诸子的思想主张中，我们可以看到一些法治要素，但不论是道家的“道生法”，还是儒家的“法源于性”、墨家的“法取于天”、法家的“法本于欲”⑦，先秦诸子不过就法律哲学方面有所发挥，而并没有讲到法律上具体的学问，他们对法律成因的论述是从天(道)、人(性、欲)等“形而上”向度来进行的。这一点与古希腊的法治思想恰成对比，可以说正是古希腊法治思想深厚的“形而下”的生活基础决定了其法治理论在整个西方法学史上具有长盛不衰的旺盛生命力和深刻而持久的思想影响力与理论

---

① 蒋礼鸿：《商君书锥指》，中华书局 1986 年版，第 61 页。

② 蒋礼鸿：《商君书锥指》，中华书局 1986 年版，第 129 页。

③ 蒋礼鸿：《商君书锥指》，中华书局 1986 年版，第 130 页。

④ 《韩非子·显学》。

⑤ 《韩非子·六反》。

⑥ 《管子·明法》。

⑦ 陆建华：《先秦诸子法律发生论》，载《长安大学学报(社会科学版)》2006 年第 2 期。

感召力，而中国古代的法治思想正是缺乏了生活基础，其主导地位逐渐被道德、礼俗等所取代。

3. 马克思主义关于法的起源

马克思在生活世界中寻找法的真谛，其中最明显的标志性成果反映在《关于林木盗窃法的辩论》这篇文章中。马克思从莱茵省议会的立法看到了私人利益对于立法的支配，他说："这些立法对于那些既有法而又有习惯的人是处理得当的，但是对于那些没有法而只有习惯的人却处理不当。这些立法只要认为任意的非分要求具有合理的法理内容，它们就把这些要求变成合法的要求；同样，它们也应该把偶然的让步变成必然的让步。"①马克思认为，资产阶级立法虽然否定中世纪的权利，同时也否认了平民的习惯权利，包括否认平民的先占权，这样的立法是片面的，他极力为穷人呼吁习惯法。在《论离婚法草案》中，马克思提出了法律发现论的观点，即法律是精神关系的内在本质的表现的观点。他说："立法者应该把自己看作一个自然科学家。他不是在创造法律，不是在发明法律，而仅仅是在表述法律，他用意识的实在法把精神关系的内在规律表现出来。如果一个立法者用自己的臆想来代替事物的本质，那么人们就应该责备他的极端任性。同样，当私人想违反事物的本质恣意妄为时立法者也有权利把这种情况看作是极端任性。"②但是，马克思的法律发现是在精神领域的发现，还没有认识到法律与社会物质生产、生活本身的各种关系。这一点马克思在《黑格尔法哲学批判》中予以了完善，他说："法的关系正像国家的形式一样，既不能从它们本身来理解，也不能从所谓人类精神的一般发展来理解，相反，它们根源于物质生活关系。"从马克思早期的法律思想可以看出他对于法律思考的方向性转变，但是他还没有实质性地探讨法律起源，这一情形在《德意志意识形态》中得到突破，他说：

---

① 《马克思恩格斯全集》(第 1 卷)，人民出版社 1995 年版，第 251 页。

② 《马克思恩格斯全集》(第 1 卷)，人民出版社 1995 年版，第 34 页。

“从直接生活的物质生产出发来考察现实的生产过程，并把与该生产方式相联系的、它所产生的交往形式，即各个不同阶段上的市民社会，理解为整个历史的基础；然后必须在国家生活的范围内描述市民社会的活动，同时从市民社会出发来阐明各种不同的理论产物和意识形式，如宗教、哲学、道德等等，并在这个基础上追溯它们产生的过程。”①马克思在生活世界中进行了大量的关于法的起源的探索，并明确地提出了法根源于物质生活，但遗憾的是他疏忽了日常生活理论，而直接将社会历史理论运用于日常生活，并运用于解释法的起源。

对法的起源，恩格斯在马克思论述的基础上，作了进一步的阐述，他说：“在社会发展到某个很早的阶段，产生了这样一种需要，把每天重复着的产品生产、分配和交换用一个共同的规则概括起来，借以使个人服从生产和交换的共同条件。这个规则首先表现为习惯，不久便成了法律。”②对这段论述我国学者主要是从社会历史理论的“经济基础决定上层建筑”的原理来进行解读的，即作为上层建筑的法是在商品交换的经济基础上产生的。这种理解固然不错，但我们认为从“生活”的角度解读也许更为贴切，因为“根据唯物主义观点，历史中的决定因素，归根结蒂是直接生活的生产和再生产。但是，生产本身又有两种。一方面是生活资料即食物、衣服、住房以及为此所必需的工具的生产；另一方面是人自身的生产，即种的蕃衍。一定历史时代和一定地区内的人们生活于其下的社会制度，受着两种生产的制约：一方面受劳动的发展阶段的制约，另一方面受家庭的发展阶段的制约”③。可见，恩格斯对法的起源是从两个角度进行分析论证的，即法律的产生不仅是经济基础决定的上层建筑即非日常生活世界的大事，同时也是与家庭等日常生活世界息息相关的。

---

① 《马克思恩格斯全集》(第 3 卷)，人民出版社 1960 年版，第 42～43 页。

② 《马克思恩格斯选集》(第 3 卷)，人民出版社 1995 年版，第 211 页。

③ 《马克思恩格斯选集》(第 4 卷)，人民出版社 1995 年版，第 2 页。

二、法治在生活中发展

法治在中西方的发展路径并不相同，西方社会以亚里士多德的“法治公式”为蓝本，在法学家不断的理论演绎和实践探索中，法治逐渐丰富和完善，到了近现代，甚至成为主导社会的控制方式，西方社会也逐渐形成一种以法治为标志的文明形态。与此相反，中国法治在漫长的封建时期逐渐衰微，并走向了与法治相对的“负极”，形成一种迥异于法治文明的道德文明，只是到了近现代，在西方列强用坚船利炮轰开大门后，人们重新意识到法治的优越性，法治成为仁人志士富国图强的理想，于是才有了新一轮的法治发展。

1. 亚里士多德“法治公式”下的西方法治发展

在亚里士多德的“法治公式”提出之后，从古罗马的西赛罗、中世纪的托马斯·阿奎那，到文艺复兴及其后的资产阶级启蒙思想家格劳秀斯、霍布斯、洛克、卢梭、孟德斯鸠等人，再到美国独立战争时期的思想先驱潘恩、杰斐逊、亚当斯及密尔顿等人，他们从不同角度对法治进行发挥和阐释，但都是在对亚里士多德的“法治公式”予以符合其生活的具体社会场合和文化背景的理论丰富和实践探索。他们所做的工作概括起来无非是两个方面的内容：一是结合所处历史时代的社会的、政治的、经济的、文化的精神背景和现实要求，论述社会成员普遍守法义务的正当性、合理性和神圣性，并精心设计整套用以保障法律获得社会成员一体化遵循的、切实可行的政治法律制度；二是在同样的现实背景之下，论证什么样的法律才算是“制订得良好的法律”，从而提出自己有关“良好的法律”的一系列形式标准和实质标准①。综合诸说而融会之，夏勇教授归纳出西方“法治的十大规诫”，即有普遍的法律，法律为公众知晓，法律可预期，法律明确，法律无内在矛盾，

① 姚建宗：《信仰：法治的精神意蕴》，载《吉林大学社会科学学报》1997 年第 2 期。

法律可循，法律稳定，法律高于政府，司法权威，司法公正①。这些法治规诫的价值在于法治的工具价值与实体价值的统一。

西方法治的发展与人类生活的变化紧密相连，法治的内容随着生活内容的不断发展而发展，近代之前，法律调整的范围基本上局限于人与人的关系，这一时期的法律表现为民事法和刑事法，纠纷的解决呈现为民事诉讼和刑事诉讼。近代以来，关于公共权力的法律调整和关于知识与技术的法律调整表明法律调整的对象扩展至人与工具的关系。近半个世纪以来，随着环境问题的日益严重，被称为环境法或生态法的一套制度设计关联着人与自然的关系。法治的内容随着生活范畴的丰富而日趋复杂，这种情形导致法律体系越来越庞大，就单个部门法学而言，其内容也越来越丰富。如杉原泰雄基于对宪法史的考察，认为“特别是近代以来，人类以国家为单位的各个历史阶段，每走过一个艰难困苦的里程，都要通过宪法来制定为克服困难所需要的新规则，以此来继续人类的发展；每经历一段困难深重的生活，都要通过宪法来确定为消除苦难所需要的新的政治及社会的基本形态，从而进入新的历史阶段”，并相应地把宪法问题区分为“作为规则问题的宪法问题”和“作为生活问题的宪法问题”②。法治正是在生活中不断发展完善，使得作为制度的法治得到了广泛的遵从，作为观念的法治得到了普遍的信仰。正如伯尔曼所说的：“那种不能唤起公众对法律不可动摇的忠诚但能激发他们遵从法律的普遍意愿的东西是什么？”③“正如心理学研究现在已经证明的那样，在确保遵从规则方面，其他因素如信任、公正、信实性和归属感等远较强制力为重要。正是在受

① 夏勇：《法治源流——东方与西方》，社会科学文献出版社 2004 年版，第 22～34 页。

② [日]杉原泰雄：《宪法的历史——比较宪法学新论》，吕昶、渠涛译，社会科学文献出版社 2000 年版，第 1、3 页。

③ [美]伯尔曼：《法律与宗教》，梁治平译，中国政法大学出版社 2003 年版，第 16 页。

到信任因此不要求强制力制裁的时候，法律才是有效率的；依法统治者无须处处都仰赖警察。……总之，真正能阻止犯罪的乃是守法的传统，这种传统又植根于一种深切而热烈的信念之中，那就是，法律不只是世俗政策的工具，它也是终极目的和生活意义的一部分。”①正是在此意义上，我们可以说，西方法治的发展与生活的发展达到了高度的一致和统一，法治因而成为人们生活目的和意义的一部分。

2. 传统中国法治思想的式微

从法治的起源来看，中国和西方的区别并不大，先秦诸子的主张中蕴涵丰富的法治思想。但在法治的发展过程中，与西方法治越来越丰富和完善相反，传统中国的法治思想却逐渐式微。继先秦诸子的法治主张之后，中国古代几乎未再产生有影响的法治思想，而先秦诸子的法治主张也在历史的演进中逐渐失去色彩或与其他思想糅合。“德主刑辅”、“礼刑并用”的思想在中国几千年的封建社会占据了主导地位，“家国同构”的专制体制支配了国家的政治生活和个人的家庭生活，“三纲五常”、“君君，臣臣，父父，子子”等礼法阉割了中国的法治精神。夏勇教授从法的起源、特征和作用、政治权威的合法性、立法与司法的原则和技术等方面对先秦以降的法治思想做了一些整理和归纳，其中颇具现代法治精神的主要体现在立法与司法的原则和技术方面，如立法要观俗、顺时、善变，要尊重法的客观性、确定性和普遍性，立法不仅要公开，而且要易于为常人所认知和遵守，立法、司法要专门化、职业化，法律既要治民亦要治吏，法官要独立审判，法律面前人人平等，等等②。需要说明的是，上述归纳的内容散见于思想家的学说中或某些个别时期的个案实践中，事实上，中国几千年的传统中更多的是与法治相对立的观点或实践，如法律面前人人平等体

---

① [美]伯尔曼：《法律与宗教》，梁治平译，中国政法大学出版社 2003 年版，第 17～18 页。

② 夏勇：《法治源流——东方与西方》，社会科学文献出版社 2004 年版，第 88～111 页。

现在法家的主张中，但占据主导地位的观念却是差别对待，法律面前不人人平等。

为什么传统中国法治不仅未得到充分发展，反而逐渐衰微了呢？昂格尔教授认为传统中国缺乏集团的多元主义、自然法理论及其超越性宗教的基础①。作为西方学者，昂格尔教授是站在总结西方法治发展内在原因的基础上来分析中国问题的，他的分析虽中肯但只能予以借鉴。我国学者王伯琦则从主客观两个方面来作了一番解释，他认为，从主观方面看，与西方传统思想中的自然秩序与社会秩序分立、客观秩序与主观之理对立不同，中国传统思想观念是天人合一，宇宙间只有一种秩序，自然秩序与社会秩序并无分别。礼是社会秩序，也是自然秩序，均非可以人为。也就是说，从人到礼到天是一体的，从“性”②到社会秩序到自然秩序是一贯的，天人是合一的，主观与客观不是对立的，而且是在同一个“理”③之中，包括了天、地、人三者一贯之理，这一贯之理，非人之理性智慧所能创造、变更或理解。从客观环境看，中国是典型的农业文化，西方则自古希腊罗马以来，大体上可以说是建筑在商业文化之上。农业文化的典型特征是自足安定，商业文化是交争扩展。在自足安定的社会，政府与人民的关系，只要能维持这种安定的秩序即可，刑罚是维持这样一种秩序的最有效的方法。至于个人与个人的关系，主要是身份上和财产上的两种民事关系。在一个纯粹的农业社会，所有财富绝大部分是不动产，财产很少流通，主要在家族之间继承；至于身份上的关系，则在君臣父子兄弟夫妇长幼之间，全是一种层级的服从关系④，由礼来调整就可以了。

---

① [美]R·M·昂格尔：《现代社会中的法律》，吴玉章、周汉华译，译林出版社 2001 年版，第 44～131 页。

② 《中庸》云：“天命谓之性。”

③ 《礼记》云：“礼也者，理也。”

④ 王伯琦：《近代法律思潮与中国固有文化》，清华大学出版社 2005 年版，第 102～104 页。

总而言之，传统中国法治思想衰微的原因归根结底还是缺乏法治生长的文化基因和生活基础。

3. 近现代中国法治之路的选择和发展

中国近代法治的启蒙自晚清变法开始，晚清变法是在传统中国文化无以为继的情况下不得不进行的改革。自19世纪中叶以后，中国在西方国家的坚船利炮之下被迫打开了国门，在认识到西方国家先进科学技术的同时，中国的先进人士也开始研究西方发达的原因，得出西方的政治制度才是强盛之本，如清朝曾任驻英公使兼驻法公使的郭嵩焘认为："西洋立国，有本有末，其本在朝廷政教，其末在商贾。"①清末维新学者、外交家、诗人黄遵宪曾说："余观欧美大小诸国，无论君主君民共主，一言以蔽之曰，以法治国而矣，此固古哲先王之所不料，抑亦后世法家所不能知者矣。"②梁启超作为近代中国提出"法治主义"的第一人，开启了中国法治理论研究的源头。他从富国强兵的目的出发，把"为民定律法"的"法治主义"视为当时中国唯一之主义③，他说："大政治家，莫不取殖产主义、军国主义，即所谓国富兵强者是也。而欲举富国强兵之实，惟法治为能致之。盖非是因国家外部之膨胀，将不可望也。由是观之，则法治主义者，实应于当时之时代的要求，虽欲不发生焉，而不可得也。"④孙中山作为中国资产阶级民主革命的领袖，其法治理想既充满理性，又包含矛盾，是中国近代社会现实的真实反映。孙中山的法治思想主要体现在五权宪法

① 转引自夏勇：《法治源流——东方与西方》，社会科学文献出版社2004年版，第121页。

② 转引自夏勇：《法治源流——东方与西方》，社会科学文献出版社2004年版，第123页。

③ 李龙：《依法治国方略实施问题研究》，武汉大学出版社2002年版，第21页。

④ 转引自王人博：《宪政文化与近代中国》，法律出版社1997年版，第170页。

说、权能分治说、地方自治说等理论里，但孙中山所述的法治思想主要集中在精英层面，他不相信人民有在约法和宪法之下参政的能力，他说：“人民需要的训练是宪法之下的公民生活。政府与党部诸公需要的训练是宪法之下的公法制生活。”①总之，在近代中国学者看来，法治不仅是一种治国理政之技术，而且是作为西方文明的一个标志、作为强国富民的一种策略、作为与“国际接轨”的一条途径、作为高于人治社会的一种理想社会状态。法治被寄寓了过多的社会理想，但由于中国法治基础薄弱，近代学者尽管进行了诸多努力，却并没有引导近代中国走上法治之路。

中国真正意义上的法治变迁是新中国成立后伴随经济社会的转型而展开的。新中国成立后，人治与法治之争有两次，一次是 20 世纪 50 年代中叶，但这次争论被政治斗争所中断，主张法治者被作为右派或“旧法分子”受到压制，法律虚无主义思潮甚嚣尘上。第二次争议是 20 世纪 70 年代末 80 年代初，中国法学界展开了全方位的人治与法治之争，伴随着工作重心由阶级斗争向经济建设转移，革命法治开始向建设法治转变。当经济体制由计划经济转向市场经济时，中国法学界提出了“市场经济是法治经济”的新论题。1997 年，依法治国方略被写进了党的十五大报告，并对其含义作了明确的界定：“依法治国，就是广大人民群众在党的领导下，依照宪法和法律规定，通过各种途径和形式管理国家事务，管理经济文化事业，管理社会事务，保证国家各项工作都依法进行，逐步实现社会主义民主的制度化、法律化，使这种制度和法律不因领导人的改变而改变，不因领导人看法和注意力的改变而改变。”1999 年“依法治国，建设社会主义法治国家”被载入宪法。十多年来，我国在社会主义民主法治建设、推进依法治国、建设法治国家方面取得了明显的成就：提出了“坚持党的领导、

① 转引自夏勇：《法治源流——东方与西方》，社会科学文献出版社 2004 年版，第 162 页。

人民当家作主与依法治国的有机统一”，并把“三者有机统一”规定为社会主义政治文明的本质特征；提出了“民主执政、科学执政和依法执政”的执政理念，并将之确定为执政党在新时期新阶段治国理政的重要执政方式；提出了“依宪治国”和“依宪执政”的理念，并将之置于实行依法治国和依法执政的“首要”地位，突显了宪法作为国家根本法崇高的法治地位和至上的法律权威；提出了民主立法、科学立法和高质量立法的要求，基本形成了社会主义法律体系；提出了推进依法行政，建设法治政府，推进司法体制改革等法治改革的任务，并在实践中取得了积极成果；提出了社会主义法治理念，并在政法机关开展广泛深入的法治理念教育，等等①。虽然我国的法治建设取得了一些标志性成果，但从生活的维度来衡量，法治还远远没有渗透进我们的生活，我国的法治建设还“任重而道远”。

三、法治在生活中生成②

自启蒙运动开始，西方社会在科学理性基础上发展起来的法律思想、法律制度、法律生活原则以及法律思维方式发展到 20 世纪下半叶已经到了成熟期，因此德沃金教授才得以判定，我们生活在法律之中，法律是利剑，是护身盾牌；法律主宰着世界，我们是法律帝国的臣民③。德沃金教授的这个判断可以作为西方法治“生成”的“宣言”，尽管西方的法治还存有种种局限和缺陷，这个“生成”也仅是相对意义的生成，而不是法治建设臻于完善的顶点。事实上，只要生活在不断发生变化，法律就不是(过去不是、现在不是、将来也不是)磐石一

---

① 李林、王家福：《依法治国十年回顾与展望》，中国法治出版社 2007 年版，第 25～26 页。

② “生成”是德文中 werden 的意译，原指一事物向另一事物的转化，新事物的产生并形成。本书之所以用“生成”，未用“形成”、“完成”，是想突出法治在特定环境与条件下从产生到形成的动态性和相对性，而不是终极意义上的完成。

③ ［美］德沃金：《法律帝国》，李常青译，中国大百科全书出版社 1996 年版，前言。

块，法律将在其不断的演化过程中回应并表达人类的生存状态，用马克思的话就是“它们不可避免地要随着生活条件的变化而变化”①。所以法治的“生成”仅是理论上的“生成”，是相对于以前的历史和当代其他地域的现实而言的相对的“生成”。这个“生成”是在特定的社会环境、文明秩序、思维模式、生活状态中生成的，它并不具有普适性，任何外源型法治国家都不可能进行简单的复制来“生成”自己的法治。事实上，提出西方法治的“生成”仅出于研究的需要，仅在于借鉴一种现成的比较成熟的法治经验来启示我国的法治建设。

1. 法治生成的时间

法治自身内在地包含有一个时间要素：法治作为一种法律制度作用于国家、社会生活的时间过程，法治理念不断充实和丰富的发展过程，法治文化的完整图景推展和逐渐清晰化的历史过程。这些过程的交接点我们可以视作不同层面的法治生成的时间，但这个过程不可能是一蹴而就的，以西方法治的“生成”时间为例，西方法治的“生成”经历了一个漫长的时期，一般意义而言，是从启蒙运动开始计算西方近代法治起点的，而伯尔曼在《法律与革命》一书中一下子就把法治理论的起源拉长了近五百年，拉回到中世纪，拉回到上帝的国度中。从12世纪教皇改革开始算起，到德沃金教授判定的西方法治成熟期，经历了近八百年的时间，这的确是一个长时段。我国的法治生成也将是一个长期的过程，有学者预测这个过程将贯穿整个21世纪，其中的前50年将是法治国家建设时期，后50年将是法治社会建设时期②。法治社会是比法治国家更高的法治建设阶段，因为从根本上看，法治所要回应的是社会的需要，而不是国家的需要③。在这个意义上，法治的唯一源泉、真正基础乃至法治的最终生成只能是社会生

① 《马克思恩格斯全集》(第6卷)，人民出版社1961年版，第292页。

② 卓泽渊：《法治国家论》，法律出版社2003年版，第263～269页。

③ 苏力：《二十世纪中国的现代化与法治》，载《法学研究》1998年第1期。

活本身，而不是国家。法治在国家层面也许在短期之内可以奏效，但在社会生活层面生成却需要一段很长的时间，也许是一百年，也许更长。

2. 法治生成的条件

对法治的生成条件，我国学者多有论述，如有的认为文化驱动是法治生成的催化机制，利益协调是法治生成的融合机制，权利救济是法治生成的信任机制，权力监控是法治生成的安全机制①；有的认为自治的社会生活、自由的经济生活、民主的政治生活、多元的文化生活、宪政的制度安排是法治的生存土壤②；有的认为理性文化是法治的文化基础，民主政治是法治的政治基础，商品经济和市场经济是法治的经济基础③。法治生成的条件是多元的，孟德斯鸠在《论法的精神》中说："法律应该和国家的自然状态有关系；和寒、热、温的气候有关系；和土地的质量、形势与面积有关系；和农、猎、牧各种人民的生活方式有关系。法律应该和政制所能容忍的自由程度有关系；和居民的宗教、性癖、财富、人口、贸易、风俗、习惯相适应。最后，法律和法律之间也有关系，法律和它们的渊源，和立法者的目的，以及和作为法律建立的基础的事物的秩序也有关系。应该从所有这些观点去考察法律。"④按照孟德斯鸠的理论，法治的生成受到地理条件、生活方式、文化传统以及法律制度等条件的制约和影响。不论是政治的、经济的、文化的、社会的条件，还是地理的、生活的、法制的条

---

① 李伯超：《现代法治的生成机制》，载《湘潭大学学报（哲学社会科学版）》2007 年第 1 期。

② 姚建宗：《法治的生态环境》，山东人民出版社 2003 年版，第 43～97 页。

③ 张文显：《法哲学范畴研究》（修订版），中国政法大学出版社 2001 年版，第 166～186 页。

④ [法]孟德斯鸠：《论法的精神》（上），张雁深译，商务印书馆 1993 年版，第 7 页。

件，这些条件是在国家和个人两个层面展开的，而国家层面主要是以非日常生活的主体出现，个人层面则是以日常生活的主体出现，也就是说，法治的生成条件既包含非日常生活世界的生成，也包含日常生活世界的生成。

3. 法治生成的判准

在本书导言中，笔者将理念层面的法治与生活世界的自觉的类本质活动领域、制度层面的法治与生活世界的制度化领域、文化层面的法治与生活世界的日常活动领域分别作了对应，而自觉的类本质活动领域和制度化领域构成非日常生活世界，也就是说理念层面的法治和制度层面的法治均属于非日常生活世界。我国正在进行的法治建设是围绕理念层面的法治和制度层面的法治来展开的，在此意义上，我国的法治建设实际上只是局限于非日常生活世界。事实上，法治的要义在于通过国家的有效治理来建立一个自由而有序的和谐社会；法治的实现在于人们把法治的种种要求、种种规范和制度在具体的生活场景中生活化和内在化，成为现实的人的真实的生活愿望与要求。法治的生长离不开政府的引导和推动，更离不开公民对法律的普遍尊重和自觉遵守，正如卢梭在《社会契约论》中强调的：凡是不曾为人民所亲自批准的法律都是无效的，那根本就不是法律。也就是说，法的规则来源于社会成员们的认可和同意，国家意志与统治阶级意志对法律规则的产生、发展虽有一定的作用，如推动或阻碍作用，但这种作用不是本源性的、决定性的。因为尽管法律有着国家这样的公共机关作为它的强力后盾，但在实际生活中，它仍然主要靠多数人去自觉遵守、自觉服从才能成立。在此意义上，有学者提出“法不但是共同生活秩序的原理，并且是生活组织的原理”①。“一国的法乃是民族财富的组成

① 韩忠谟：《法学绪论》，中国政法大学出版社 2002 年版，第 8 页。关于这一主题，还可参见[比利时]范·卡内冈：《欧洲法：过去与未来——两千年来的统一性与多样性》，史大晓译，清华大学出版社 2005 年版。

部分，是市民的共同财富、传统的成果和祖先的遗产，也是适用该法的社会的表达方式。”①法治是人们通过法律的某种生存状态，法律是对人类生活的最为直接的规范性诉求，法治亦是对人类生活的最为直接、最为全面的规范性观照。所以，法治在非日常生活世界中实现只是法治生成的最低限度的标准，而法治生成的最高意义的标准是完全改变生活，使蕴涵了民主、自由、平等、人权、理性、文明、秩序等多项要素的法治代替传统、习惯、经验以及宗法血缘和天然情感等传统文化要素来维系生活，从而使人们在其日常生活中通过对法治的近距离、甚至面对面的直观感悟，逐步确立起对法治及其规范与制度的信任。一言以蔽之，只有在人们的日常生活世界之中才能判断法治是否生成。

第二节　说“法”解“治”

生活的“法”和“治”有着特定的含义，生活的“法”是“良法”，也就是追求正义性的法、合理性的法；生活的“治”是“善治”，即作为善政、良治的善治。生活的法治是“良法”和“善治”的有机结合，良法是善治的前提，善治是法治的目标。

一、法治之“法”是良法

良法有广义和狭义之分。广义的良法是指对社会发展起积极或推进作用的法，其本质是体现公意和保护公益之法，是全体社会成员集体智慧的结晶。真正好的法律必须来自社会，必须有广大社会成员的参与，必须建立在广大社会成员平等自愿的基础上。狭义的良法是指通常所说“恶法非法”指称中与“恶法”相对的法，而狭义的“恶法”则是指严重违背人类正义的法②。法治是良法之治，这是自亚里士多德的

---

① ［日］大木雅夫：《比较法》，范愉译，法律出版社 1999 年版，第 14 页。

② 李步云、赵迅：《什么是良法》，载《法学研究》2005 年第 6 期。

“法治公式”提出以来一直得到公认的一点，生活的“法”治之“法”是良法，而且是广义的良法。对于何为良法、良法的判断标准是什么，学界并无统一的认识，我们认为从法的价值、内容、形式、程序等方面进行考察，良法的判准就是法的价值的合目的性、法的内容的合规律性、法的形式的合科学性、法的程序的合正当性。

1. 法的价值的合目的性

法的价值是法学的一个基本命题，也是一个令人困惑但又不得不面对的问题，正如博登海默所说：“任何值得被称之为法律制度的制度，必须关注某些超越特定社会结构和经济结构相对性的基本价值。”① 我国对法的价值研究起步较晚，直到20世纪80年代中后期才有较大进展。法的价值从广义上讲就是法对于人的一切意义，法的价值包括人权、正义、自由与秩序、公平与效率等多元体系，其中人权是法的终极价值、正义是法的永恒价值、自由与秩序是法的基础价值、公平与效率是法的重要价值，它们一起集中体现了法的价值目标。

人权在法的价值体系中居于最高层次，是法的终极价值。人权是人的个体及其集合体自由地主张自己的正当利益的资格②。人权范畴中，最基本的是人的生命权，生命是法的第一价值，“就法律本身而言，只要是世俗的法律，毫无疑问，它必然会用类似的用语将生命价值放在第一位”③。生命是人的一切社会活动的基础，是人的个体、群体乃至整个社会得以发展的动力，而生命又是脆弱的、有限的、不可重复的，对生命予以保障是法律的使命，法律通过对生命权利的立法认可、具体保障等来实现其对于生命的意义。生存权是法律对于生

---

① [美]E·博登海默：《法理学：法律哲学与法律方法》，邓正来译，中国政法大学出版社1999年版，中文版前言。

② 李龙、汪习根：《法理学》，人民法院出版社、中国社会科学出版社2003年版，第149页。

③ [英]彼得·斯坦、约翰·香德：《西方社会的法律价值》，王献平译，中国人民公安大学出版社1990年版，第199页。

命保障的具体体现，生存权包括生命延续和生命不被剥夺的权利，生命权是神圣的，构成生命权最基础部分的生存权也同样是神圣的。生存与发展是当今人类社会面临的两大主题，时代的进步和社会文明程度的不断提高，必将使人类满足最低限度生产需要的权利逐步实现，发展权利必将成为继自由权、社会权后的第三代基本人权。所谓发展权是人的个体和人的集体自由地向国内和国际社会主张参与、促进和享受经济、政治、文化和社会各方面全面发展所获利益的一项基本权利①，是对人类在生产过程中结成的现实社会关系的理性规约，是现实社会关系发展到特定历史阶段的必然反映，它不仅是一项人权，而且是人权序列的一项基本人权②。

“正义是社会制度的首要价值，正像真理是思想体系的首要价值一样。”③人与其他存在物的区别主要在于其社会性，即他们必须生活在一起，有共同的生存空间、共同的理想与追求，这一理想和追求的具体内容是随着时代的变化而变化的，但有一个确定不移的目标，即所在群体的成员能够和谐地生活在一起，从而使该群体得以迅速发展和不断壮大。这一具有永恒性的价值目标就是一般所说的正义④。法与正义是不可分离的，从远古时代的“命运正义观”、“逻各斯正义观”，到智者学派的“相对正义观”、亚里士多德的“平等中庸正义观”，到中世纪奥古斯丁、托马斯、唯名论者的正义观，到近现代理性主义、批判主义、历史主义、功利主义、实证主义的正义观，等等，法自产生以来就被赋予了正义的含义，法的发展的历史在某种程度上也

① 汪习根：《法治社会的基本人权——发展权法律制度研究》，中国人民公安大学出版社 2002 年版，第 60 页。

② 汪习根：《法治社会的基本人权——发展权法律制度研究》，中国人民公安大学出版社 2002 年版，第 103 页。

③ [美]罗尔斯：《正义论》，何怀宏等译，中国社会科学出版社 1988 年版，第 1 页。

④ 严存生：《法治社会的“法”与“治”》，载《比较法研究》2005 年第 6 期。

是正义发展的历史，正义是法的永恒价值。从价值角度对法与正义的关系进行思考对于认清法的正义的意义、基础、内容、标准，防止法的正义被滥用，使法的正义成为社会的正义具有重要意义。正义首先是法的先导，正义作为一种社会观念和社会准则，在社会意识中十分广泛而深刻地存在着，一直引导着法的发展；法的正义还必须符合当时的经济基础、阶级基础、道德基础、文化基础；法的正义内涵包括实体正义、程序正义、授权正义、义务正义、禁止正义等内容①。因此，正义是法促进的核心价值，也是法本身的价值，还是各种法价值之间冲突、矛盾的“平衡者”和“仲裁人”②，在整个法的价值体系中具有至关重要的地位。

自由与秩序是法的核心价值，也是法治与生活共同的价值基础和目标，后面有专章论述，在此不予赘述。

公平与效率是法的重要价值。公平是法律的基本精神，不论是实在法还是理性法，都是以公平为基石的，正如美国学者金勇义所说：“真正的和真实的意义上的‘公平’乃是所有法律的精神和灵魂。实在法由它解释，理性法由它产生。”“制定法之下的公平原则就是同等地对待同类案件，制定法之上的公平原则就是根据人的理性和情感而做出的公平的判决。”③公平就是对于同类主体、同类事项不偏不倚、合理、平等地对待。公平不仅是一项法律价值，还是一条社会原则，社会是人与人的结合，公平是社会处理人与人关系的重要原则。

效率是指投入与产出或成本与收益之间的对比关系。效率是人类社会存在的基础，没有一定的效率，社会就不能存在，更无以发展。在市场经济之前的社会，各领域活动统合为一，效率仅指经济活动效

---

① 卓泽渊：《法的价值论》，法律出版社 2006 年版，第 433～439 页。

② 李龙、汪习根：《法理学》，人民法院出版社、中国社会科学出版社 2003 年版，第 190～191 页。

③ [美]金勇义：《中国与西方的法律概念》，陈国平等译，辽宁人民出版社 1989 年版，第 79 页。

率；在市场经济条件下，由于各领域活动分离，功能分化，因此，效率呈现出结构性存在，包括经济效率、社会效率、人类效率三级层次结构①。法律意义的效率主要是法律资源的配置和利用上的效率。法律资源是一切可以由法律界定和配置，并具有法律意义和社会意义的价值物，如权利、权力、义务、责任、法律信息、法律程序等，其中权利和权力是最重要的法律资源，追求法律效率其核心就是要合理地配置权利和权力资源。公平与效率在法律上是相互协调又相互矛盾的价值形式，在法律实体上我们固然要追求公平，但在法律运行中我们要"公平优先，兼顾效率"，因为迟到的正义就是不正义，所以效率本身也是公平的一部分。

2. 法的内容的合规律性

规律是人类社会对客观事物和现象的真理性认识，是事物内在的规定性在人们头脑中的主观反映。法律无论是一种静态的规则体系，还是一种动态的运作过程，都有其自身的规律性②。法的内容的合规律性主要体现在以下三个方面：

一是法律符合社会性质。法律规则是构成法律的主要要素，是社会规则的一种。从形式上讲，法律规则是规定法律上的权利、义务、责任的准则、标准，或是赋予某种事实状态以法律意义的指示、规定③。从实质上看，法律规则是指法所调整的各种社会关系，包括经济的、政治的、文化的、军事的、社会的各个方面的由行为模式、行为条件和法律后果所构成的规则或规范。社会关系与法律规则是相互作用的，社会关系的不断发展变化推动着法的不断发展变化，并通过法的内容真实地反映与体现出来，一定历史发展阶段中现实社会关系的性质与状况，决定着法的内容，从而也决定着整个法的性质与状

① 史瑞杰：《效率与公平：社会哲学的分析》，山西教育出版社 1999 年版，第 15 页。

② 李龙：《良法论》，武汉大学出版社 2001 年版，第 68 页。

③ 张文显：《法理学》，高等教育出版社 2003 年第 2 版，第 91 页。

况。如古代的奴隶制法由奴隶制的社会关系所决定，封建制法由封建制的社会关系所决定，资本主义法由资本主义的社会关系所决定，社会主义法由社会主义的社会关系所决定，从法律史上看，法由低级向高级的发展正是社会关系从低级向高级的发展所决定的。

二是法律符合事物发展规律。法律必须以客观事实为基础，以事物的本质为前提，以客观发展规律为依据。从法的内容来看，尽管法所调整的各种社会关系的内容纷繁复杂并且变化不定，但它们各自具有自身的规律，它们的存在和发展总是受其规律性的支配。经济性的法律规范反映了社会经济规律，表现为对经济惯例的尊重；政治性的法律规范反映了政治领域中的规律和内在精神；文化性的法律规范是对有利于统治阶级或全体人民的价值标准和道德标准的反映。以前的法律主要尊重人类社会发展规律，法律的立、改、废必须与社会转型和变迁相协调、相适应。自从人与自然关系紧张以来，法律尊重有关的自然规律也是必要的。事实上，人类的一切活动必须受自然规律的规定、制约和支配，如法律关于成年的规定、关于婚姻的规定实际是自然遗传规律的体现，近现代产生的环境保护法、自然资源法、科技法等众多法律规范都是对自然规律的认识和运用。法律能够更多地反映与体现客观规律，人们就能获得更多更大的法律自由。法律反映事物的发展规律不仅要求法律规则符合规律性，法律概念、法律原则、法律精神、法律研究都应该符合人类社会的发展规律和自然规律。

三是法律适应现实条件。一国法律是由该国的生产方式、人口条件、地理环境等社会物质条件所决定，并受该国的民族精神、风俗习惯、社会心理等非物质条件的深刻影响。在此意义上，法律不可能仅仅是由立法者创造出来，无论立法者有何等的智慧或者法律专家有何等渊博的知识，他们都不可能对特定社会中秩序的形成、秩序构成条件和复杂的因果关系有完全的、透彻的并且预先的了解，他们所拥有的知识只能是历史上的或外国的、已经或多或少一般化了的知识①，

① 苏力：《二十世纪中国的现代化与法治》，载《法学研究》1998 年第 1 期。

因此，立法和法律移植要充分考虑一国的具体国情和历史条件。法律要符合适应现实生活的条件与可能，这是法学唯物论的基本原理。但是我们不能把这一原理绝对化，而同时要坚持辩证唯物主义的能动反映论，充分肯定人的能动作用，承认法对社会的巨大推动作用，承认法必须而且能够有一定的预见性和超前性，对新的社会关系的产生起一种指引与促进作用。法的两重性要求我们在立法活动中坚持从客观条件出发和充分发挥人的主观能动性与法的超前性的协调和统一，防止它们之间的分离和冲突①。

3. 法的形式的合科学性

法的形式是法的内在要素、基本内容的组成方式和外在表现，包括法的语言、逻辑、结构、体系、运行状态等。法律形式科学合理与否，对法律的好坏起一定的正面效应或负面效应。形式是为内容服务的，形式科学合理能有效地体现法律正确的价值取向。综合古今中外学者关于法的形式要素的相关论述②，我们认为法律的形式合科学性可以概括为以下十个方面：(1)普遍性。这里包括三层意思，一是法律规范制作要有一般性，不能一事一法；二是法律的适用要有一般

① 李步云、赵迅：《什么是良法》，载《法学研究》2005年第6期。

② 富勒将具备法治品德的法律制度述为八大要素：一般性、公布或公开、可预期、明确、无内在矛盾、可循性、稳定性、同一性。See Lon L. Fuller. *The Morality of Law*. Yale University Press，1969：46-94. 莱兹归纳了法治的八条原则：法律必须是可预期的、公开的和明确的，法律必须是相对稳定的，必须在公开、稳定、明确而又一般的规则的指导下指定特定的法律命令或行政指令，必须保障司法独立，必须遵守像公平审判、不偏不倚那样的自然正义原则，法院应该有权审查政府其他部门的行为以判定其是否合乎法律，到法院打官司应该是容易的，不容许执法机构的自由裁量权歪曲法律。See Joseph Raz，*The Authority of Law*，Clarendon Press，1979：214-218. 我国学者夏勇归纳为法治的十大规诫：有普遍的法律、法律为公众知晓、法律可预期、法律明确、法律无内在矛盾、法律可循、法律稳定、法律高于政府、司法权威、司法公正。参见夏勇：《法治源流——东方与西方》，社会科学文献出版社2004年版，第22～34页。

性，相同的情况必须相同地对待；三是法律制度具有统一性，一个国家的法律必须统一协调。(2)公开性。这包括两个方面：一是法律应予公布并通过各种途径广为宣传，要使所有的社会成员能够知晓法律的要求，对因各种原因不知法而犯法者，应予以宽大处理；二是法律的运行过程特别是审判活动，应尽量公开进行或具有透明度，以便于群众监督。(3)可预期性。法律通过规定，事先对人们如何行为作出明确指示，告知人们可以做什么、禁止做什么、必须做什么，使人们可以预见其特定行为的后果。(4)明确性。法律规则必须能够为其接收者(常人)所认知和理解，即法律规定应科学合理、具体明确，法律应用清楚明白的语言规范人的行为，防止执行时在理解上发生争议。(5)合逻辑性。即法律的内容应保持逻辑上的统一，法律规定之间不能自相矛盾，不仅同一部法律的不同规定不能互相矛盾，相同位阶的法律之间、不同位阶的法律之间也不应该互相矛盾，一国的法律体系应有内在的逻辑。(6)可行性。在罗尔斯看来，规则应具备的首要品性就是“必须做的意味着可能做的”，即法律不应要求人们做在当时社会条件下做不到的事情，在特殊情况下出现了难以执行法律的事例应允许不执行或暂缓执行法律。(7)稳定性。法律应该适应社会的发展和变动，及时地立、改、废，但法律的变化不能过快过大，不能朝令夕改，法律应该具有相对的稳定性。(8)至上性。在现代法治国家，法律应该具有至上性，在法律与领导人的权威、与政府机关的权力发生冲突时，应该以法律为准则，因为法律与其他社会规范和管理手段相比具有国家强制性、稳定性、精确性和科学性。(9)有效性。即法律能给人们带来有益的社会效果，能提高人们行为的效率，能节省行为的成本和减少不必要的损失。这不仅是法律的实体要求，也是法律的形式合理性的要求，它回答的是一个国家的法律形式是不是具有多样性，各种形式的法律在配置上是否合理的问题。(10)完整性。法律作为一个体系，内容应是完整的，即法律所涉及的内容应能覆盖社会的各个方面，从而组成一个完整的体系，生活在社会中的现实的人的行为应能在法律体系中找到相应的对照①。

4. 法的程序的合正当性

程序与法的关系密不可分，在法的规范构成及其整个法律体系的结构和运行过程中，程序的地位举足轻重。法律由创制到实施到实现，既是受程序控制的全过程，也是其价值实现的全过程。程序的正当性通过其所实现的实体结果来衡量，但程序本身也是法治的重要组成部分，程序具有独立的价值和目标。富勒认为法治重要的不是法律规定了什么，而是如何保障“发现法律的过程”的公开、明确和审慎，法律公布以后，又应以怎样的方式、采取何种途径和步骤去实施法律以达到法治，而这就是立法程序和司法程序面临的问题②，在此意义上，程序的正当实际上就是立法程序的正当和司法程序的正当。

立法程序的正当性主要体现在以下四个方面：一是自律性。人类社会的规则从是否由遵守者自己制定的角度可分为自律和他律两种。人治、德治社会的法律往往是他律的，而法治社会的法律是公意的体现和集体智慧的结晶，它是由遵守者为了共同的利益制定的，因而具有自律的属性。这也是法治社会的法律能够得到普遍遵守的内在逻辑。二是广泛性。法治社会的所有社会成员有机会平等地参与规则的制定过程，这也是平等权和参与权的实现途径。立法机构在立法过程中听取大多数人的意见，同时兼顾少数人的要求，是现代立法程序广泛性的体现。三是协商性。协商是立法程序民主的体现，就是自由、平等的公民通过政治参与过程、提出自身观点并充分考虑其他人的偏好，批判性地审视各种法律建议，从而赋予立法以合法性。协商的目

---

① 本书所列举的法的形式方面的十大合科学属性，有些是纯粹形式的，有些既是形式的、同时也是内容的，如果一定要将这十个方面的归纳作出“非此即彼”的分类，这个分类一定也不是科学的，因为内容与形式其实很难作出绝对的划分，它们在很多时候是浑然一体的。

② Lon L. Fuller. *The Morality of Law*(revised edition). Yale University Press，1969：96.

的是要达到一致的结果，这种一致不是简单的少数服从多数，而是各方充分表达后尊重各方意见的相互认同。四是公开性。在立法活动中，将立法目的、法律草案等资料公开，可以使各方及时了解立法机关的议题，及时掌握自己关心的问题，并在适当时候表达自己的要求和建议，在信息反馈的基础上，立法机关的立法可以避免盲目性。法律制定出来之后，也要进行公开，即法律公告制度，法律公告是一国法制的重要组成部分，也是立法公开的主要组成部分。

司法是对受到侵害的权利给予救济的关键一环，也是保障法律实施的最后一关，司法公正是法治国家的重要标志。程序止当是检验司法活动公正与否的标准之一，其中司法独立、司法中立、司法公开是程序正当的核心。司法独立是指法院和法官不受外来干预，依法独立行使司法权。其主要包括两个方面的内容：一是司法权独立，二是法官独立。司法中立是指法官审案既不受诉讼当事人意见的支配，也不受相关利益关系的牵制，而处于超脱的中立立场，依法而判。司法独立不是绝对的，完全排除依附、不受干扰的司法权是不存在的，但司法权的依附性越小、抗扰能力越强，则越能实现司法公正。司法中立要求法官必须忠实于法律，不得允许政治、社会、家庭或其他关系影响司法裁判；在履行司法职责时，法官不能偏袒或支持某一方，不能与当事人进行法定以外的接触和交流，法官必须谨慎、言行适当；在诉讼中，法官必须给双方当事人平等参与的机会，对双方的主张、意见、所持利益予以同等关注，不得随意将任何一方的论点和主张排除在定案意见之外。法官的形象应是权威、理性、公正、超脱的综合体。司法公开主要包括“审”的公开、“判”的公开和对审判公开进行有效的文书记载①。审判公开是审判控制和审判自主的结合点，既能够进行法律监督，又能增强法官的审判自主性和抗扰能力，遏制裁判不公。当然，审判公开只是相对意义的，对于涉及隐私的案件则不能

① 李龙：《良法论》，武汉大学出版社 2001 年版，第 180～191 页。

公开。

二、法治之“治”是善治

一般而言，我们强调法治，更多的是强调法治之“法”，对于法治之“治”进行深入分析论证的并不多见。在中国传统社会，治往往是统治的简称，这有别于现代意义的法治内涵，更背离了“生活”的法治意旨。“生活”的法治是一种善治，是善政与良治的结合，其在现代社会更多地依赖自治来实现。

1.“治”的中国意蕴

“治”是一个富有深意的语词，《史记·太史公自序》中说：“夫阴阳、儒、墨、名、法、道德，此务治者也。”太史公认为先秦诸子百家所争议的问题其实就是一个“治”字。不仅先秦诸子喜谈治乱之道，几千年来，中国读书人议论最多的仍旧是这个“治”字①。“治”在中西方有很大的区别，从亚里士多德论述王制、贵族、共和以及僭主、寡头、平民等政体分类开始，西方的“治”就不仅是“施政”问题，还是“政体”问题；而中国几千年的论“治”一以贯之的是“施政”问题，对于“政体”即君主统治下的君臣上下秩序从未有过“异议”，在此基础上的人治与法治之争都只是君主的“施政”手段而已，也正是在这个意义上，我们说中国古代的法治并非现代意义的法治，“治”的中国意蕴其实就是统治，法治就是以君主为首的统治者用法这个手段来进行统治。即便在今天，我们谈法治时，依然是用“法的统治”来予以解释②，尽管这个“统治”有别于古代的“统治”，但毕竟是受了中国语境的影响。“统治”在《现代汉语词典》中有两层含义，一是凭借政权来控

---

① 梁治平：《法辨：中国法的过去现在与未来》，中国政法大学出版社2002年版，第93页。

② 法治也称“法的统治”，是指统治阶级按照民主原则把国家事务法律化、制度化，并严格依法进行管理的一种治国理论、制度体系和运行状态。参见周叶中主编：《宪法》，高等教育出版社、北京大学出版社2005年第2版，第110页。

制、管理国家或地区；二是支配，控制①。从统治的原意来看，其反映的基本特征就是治者与被治者的地位不平等，治的方法主要是靠强制力的外部压制，治的目的是为个别人、少数人(统治阶级)的私利而不是全体人民的公共利益，这种“统治”即使是“法的统治”，也给人留下了“人治”的印象。这与现代意义的法治不同，西方的现代法治在亚里士多德时代就基本确定了基调，亚里士多德认为，“人治”是“主人之治”，而法治是“平等的自由人之治”，是“对自愿的臣民的统治”，这种统治有以下几个特点：(1)它是为了公众利益的统治。(2)“最高治权”在全体公民手中，寄托于“公民团体”。它表现为决定国家大事的“权力实际上寄托于公审法庭或议事会或群众的整体”，因此它“把公民大会、议事会或法庭所由组成的平民群众的权力置于那些贤良所任的职司之上”。(3)以法律为最高权威。他说：“法律应在任何方面受到尊重而保持无上的权威，执政人员和公民团体只应在法律(通则)所不及的个别事例上有所抉择，两者都不应该侵犯法律。”又说：“最后的裁判权应寄托于正式制定的法律。只是所有的规约总不能概括世事的万变，个人的权力或个人联合组成的权力，只应在法律所不及的时候，方才应用它来发号施令，作为补助。”(4)其统治建立在臣民自愿守法上，而不是仅仅依靠武力②。总之，亚里士多德所说的法治是平等人之间的治理，是对自愿臣民的统治，是根据臣民的同意进行统治，是为了公众利益的统治，是臣民自愿守法的统治。所以，“古希腊的法治说虽不具有近代形态，我们却可以说，近代‘法治’理论已经孕育于其中。而在中国，近代法治学说却不可能在法家理论的土壤中成长起来”③。

---

① 中国社会科学院语言研究所词典编辑室编：《现代汉语词典》，商务印书馆 1980 年版，第 1144 页。

② [古希腊]亚里士多德：《政治学》，吴寿彭译，商务印书馆 1983 年版，第 129、147、192 页。

③ 梁治平：《法辨：中国法的过去现在与未来》，中国政法大学出版社 2002 年版，第 104～105 页。

为避免传统中国语境的影响，我们认为“生活”的法“治”并非一种统治，而是一种“善治”，这也是“治”在现代中国的现代意蕴。“善治”的基础是“工人阶级领导的、以工农联盟为基础的人民民主专政”，治者与被治者的地位是平等的和相对的，也就是它不再强调普通老百姓是被治者，而是强调实施治理活动的政府官吏是被治者，而政府官吏也是人民的一部分，是代表人民在行使权力，其身份不是天生的，而是人民选举产生的，因此从理论上说，人人既可能是治者又可能是被治者。“善治”的目的是“国家合理安排积累和消费，兼顾国家、集体和个人的利益，在发展生产的基础上，逐步改善人民的物质生活和文化生活”①。这种“治”不是为了治者的私利，而是为了社会公众的福利，它允许所有的人参与治理的过程，从而能充分地尊重所有的社会成员，调动他们参与社会治理的积极性。“善治”的方式是“拥有国家权力的我国人民根据民主集中制原则，通过民主选举组成全国人民代表大会和地方各级人民代表大会，并以人民代表大会为基础，建立全部国家机构，对人民负责，受人民监督，以实现人民当家作主”②。这个“治”是充分发挥人的主观能动性，仅将个人的活动限制在法律的范围内，以使其合理化和制度化，从而能使社会上所有人的活动变得有序和可预测，也防止握有权力的人假公济私和滥用权力。尽管法律有着国家这样的公共机关作为它的强力后盾，在实际生活中，它仍然主要由多数人去自觉遵守、自觉服从才能成立，正如卢梭在《社会契约论》中强调的，凡是不曾为人民所亲自批准的法律都是无效的，那根本就不是法律。而我国作为“善治”行为准则的法律是通过人民代表大会达成的社会共识，它凝结着全体人民的共同意愿，人们对法律的遵守并不是国家强制力的结果，而是

① 《中华人民共和国宪法》第14条。

② 周叶中主编：《宪法》，高等教育出版社、北京大学出版社2005年第2版，第226页。

法反映客观规律、具有社会性等特点而得到人们的认同。“善治”的要义在于建立一个自由而有序的和谐社会，和谐社会的“善治”需要处理好人与人、人与社会、人与自然、中国与世界的关系，从而在政治生活、经济生活、社会生活和文化生活中实现民主法治、公平正义、诚信友爱、安定有序，并激发社会的活力，实现国家的有效治理。

2. 善治的基本要素

善治是“善政”和“良治”的结合。“善政”在我国古代指的是“严明的法度、清廉的官员、很高的行政效率、良好的行政服务”①，是“内圣外王”理论的具体化。“良治”是西方 20 世纪 90 年代提出的概念，又叫“元治理”、“健全的治理”、“有效的治理”。“善”是伦理学研究的重要对象，而伦理学是一门关于道德的学问。善治在某种意义上，是依法治国与以德治国的体现，也就是说，善治主要用法来治，但不唯法而治。因为任何社会的治理都是一个综合性的社会工程，从已有的社会治理所需要的东西来看，大体有法、术、势、德（礼）等。法、术、势是法家强调的“治道”，所谓“法”即“宪令著于官府，刑罚必于民心，赏存乎慎法，而罚加乎奸令者也”②，用现代话语说就是由社会的公共权力机构所制定和维持的行为规范，它主要表现为社会的正式规章制度，它以明确的准则告诫人，以赏罚的办法规范人。所谓“势”，用现代术语解释即权势、地位，也就是治者集立法、司法、行政、军事等权力于一身的绝对权力；所谓“术”指“因任而授官，循名而责实，操杀生之柄，课群臣之能者也”③，现代意义的“术”即技术，包括战略策略思想和实际运用的技巧、方法；德（礼）则是儒家所倡导的“治道”，所谓“德”，狭义上指“德

① 转引自严存生：《法治社会的“法”与“治”》，载《比较法研究》2005 年第 6 期。

② 《韩非子·定法》。

③ 《韩非子·定法》。

治”，指治者的品性和用道德教化的办法来治理社会，即以身作则，以自己的人格魅力感化人，以说服启发的方法教育人，以树立和表彰典型的办法引导人。广义上“德”包括“礼”，即社会的伦理观念及由其产生的风俗礼仪，主要依靠社会舆论和各种社会组织的力量来实施和贯彻落实。在这四者中“德”和“法”是用得最多的“治道”，其中“德”是治之根本，“法”是治之关键。对于“法”与“德”的关系，亚里士多德有一段很精彩的论述：“凡订有良法而有志于实行善政的城邦就得操心全邦人民生活中的一切善德和恶行。所以，要不是徒有虚名，而真正无愧为一城邦者，必须以促进善德为目的……而法律的实际意义应该是促成全邦人民都能进入善德和正义的(永久)制度。”①在此意义上，我们可以说善治以德治为基础，这表现在三个方面：其一，法治之法必须具备道德性，即必须追求正义和必须遵照公认的道德原则来制定和实施，不具有道德性的法即“恶”法，产生不了法治；其二，法治作为一种文明的社会秩序，所追求的并不仅仅在于人们的按章办事，更在于良好社会风貌的形成，而良好的社会风貌已超出狭义的法律秩序的范围，其形成也不是仅仅靠法律所能办到的，它更多地是依赖于道德教化；其三，法治社会在于法律的良好运行，而法律的良好运行，如法律的制定、执行和遵守，都离不开有良好道德素质的人，只有他们才能制定出良好的法律，忠实地遵守法律，灵活地执行法律，否则，不仅不可能产生好的法律，而且即使有了好的法律也会流于形式，或变成牟取私利的工具②。“德”是法治之“善”的基本准则，没有了“德”，良法无法产生，善治难以发挥作用。

“德”是“善治”的内在要素，善治作为政府与公民对公共生活的合

① [古希腊]亚里士多德：《尼各马科伦理学》，苗力田译，中国社会科学出版社 1999 年版，第 138 页。

② 严存生：《法治社会的“法”与“治”》，载《比较法研究》2005 年第 6 期。

作管理形式，还应具备一定的外部特性：(1)合法性。它指的是社会秩序和权威被自觉认可和服从的性质和状态。合法性越大，善治的程度越高。取得和增大合法性的主要途径是尽可能地增加公民的共识和政治认同感。(2) 合理性。社会生活总是处于不断的变化之中，而法治之“法”再优良也不可能涵盖生活的所有内容，所以善治固然以合法性为基础，合理性是在法律未照顾到某些领域的时候自由裁量的“标准”。(3)平等性。这主要指在国家政治、经济、文化、社会生活中，每一个公民地位平等、参与治理的机会平等、表达意见的方式平等。(4)公开性。它指的是政治信息的公开性。每一个公民都有权获得与自己利益相关的政府政策的信息，包括立法活动、政策制定、法律条款、政策实施、行政预算、公共开支以及其他有关的政治信息。公开性要求上述政治信息能够及时通过各种媒体为公民所知，以便公民能够有效地参与公共决策过程，并且对公共管理过程实施有效的监督。透明的程度愈高，善治的程度也愈高。(5)自主性。法治既是一个客观的社会现象即一定的法律秩序状态，又是全体社会公众自觉参与法治化过程的一种内在感受和体验，公民对法治的自主性越强，表明公民对现行法律的态度和评价越积极。(6)责任性。它指的是人们应对自己的行为负责。在公共管理中，它意味着管理人员及管理机构由于其承担的职务而必须履行一定的职能和义务。公众、尤其是公职人员和管理机构的责任性越大，表明善治的程度越高。在这里，善治要求运用法律和道义的双重手段，增大个人及机构的责任性。(7)回应性。这一点与上述责任性密切相关，从某种意义上说是责任性的延伸。它的基本意义是，公共管理人员和管理机构必须对公民的要求做出及时的和负责的反应，不得无故拖延或没有下文。在必要时还应当定期地、主动地向公民征询意见、解释政策和回答问题。回应性越大，善治的程度越高。(8)有效性。这主要指管理的效率。它有两方面的基本含义，一是管理机构设置合理，管理程序科学，管理活动灵活；二是最大限度地降低管理成本。善治的程度越高，管理的有效性就越高①。

3. 自治体现生活的法“治”之善

社会治理依被治者是否参与治理可分为他治与自治两类。自治型社会的最大特点是社会公众有机会参加社会的管理活动，特别是参与管理规则的制定活动。他治型社会治者与被治者则有严格的区分，治者只治民不治己，被治者是被严格地限制在治理活动之外的。法治社会是典型的自治型社会，因为法治社会是依法而治，而“法”在真正的法治社会是已达成的社会共识，它凝结着全体人民的共同意愿。在此意义上，法治社会之治实际上就是按照自己的意志来治理，因为公意不过是个人意志中的共同部分，其实现途径是通过民主的途径立法，在选定国家公务人员时也应遵循民主和公平原则，从而使所有的人有机会参与社会规则的制定和国家的管理活动。另外，自治还表现在法治社会实行分级治理，各地区、各种社会组织，特别是基层社会组织享有充分的治权，国家权力所及的只是它们无力解决的问题。

自治最能体现生活的法“治”之善，因为“自由的自治常常与对自身、对他人和社会实践不断地进行适当的检验相联系”②，自治是法治之“善”的社会检验，只有在法治的社会里才能真正实现这种善治。自治有两种表现形态：意思自治和社会自治。意思自治在我国主要是作为私法领域中的原则，对意思自治的理解学术界有不同看法。有的学者认为意思自治原则是指民事主体在进行民事活动时意志独立、自

① 俞可平先生综合各家观点，将善治的要素归纳为六点：合法性、透明性、责任性、法治、回应性、有效性。从俞可平先生的归纳中可以看出“法治”与“善治”之间有着某种内在的关系。参见俞可平：《治理与善治》，社会科学文献出版社 2000 年版，第 8～10 页。转引自严存生：《法治社会的“法”与“治”》，载《比较法研究》2005 年第 6 期。

② ［美］威廉·A·盖尔斯敦：《自由多元主义》，佟德志、庞金友译，江苏人民出版社 2005 年版，第 27 页。

由和行为自主，即民事主体在从事民事活动时，以自己的真实意思来充分表达自己的意愿，根据自己的意愿来设立、变更和终止民事法律关系①。有的学者认为意思自治原则指参加民事活动的当事人在法律允许的范围内享有完全的自由，按照自己的自由意思决定缔结经济关系，为自己设定权利或对他人承担义务，任何机关、组织和个人不得非法干涉②。德国学者将意思自治称为“私法自治”，他们认为意思自治是法律制度赋予并确保每个人都具有在一定的范围内，通过法律行为特别是合同来调整相互之间关系的可能性③。社会自治是介于公法与私法领域之间，这里的自治“指的是个体的自我指导”④，或者“自己管理自己”⑤。社会自治是指群众的事情由群众自己依法去办，自我管理、自我教育、自我服务，实行直接民主。社会自治组织，是指一定范围内的自治体全体成员在自由、平等的基础上依法对自治体公共事务实行自我管理的不具有强制性的组织形态，既包括政治意义上的社会自治组织，如我国的村民委员会、街道居委会及其他政治性社团，也包括经济意义上的社会自治组织，如各种经济性协会、中介性组织等。社会自治产生的背景是改革开放后，由于市场经济的发展，为市民社会的形成创造了物质前提，“市场失灵”和“政府失灵”又为社会自治组织的产生创造了发展空间，“大社会、小政府”的政府瘦身计划为社会自治组织的快速发展提供了契机。在政府的推动下，各种非政治性的社会自治组织如雨后春笋般地发展起来。社会自治及社会自治组织的发展也是自由和民主发展的表现形式和实现结果。社会自治

---

① 马俊驹、余延满：《民法原论》，法律出版社 1998 年版，第 59 页。

② 梁慧星：《民法总论》，法律出版社 1996 年版，第 49 页。

③ [德]卡尔·拉伦茨：《德国民法通论》，王晓晔、邵建东等译，法律出版社 2003 年版，第 54 页。

④ [美]威廉·A·盖尔斯敦：《自由多元主义》，佟德志、庞金友译，江苏人民出版社 2005 年版，第 27 页。

⑤ 王禹：《村民选举法律问题研究》，北京大学出版社 2002 年版，第 135 页。

是历史潮流推动的结果，我国社会主义处于从阶级社会走向无阶级社会的历史阶段，国家的权力在这个过程中逐步地向社会回归。这具体地表现为两大历史趋势：一是国家权力自身结构的变化，国家从诞生的时候起就具有双重的职能，其一是作为阶级统治工具的政治职能，其二是进行公共管理的社会职能。进入社会主义社会以后，随着阶级对抗和阶级斗争的消失，国家机器将越来越失去其政治性质，而更多地发挥其公共管理的职能。二是国家权力向社会组织转移。随着社会经济政治文化的发展，人们的独立性和自主性大大增强，文化水平、管理能力普遍提高，必然要求自己管理和处理自己的事务，适应社会发展的这种历史趋势，国家把愈来愈多的社会管理职能交给社会组织，由群众自己管理自己的事务。在这两种趋势的作用下，人民群众的社会自治和自我管理、自我服务在社会管理中占据日益重要的地位。人民群众自我管理、自我服务要求人们之间建立独立自主、互相尊重、彼此服务、平等互惠的和谐关系。社会主义社会越是向前发展，社会管理和社会自治越是变得重要，社会和谐这个社会主义的本质属性将愈加充分地显现出来，成为社会关系的基本形式。

法治社会是典型的自治型社会，也是最理想的善治，法治是善治的一个重要构成元素，法律是善治最主要的手段。因为理想的法治社会的法律表现的是“客观的、外部的、实证的法向着人的主观的、内部的、形而上的法转化；合乎规律的法向着合乎目的和理想的法转化；自在的法向自为的法转化；进而直接地起到启发人的主观能动性和对人的行为的规范作用”①。衡量一个社会的治理是否为善可能会有许多标准，而法治是其中一个重要的标准，而且法治对善治的衡量是全方位和深层次的，因为法治所要解决的是社会秩序的合法性和权威性的问题，只有这一问题从根本上得到解决，才能取得经济的繁荣

① 吕世伦：《法的真善美——法美学初探》，法律出版社 2004 年版，第 268 页。

和社会的安定，从而达至善治所追求的目标。

第三节 “生活”的法治意旨

法治与生活关系密切，“生活”的法治本身既是现实的人对生活的一种选择，又是现实的人对生活的一种创造；它既是现实的人对生活进行创造的一个维度，也是现实的人对生活进行创造的方法和手段。作为一门实践的艺术，本书将中国法治作了制度、理念和文化三个层面的划分，不论是哪个层面的法治都必须立足于生活，尊重生活。“生活”的法治应该遵从特定的意旨：制度层面的法治应建立“权利和谐”的体系，理念层面的法治应树立“以人为本”的观念，文化层面的法治应确立“法律信仰”的精神，在此基础上，“生活”的法治才可以作为现实的人的一种现实的生活方式。

一、制度层面的法治：权利和谐

人的天性是趋利避害的，利害关系是人们行为的动因。但世界主要文化传统，无论是神圣的还是世俗的，一般都对人的趋利性采取抑制的态度，而法治则鼓励人们追逐利益。个人的利欲具体化表现为权利，当权利与权利、权利与权力发生冲突时则需要法律来调整。这样从个人的欲望和趋利性转化为权利，再到由法律保护权利，这一过程实际上是法治的核心内容①。中华文明对人类文明的巨大贡献之一就是孔夫子的中庸之道，这个理念演变到现在就是讲和谐，讲平衡。怎么样实现和谐、平衡？只有从民主的视角引入权利，从权利博弈达到平衡②。从权利博弈到权利平衡从而实现权利和谐是法治成为人们自愿选择的生活方式的关键。在构建社会主义和谐社会的进程中，已有

① 於兴中：《法治与文明秩序》，中国政法大学出版社 2006 年版，第 6 页。

② 信春鹰：《向民主法治国家继续迈进》，李林、王家福主编：《依法治国十年回顾与展望》，中国法制出版社 2007 年版，第 16 页。

学者提出“法律是构建和谐社会的基石”①，而“法学之难者，莫过于权利也”②。权利是法律中最为关键、最为难解的问题，作为法律的基石，权利和谐对法律和谐、社会和谐的意义不言而喻。“权利问题就是人的问题”③，权利和谐总是体现在人的一定的权利关系中，用美国学者贝思·J·辛格的话说：“权利关系并非一种二元关系，而是一种真正的三元关系，它涉及到社群(泛化的他人)、权力拥有者以及那些有义务尊重它们的人。”④这种三元关系在权利的结构中就表现为权利与义务、权利与权力、权利与权利的对应关系，即权利和谐主要体现为权利与义务、权利与权力、权利与权利之间的和谐，具体表现为权利与义务的均衡、权利与权力的制衡、权利与权利的抗衡三种平衡关系。

1. 权利与义务的均衡

自从有了人类社会，就有了权利义务之间的关系。一部法律制度史本质上就是权利与义务的矛盾及其演变的历史⑤。对权利和义务的关系，马克思主义经典作家的基本观点是：(1)阶级社会里，权利义务不平等。(2)没有无义务的权利，也没有无权利的义务⑥。(3)权利义务具有同等价值。要实现权利与义务的和谐必须在权利与义务之间达到一种平衡，“所谓平衡，是指在对立的事物之间保持相同的对应性比例。义务和权利是一对对立的范畴，两者的平衡，就是指在这两者间保持相同的比例：义务的强化，必须以赋予主体更多的权利为目

---

① 李龙、张革文：《法律与和谐》，载《社会科学》2005 年第 10 期。

② 美国法学家罗斯柯·庞德语。转引自程燎原、王人博：《权利及其救济》，山东人民出版社 1993 年版，序第 2 页。

③ 朱兴文：《权利冲突论》，中国法制出版社 2004 年版，序第 1 页。

④ [美]贝思·J·辛格：《可操作的权利》，邵强进、林艳译，上海人民出版社 2005 年版，第 27 页。

⑤ 吕世伦：《法理念探索》，法律出版社 2002 年版，第 456 页。

⑥ [德]马克思：《国际工人协会共同章程》，《马克思恩格斯选集》(第 2 卷)，人民出版社 1995 年版，第 610 页。

的；权利的扩大，亦必须以义务的加强为手段"①。我国理论界自20世纪80年代末以来，一直创导"权利本位"，应该说，在我们这样一个被"义务本位观"束缚了几千年的国家，确立"法是或者应当是以权利为本位"②更有利于提高公民的权利意识、实现社会主义民主、克服中国法哲学研究的"阶级斗争范式"。但"法律的直接目的和对象是为了协调主体间形成的社会关系，而它的实际协调，则是通过主体间权利的享有和义务的履行而进行的，它协调良好的标志，必须是主体间权利义务的平衡"。"只有以义务平衡权利，才能使法律自身协调并创造一种和谐的社会关系。"③权利和义务的均衡体现为如下内涵：观念上权利义务的并重、功能上权利义务的互补、立法上权利义务的对应、实践中权利义务的对等。

2. 权利与权力的制衡

我国学者对权利与权力的基本关系的看法主要有：对立统一关系、渊源关系即权力来源于权利、主从关系即权力服务于权利。其实，"权力与权利两者从来是一种反比关系，即权力扩张，则权利必然相反地缩减；反之，权利扩张，则权力必然相反地缩减"④。权利与权力的制衡主要表现为两个方面，一是权利制衡权力。对权力必须制约已得到共识，因为"一切有权力的人都容易滥用权力，这是亘古不易的一条经验"⑤。权力制约理论在资本主义社会得到进一步发展和完善，并形成了以美国为代表的典型的分权与制衡体制。但在资本主义国家，对权力的制约主要依赖的是权力，也就是"以权制权"，正

---

① 谢晖：《法学范畴的矛盾辨思》，山东人民出版社1999年版，第228页。

② 张文显：《"权利本位"之语义和意义分析》，载《中国法学》1990年第4期。

③ 谢晖：《法学范畴的矛盾辨思》，山东人民出版社1999年版，第228～229页。

④ 谢晖：《法学范畴的矛盾辨思》，山东人民出版社1999年版，第264页。

⑤ [法]孟德斯鸠：《论法的精神》(上)，张雁深译，商务印书馆1982年版，第154页。

如孟德斯鸠所言，“有权力的人们使用权力一直到遇有界限的地方才休止”，因此，“从事物的性质来说，要防止滥用权力，就必须以权力制约权力”①。在这种理论的指导下，西方国家普遍将国家权力分为立法权、行政权和司法权，通过这三种权力的相互牵制来达到国家权力的平衡。在社会主义国家，权利既是法学的中心范畴，也是国家权力的基础，人民的权利决定和派生政府权力。政府权力的目的在于使广大人民群众广泛而切实地享有权利，并能自主地行使管理、监督国家事务的权力，权力问题最终转化为权利问题②。公民的权利是约束与平衡权力的一种社会力量。权利制衡权力的原则和途径为：通过广泛分配权利来扩大权利的广度，以抗衡权力的强度；通过集体行使权利来把分散行使的公民权利集中为人民的权力；通过优化权利结构来建立与健全同权力结构相平衡的权利体系；通过强化权利救济来发挥抵抗权与监督权的作用；通过提高全民权利意识来释放权利的“动能”，以抗衡权力的“势能”；通过掌握制衡的度以不妨碍合法权力正当行使为度③。二是权力制衡权利。人们一般关注的是权力滥用，但权利滥用则未引起人们的足够重视。“其实，自由资本主义以来，大量丑恶现象的滋生，正在于法律对主体权利分配的过大，使得权利失去了必要的制衡和约束机制，使权利在实践上不时表现为面目狰狞的东西。”④权力制衡权利就是在权力设定合理、权力行使合法的情形下，任何主体的权利必须服从这种权力的指挥、要求和安排，因为这种权力对权利实现具有保障作用。合法行使的权力对权利冲突的裁决、对权利侵害的请求及救济、对集体权利实现的组织具有重要作用。要特别强调的是，权利与权力的制衡并非制约，不论是权利制衡权力，还是权力制

---

① [法]孟德斯鸠：《论法的精神》(上)，张雁深译，商务印书馆 1961 年版，第 154 页。

② 罗丽华：《人本法律观解析》，载《理论月刊》2007 年第 5 期。

③ 郭道晖：《试论权利与权力的对立统一》，载《法学研究》1990 年第 4 期。

④ 谢晖：《法学范畴的矛盾辨思》，山东人民出版社 1999 年版，第 222 页。

衡权利，都不是为了削弱或淡化对方，而是为了在权利与权力之间达到一种平衡，以实现权利与权力的和谐、健康发展。

3. 权利与权利的抗衡

在当代中国，我们感到一方面是某些权利保护的不足，但另一方面日常生活中权利话语又在泛滥，权利冲突成为人们关注的焦点。其实"权利并非处于天生的一种对立关系，或存在于个体与社会之间，或是存在于个体与其他个体之间；而是处于如下关系中，即，在任何权利—规范发生作用的社群(community)中，其成员以相互尊重所有人要求权的方式聚合，并在那些相同的规范下，每个人都平等地承担尊重权利的义务，正如乔治·赫伯特·米德所指出的，'个人在宣称自身权利的同时也在宣称社群其他成员的权利'，在该权利受到认可并得到强化的过程中，'个人与社群的利益都得到了体现'"①。权利与权利的抗衡实际上是权利与权利的"对抗，不相上下"②，这种抗衡必须确立两个前提：一是权利的主体是平等的，而且这里的权利主体主要是私人主体，因为权利与权利之间的关系往往是平等主体之间的关系。二是权利是平等的，即权利之间没有位阶，所谓权利位阶即"在与其他权利或价值有冲突的情况下，作为实现它们的前提条件，保护维持生命必需条件的权利，几乎一成不变地应被判定为超越于其他权利"，但"这并非一条绝对原则，而是一个价值判断"，因为"与任何其他价值的冲突一样，这是一个特定情境与观念所决定的判断，在每一情况下都需要证明，这样一来，甚至这些个人权利都不能被先验地假定为绝对"③。在这两个前提条件下，一个人权利的行使必须不

① [美]贝思·J·辛格：《可操作的权利》，邵强进、林艳译，上海人民出版社2005年版，导言第3页。

② 中国社会科学院语言研究所词典编辑室编：《现代汉语词典》，商务印书馆1978年版，第626页。

③ [美]贝思·J·辛格：《可操作的权利》，邵强进、林艳译，上海人民出版社2005年版，第190页。

妨碍其他人权利的行使，一项权利的行使必须不妨碍其他权利的行使，这些权利正是在互不侵犯的“潜在规则”中实现“和谐共处”。

二、理念层面的法治：以人为本①

法治是一个开放性的理论体系，在不断变化的现代社会中，该理论体系也在不断调整自身内部的结构，但法治的中心始终是“人”，人是法治的核心要素，法治随着现实的人的生存样式及其所处社会的进化而进化，并与现实的人的存在保持着大致相似的形态。现实的人对法治的需求是法治的动力源所在，以人为本是“生活”的法治最为基本的观念。

1. 人是法律之本

以人为本有着深厚的历史底蕴，在中国古代就有丰富的人本(民本)思想，“夫霸王之所始也，以人为本”②。西方的人文(人本)主义也源远流长，早在柏拉图的法治理论中，人既是出发点又是最终归宿。马克思主义对“人”有着深刻的认识，马克思说“人是最名副其实的社会动物”，在《关于费尔巴哈的提纲》中强调：“人的本质并不是单个人所固有的抽象物，在其现实性上，它是一切社会关系的总和。”③马克思还说：“社会生活在本质上是实践的。凡是把理论导致神秘主义的神秘东西，都能在人的实践中以及对这个实践的理解中得到合理的解决。”④马克思主义哲学向来反对形而上学那种脱离现实的抽象思辨，“以一定的方式进行生产活动的一定的个人……不应当带有任何神秘和思辨的色彩。……这些个人是从事活动的，进行物质生产的，因而是在一定的物质的、不受他们任意支配的界限、前提和条件下活

---

① 本部分内容作为阶段性研究成果发表于《理论月刊》2007 年第 5 期，有删改。

② 《管子·霸言》。

③ 《马克思恩格斯选集》(第 1 卷)，人民出版社 1995 年版，第 56 页。

④ 中央编译局：《马克思主义经典著作选读》，人民出版社 1999 年版，第 3 页。

动着的”①。以人为本的法治中的“人”是现实的人、具体的人、实践的人。主体性是人的活动源泉和动力，其基本特点是自主性、能动性和创造性。马克思明确指出：“主体是人，客体是自然。”②因为自然界、外部世界是优先的客观存在，人才能作为主体，发挥自己的自主性、能动性、创造性，对其进行选择、认识和改造。以人为本的法治是要把人“作为具有尽可能丰富的属性和联系”的主体，“作为尽可能完整的和全面的”主体塑造和生产出来。

“人是法律之本质”这个结论可以用马克思主义的方法论来予以论证：从认识论的角度来看，本质是相对于现象的一个辩证法范畴，对法的本质的认识是通过对法的现象的归纳与抽象层层提升得出来的结论，即透过现象看本质。人是法律之本正是透过各种法律现象看到了“人”的需要、“人”的发展、“人”的利益这一本质。从本体论的角度来看，马克思主义认为物质是第一性的，意识是第二性的，物质决定意识，意识又反作用于物质。这要求我们不能仅从法存在的意识层面去理解法的本质，还必须从法存在的物质基础上去理解法的本质。在社会主义国家人民成为国家主人之后，人是法律之本才可能实现，也就是说，只有在社会主义公有制的物质基础上才可能有“以人为本”的法律观。从实践论的角度来看，人不仅要认识世界，而且要改造世界。在认识法的本质时，我们除了要从法的“实然”角度与“应然”角度去考察它之外，还应从法的实践角度去考察它。人是法律之本既是事实陈述又是价值判断，在社会主义国家的法律实践中不论是立法，还是执法、司法贯彻的都应是也必须是“以人为本”。

2. 以人为本的法治理念

法治理念是对法治的内在要求、精神实质和基本原则的理性认识

---

① 中央编译局：《马克思主义经典著作选读》，人民出版社 1999 年版，第 6～7 页。

② 《马克思恩格斯选集》(第 2 卷)，人民出版社 1995 年版，第 3 页。

及高度概括。以人为本的法治理念包括：尊重人格、保障人权、展示人性、重视人伦和弘扬人道①。人格就是指作为权利主体的人所应该具有的资格，在个人权利体系中，人格权是其他一切权利的基础，而人格尊严则是人格权的核心。公民的人格得到尊重和个性的全面解放是社会主义国家的最高目标和终极价值追求。以人为本的法治理念就在于必须将人的人格尊严置于至高位置，人是法律的永恒主题，也永远是法律的主体。人权作为内涵丰富的观念体系，是法治的出发点和终极价值追求。我国对人权的确认和维护长期仅有法律、法规、政策、文件的规定，2004年的宪法修正案明确规定国家“尊重和保障人权”，赋予人权宪法地位，这说明我国对人权的空前重视。以人为本的法治理念强调人权的价值并不是简单重复以往的论述，而是清醒地认识到现有人权理论在解释社会进步与法治发展互动上的不足之处，从科学发展观的角度重新阐释传统人权理论。人性理论是古今中外法学和政治哲学流派的逻辑起点，不同派别之间的区别最初就来自人性理论的不同。对人性的基本理论可以概括为人性善、人性恶和人性善恶兼而有之三类，马克思主义人性观主张具体的、实践的、一定物质生活条件下的人性观，人性需要不断完善、需要不断发展。以人为本的法治理念主张从人们的生活细节中去寻觅人性的碎片，通过对法治和法实施的社会背景、历史使命和时代潮流的探析来对人性进行社会学分析，并从探讨人性的基本特征入手进行制度分析。人伦是中国的法律传统中最具特色、最容易为中国人接受的规定，是中国人熟悉的社会秩序与道德规范。尽管传统的人伦观念与现代社会公认的民主、平等观念有着本质区别，但在婚姻、家庭、亲属等领域，其仍可发挥积极作用。将人伦列为以人为本的法治理念内涵是为了打通法律和人

---

① 李龙：《人本法律观研究》，中国社会科学出版社2006年版，第90～113页；李龙、龙晟：《论人本法律观的基本理念》，载《社会科学战线》2005年第6期。

们生活方式之间的距离，使法律成为人们的生活之道，使人们依据习俗和传统为人处世。人道意味着尊重人、关心人，把切实为人民谋福利视为我们一切工作的出发点和归宿。从历史角度来看，人道主义的兴盛与法律的进步是紧密相关的，因为“人类的一切机构，所有科学和艺术——如果它具有合理性的唯一目的，就是使我们人类人道化”①。人道主义是现代法律的实质内容之一，也是衡量现代法律的重要标准之一。以人为本的法治理念呼吁在当代中国建立人道的法律，不仅是充分借鉴人类法治运行的规律的体现，而且是由当代中国法治发展的基本特征决定的。

3. 以人为本的法治目标

以人为本作为一种法治理念，其价值目标是多层次的：个人权利的维护是逻辑起点和制度基础；人的尊严是个人权利的延伸和升华，尊重人的尊严是处于中间层次的价值目标；实现人类幸福则应该是、也必然是终极价值目标。(1)维护个人权利。西方人认为法律是正义和权利的象征，而东方人往往把法律当做一种不得已而为之的补救性技术②。但随着东西方文化的交融，权利作为现代法律的主导得到越来越多的人认可时，权利文化也被认为是一种最能体现人性和复归人性的文化。以人为本实际上就是“以人的权利为本”，因为以人为本，就是一切从人民群众的需要出发，促进人的全面发展，实现人民群众的根本利益。我们以往的法学理论过分夸大了集体权利、社会权利和国家权利的价值，使个体权利无条件地服从集体权利、社会权利和国家权利，从而牺牲了个体的利益和自由。事实上，以人为本首先应尊重个人，只有每个人在人格尊严上自尊自重、在社会道德上诚信友

① 周辅成编：《从文艺复兴到十九世纪资产阶级哲学家政治思想家有关人道主义人性论言论选辑》，商务印书馆1966年版，第604页。

② 这种观点在对东西方法律文化差异进行比较中经常论及，特别是东方学者在反思本土文化中认为东方人的观念是以礼为治并重视社会责任，因而人们较为注重伦理和精神方面，法律只是不得已而为之的补救性技术。

爱、在制度运行上积极主动，权利才得以体现和维护。(2)尊重人的尊严①。“人，之所以为人，第一是要自己有尊严；第二是要尊重别人的尊严，而且是诚挚地尊重。”②尊严是人性的共同要求，伟大的思想家康德说“人本身就是尊严”，他认为人的尊严与人本身固有的价值相联系，所有的人都具有尊严，并且每个人都有保持自身尊严和维护人的尊严的义务。人的尊严是人的自然属性和社会伦理属性的结合体，因为只有人“在物质世界之外，还追求精神世界的价值”③。人性尊严与时间及空间均无关系，而是应在法律上被实现的东西。切实尊重和维护人的尊严是现代法治社会的基本要求。在第二次世界大战之前，“人的尊严”还未上升为实在法的具体规范，仅作为法律理念或道德观念。第二次世界大战中纳粹法西斯藐视人权、残害人类的教训，使得后世的思想家和政治家们又不得不重新面对“人的尊严”问题。第二次世界大战之后，西方国家及国际社会开始将“人的尊严”在法律规范中予以确定，例如，1945 年《联合国宪章》前言、1948 年的《世界人权宣言》第一条、1966 年的《经济社会文化权利国际公约》与《公民权利和政治权利国际公约》序言都对“人的尊严”予以规定。各国宪法也纷纷作出了相关规定。我国长期实行以“阶级斗争为纲”的法律模式，缺乏对“人的尊严”的尊重。改革开放之后，特别是“权利本位”这一法学口号提出以来，应然的尊严内容转化为实然的尊严内容，人人享有人的尊严变成人人有权享有人的尊严，人的尊严被赋予道德权利或法律权利④。以

① 与“人的尊严”类似的概念有“人格尊严”、“人性尊严”等，笔者认为这些概念内涵基本一致，只是不同学科领域称谓不同而已，比如“人格尊严”就是一个法律用语，“人性尊严”则在道德伦理学中用得较广泛，“人的尊严”则是一个统称。

② 柏杨：《我们要活得有尊严》，春风文艺出版社 2002 年版，第 1 页。

③ [日]星野音一：《私法中的人》，梁慧星：《为权利而斗争》，中国法制出版社，第 329 页。

④ 韩德强：《论义务本位和权利本位的尊严观》，载《文史哲》2006 年第 1 期。

人为本就是将人确定为法律的最高价值；突出人是法律的主体、关键和目的；要求每一个人被善待，其内在价值受尊重，人人享有自我实现的权利；反映的基本理念是对人的尊严的尊重和维护。(3)实现人类幸福。人是追求幸福的动物，英国哲学家休谟说：“一切人类努力的伟大目标在于获得幸福。”①而追求幸福的人类为什么需要法律来制约自身？西方学者金杰特教授指出：“人对其生存的自觉，对其生活的关切，对未来的不确定性，对生与死、幸与不幸、权力与冲动等不安全感，使人创造了法律。”②法律是人们为了解决人类生活中的困难而构造，从而为人们达到终极幸福的目标开道。《汉谟拉比法典》的开篇写道：“我在这块土地上创立了法和公正，在这时光里我赋予人类幸福。”③可见，法律从其创立之日起就与人类幸福密不可分。法治的终极目标是实现人类幸福，因为人的全面发展和人民的根本利益是法律的出发点与落脚点，邓小平说：“使所有的劳动者过最美好、最幸福的生活就是人的全面发展。”法治产生于人的需要，人是法治的主体，也是法治的归宿，更是法治的价值所在，“以人为本”的法治像和煦的阳光，普照我们并让我们在这种普照下最大限度地感受和体味生活的幸福。

三、文化层面的法治：法律信仰

可能是深感于中国法律不被信仰的传统和现实，“法律必须被信仰，否则它将形同虚设”这句话自 20 世纪 90 年代以来成了广泛流传的一句法谚，《法律与宗教》这本小册子也成了读者众多和被引用最多

---

① 人类一切活动的终极目标都是为了获得幸福的生活，这是从古希腊柏拉图、亚里士多德到古罗马的西塞罗再到中世纪的阿奎那然后再到现代的哲学家都较为赞同的一种观点。

② 杨弈华：《法律人本主义——法理学研究诠论》，(台北)汉兴书局有限公司 1997 年版，第 99 页。

③ [美]约翰·梅西·赞恩：《法律的故事》，孙运申译，中国盲文出版社 2002 年版，第 62 页。

的一本法律译著①。中国正在建设的法治要求我们不仅制定和执行法律还得信仰法律，而且这种信仰不能靠外力的强迫、压制与威胁，而应靠社会公众发自内心的、对法的真诚的信仰。哈耶克将人所遵循的行为规则同人所信奉的思想观念作了比较明确的区分，行为规则通过学习和模仿为个人所遵守，它指人们学会了什么；思想观念通过人的反思、接受某种信念与理想而形成，它指人们相信什么。哈耶克把思想观念视为决定法律系统形成机制与演进方向的主要因素。因此，有学者指出，所谓法律信仰是"一种世俗的公民理想与大众忠诚"②；它包括"两个方面的有机统一：一方面是指主体以坚定的法律信念为前提并在其支配下把法律规则作为其行为的准则；另一方面是主体在严格的法律规则支配下的活动"③。我们认为法律信仰是一种法律的文化认同或者文化认同的法律表现，是相信法律并将法律视作我们生活的恰切规则，表达的是社会公众通过内在的确定而表现的一种价值观，是社会成员对一定法律观念体系的信奉和遵从。

自 20 世纪 80 年代以来，我国政治、经济、文化、社会等各方面的建设都取得了长足发展，但"中国经济生活结构的巨大变革使人们明显地感觉到一种危机——传统精神价值日益丧失——的降临。虽然，理智的学者们在注视环球治乱盛衰的变化时，提出了中国精神价值再生的清晰思路——以法治精神为纲，重建中华民族精神；并且决策层为法治在中国的确立殚精竭虑，然而，缺乏信仰支持系统的法律纵然制定得再多，终究涵化不成一种民族精神，从而也无法支持一场以法治为终极目标的改革的成功"④。正如有些学者指出的，因为法律信仰的缺乏，在中国的社会现实中存在一个悖谬的现象：一方面有

① ［美］伯尔曼：《法律与宗教》，梁治平译，中国政法大学出版社 2003 年版，增订版译者前言。

② 高鸿均：《法治：理念与制度》，中国政法大学出版社 2002 年版，第 124 页。

③ 谢晖：《法律信仰的理念与基础》，山东人民出版社 1997 年版，第 16 页。

④ 谢晖：《法律信仰的理念与基础》，山东人民出版社 1997 年版，第 1 页。

着浓厚的法治浪漫主义氛围，另一方面法治意识又非常淡漠。这种法治意识的淡漠主要表现在，社会上的各种主体对法律缺乏应有的信仰和尊重，过多地把法律作为一种工具来对待，而且是一种为我所用、为我所取、为我所弃的外在性工具，合乎自己利益时就遵守，不合乎自己利益时就不遵守，没有意识到或者有意忽略了法律存在及其功能的不以人的意志为转移的客观必然性，没有意识到或者有意忽略了法律与人、法律与社会之间内在的、不可分割的关系。这种法治观念对于法治社会的发展危害很大，因为对法律的信仰最根本的应是基于一种理性的选择，应是一种知识①，而不是一种冲动和一时的激情。

我国的法治建设路径将是从制度层面的法治到理念层面的法治再到文化层面的法治，这条建设路径也是法治“由外而内”的过程。文化层面的法治建设其实就是法治文化对人的熏陶，因为文化说到底是内在于人的一切活动之中，左右人的行为方式的基本的生存模式。中国法治的本质是在积淀和创造深厚文化底蕴的基础上传承、研究、融合和创新法治，使处于传统文化中的人在生存模式或生存方式上出现转化，实现人类创造文化、文化促进人类发展的双向互动过程。中国社会有着礼治和意识形态认同的强大传统以及政法合体的社会体制，在中国传统文化中，法律的存在并不能说明它至高无上的地位，法律作用于生活主要是靠国家强制力的威慑，而不是人们对法律发自内心的认同。正是在这个意义上，昂格尔指出，如果以法治的有无为坐标轴，那么古代中国居其负极，现代西欧居其正极，其他大多数文明都不过在这两极之间各得其所而已②。中国传统文化缺乏法治的因子，法律在统治者看来只是与礼相融合和相补充的统治工具，即所谓“出礼入刑”，也有学者将之称为“礼法文化”。所以，有学者指出“在笼罩

---

① 我国著名哲学家贺麟教授给信仰下的定义就是：“信仰是知识的一个形态。”参见贺麟：《文化与人生》，商务印书馆 1996 年版，第 88 页。

② [美]昂格尔：《现代社会中的法律》，吴玉章、周汉华译，译林出版社 2001 年版，第 286 页。

中国达千百年之久的贤人德政的精神传统中，哪有多少法律神圣、制度崇拜的余地！在民间，血缘和地缘的特殊关系规范往往比国家制度更有效力”①。这种历经千百年沉淀下来的文化传统至今仍影响着中国人的心理和行为，中国法治建设过程中，大量法律不被尊重、不能得到有效实施，法律没有得到应有的信仰。没有信仰，制度实践就无法展开，这就是为什么有法律不等于有法治，有良好的法律未必等于有良法之治的原因所在。亚里士多德曾说：“即使是完善的法制，而且为全体公民所赞同，要是公民们的情操尚未经习俗和教化陶冶而符合于政体的基本精神(宗旨)——要是城邦订立了平民法制，而公民却缺乏平民情绪，或城邦订立了寡头法制而公民却缺乏寡头情绪——这终究是不行的。”“应该培养公民的言行，使他们在其中生活的政体，不论是平民政体或是寡头政体，都能因为这类言行的普及于全邦而收到长治久安的效果。”②要实现法治，必须让公民和政府都信仰法律，从而塑造出有中国特色的社会主义法治文化。

改革开放30年来，中国的立法技术日益成熟，立法范围也涉及社会政治经济文化生活的方方面面，但法治进步却因执法不力遭遇瓶颈，根本原因在于我们并不真正信仰法律。法治要求我们不仅制定和执行法律也得信仰法律，否则，法律规定得再好，法治也只是“画饼充饥”，我们也得不到法治保证的种种实惠。法律信仰的形成，只有依靠每个人内在的道德力量，让守法成为个人道德戒条的一部分，让个人在面临违法冲动时产生愧疚、耻辱和不安。久之，如果需要承担高昂的法律成本时个人就不会在守法和违法之间摇摆不定；只要法律不违背自己认同的基本价值与原则，即便法律对自己不利，每个人还是会义无反顾地遵守法律。这时，我们才能宣称自己“信仰”法律。所

① 季卫东：《法治秩序的建构》，中国政法大学出版社1999年版，第266页。

② [古希腊]亚里士多德：《政治学》，吴寿彭译，商务印书馆1985年版，第275页。

以，法律信仰的形成最需要的也许是时间，因为历史的前进、制度的完善、人性的醒悟都是渐进的，由缺乏法治传统到普遍信仰法律不可能一蹴而就。但这并不意味着我们要消极等待，法律信仰的形成在很大程度上来源于主体的自觉认同，而主体的自觉认同又主要来源于两个方面：一是法律满足了主体的心理需求；二是法律满足了主体的实践需要。要做到这一点，关键在于公民的民主政治参与。现行的法治理论几乎或者主要是从国家或政府的立场出发的，其所表达的、或者主要表达的，乃是国家或政府的政治倾向、意识形态与价值观念，基本忽视了在法治历程中社会成员的主体性与自我意识，不能充分表达广大社会成员对法治活动的积极参与和自觉的主动认同①。只有让公民充分参与立法，法律才能切实反映不同社会阶层的需要，才能迫使政府带头守法并成为公民的表率，才能使持反对意见者对法律尊重和认同——一言以蔽之，才能使法律成为我们尊重和信仰的对象。只有公民普遍形成了一种崭新的法律态度，他们已经普遍地对法律产生了一种高度的自觉认同，已经认识到法律不仅不会妨碍自己的生活，反而是与自己的现实生活密切贴近的必需品，这时候，他们已经不把法律看做是由外在力量强加在他们身上的东西，一个与己无关的多余的外物，而是认为这法律就是自己的，是自己生活的一部分，须臾不可分离，这时候，公民才会出自内心地对法律产生一种神圣的法律情感——真诚的信仰，从而为文化层面的法治建设奠定坚实的观念先导和生活基础。

① 姚建宗：《法治的生态环境》，山东人民出版社 2003 年版，第 334～335 页。

第二章 “法治”的生活

第一节 生活解读

生活是人文社会科学的一面镜子，是否关注生活、是否创造幸福生活关乎任何人文社会科学存在与发展的意义，而不同人文社会科学之间的区别从本质上看只是它们从不同的角度来关注生活而已。“任何人文社会科学的发展都是为了生活意义，它们所关心的是什么样的行为方式、生活形式和社会制度最能够创造幸福生活。”①但随着社会机制日益发达，尤其是现代的生产、分配和传播制造了大量的表面目标和利益而掩盖了生活的真实意义，许多自以为完善存在的学者、学派、学科却渐渐远离生活、遗忘生活。20世纪的西方哲学界将研究视角投向生活，率先吹响了“回归生活世界”的号角。尽管作为一个“元命题”的生活还有待各学科进一步的丰富和完善，但前人的努力已为我们解读生活铺垫了很好的基础。

一、文化视角的解读

文化是一个多义的概念，文化的定义到底有多少是个谁也说不清楚的数字，有位日本学者指出：“文化的定义从来就众说纷纭，据说有关文化的定义多达 260 种。”②在文化理论研究中，有几个被称为

---

① 赵汀阳：《论可能生活——一种关于幸福和公正的理论》，中国人民大学出版社 2004 年版，第 9 页。

② ［日］名和太郎：《经济与文化》，高增杰等译，中国经济出版社 1987 年版，第 41 页。

“经典”的文化概念，其一是当代英国文化人类学家泰勒在其 1871 年写的著作《原始文化》一书中将文化与文明共用，他说：“所谓文化或文明乃是包括知识、信仰、艺术、道德、法律、习惯以及其他人类作为社会成员而获得的种种能力、习性在内的一种复合整体。”①其二是美国文化人类学家克鲁克洪对多达 161 种文化的定义进行了归纳和总结后，提出：“文化存在于思想、情感和起反应的各种业已模式化了的方式当中，通过各种符号可以获得并传播它，另外，文化构成了人类群体各有特色的成就，这些成就包括他们制造物的各种具体形式；文化基本核心由两部分构成，一是传统（即从历史上得到并选择）的思想，一是与他们有关的价值。”②“所谓‘一种文化’，它指的是某个人类群体独特的生活方式，他们整套的‘生存式样’。”③在此基础上，他对文化作了如下定义：“文化是历史上所创造的生存式样的系统，既包括显型式样也包含隐型式样；它具有为整个群体共享的倾向，或是在一定时期中为群体的特定部分所共享。”④其三是英国文化人类学家马林诺夫斯基从文化功能的角度来阐释的文化概念，他认为“文化是包括一套工具及一套风俗——人体的或心灵的特性，它们都是直接地或间接地满足人类的需要”⑤。上述西方学者的文化概念对中国学者产生了广泛的影响，“五四”运动之后，我国文化学家对文化的定义也展开了热烈的讨论，对“文化”的界定影响最大的当

---

① ［英］泰勒：《文化之定义》，顾晓鸣译，《多维视野中的文化理论》，浙江人民出版社 1987 年版，第 98 页。

② ［美］克鲁克洪等：《文化与个人》，高佳等译，浙江人民出版社 1986 年版，第 5 页注③。

③ ［美］克鲁克洪等：《文化与个人》，高佳等译，浙江人民出版社 1986 年版，第 4 页。

④ ［美］克鲁克洪等：《文化与个人》，高佳等译，浙江人民出版社 1986 年版，第 6 页。

⑤ ［英］马林诺夫斯基：《文化论》，费孝通等译，中国民间文艺出版社 1987 年版，第 14 页。

首推梁漱溟先生，他在 1920 年出版的《东西文化及其哲学》一书中对文化所下的定义为“人类生活的样法”。胡适则于 1926 年在《我们对于西洋近代文化的态度》一文中指出“文化是文明社会形成的生活的方式”。

从上述“经典性”文化定义中，可以得出文化的一些基本特征，首先，文化具有人为的性质，它是人的自觉的或不自觉的活动的历史积淀，是历史地凝结成的人的活动的产物。其次，文化具有群体性，它是历史积淀下来的被群体所共同遵循或认可的共同的行为模式。这种群体性特征对个体而言就具有先在的给定性或强制性，一个人如果明显背离其所生活于其中的文化时，他的生存就将陷入困境。将文化作了上述两个方面的限定后，我们可以简单地将文化界定为“历史地凝结成的稳定的生存方式”。对于人类生活而言，文化是最深层的东西，它是人的活动及其文明成果在历史长河中自觉或不自觉地积淀或凝结的结果。人总是生活在文化中，一部人类历史就是各种不同文化的相互交织、相互渗透或各种文化生生灭灭的历史。

从文化的本质规定性入手对贯穿于人的生活各个层面中的文化进行某种结构性或类型化分析，可以区分出两类最为基本的文化：自在的文化与自觉的文化。所谓自在的文化是指以传统、习俗、经验、常识、天然情感等自在的因素构成的人的自在的存在方式或活动图式。这些自在的文化因素通过家庭、学校、社会示范等方式而潜移默化地融进每个人的生活中，自在自发地左右着人的行为。一般而言，自在的文化往往同传统社会相契合，因此往往表现为传统文化。所谓自觉的文化是指以自觉的知识或自觉的思维方式为背景的人的自觉的存在方式或活动图式。自觉的文化在现代社会中占据比较重要的地位，它不是自在自发地，而是通过教育、理论、系统化的道德规范、有意树立的社会典范等而自觉地、有意识、有目的地引导和左右着人们的行为。自在的文化往往具有保守性、惰性、自在性和重复性的特征，而自觉的文化则具有创造性、自觉性、理性的特征，自在的文化与自觉的文化之间应存在必要的和恰当的张力，从而使文化保持一种活力和发展的动力①。

在本书导言部分，我们已将生活划分为日常生活和非日常生活，日常生活总是同个体生命的延续，即个体生存直接相关，它是旨在维持个体生存和再生产的各种活动的总称。日常生活世界可以划分出三种基本的类型：一是日常消费活动，即衣食住行、饮食男女等以个体的肉体生命延续为宗旨的日常生活资料的获取与消费活动；二是日常交往活动，即杂谈闲聊、礼尚往来等以日常语言为媒介，以血缘关系和天然情感为基础的日常交往活动；三是日常观念活动，即伴随着日常消费活动、日常交往活动和其他各种日常活动的非创造性的、以重复性为本质特征的自在的思维活动②。从日常空间的特征来讲，日常生活世界是一个狭窄、封闭、固定的天然共同体；从日常时间的特征来看，日常生活领域是一个相对凝固、恒常的世界③。日常生活是不同于人类社会经济政治活动的独立的个体生存活动，是每个人每日不断重复的、平凡的生活，但日常生活涵纳、潜藏着整个社会关系与上层建筑不断的相互作用。因此，衣俊卿教授将日常生活界定为：“日常生活是以个人的家庭，天然共同体等直接环境为基本寓所，旨在维持个体生存和再生产的日常消费活动、日常交往活动和日常观念活动的总称，它是以传统习俗、经验、常识等经验主义因素为基本活动图式，以生存本能、血缘关系、天然情感等自然主义关系为立根基础，以家庭、道德、宗教为自发的调控者和组织者，以重复性思维和重复

① 衣俊卿：《现代化与日常生活批判》，人民出版社 2005 年版，第243～258 页。

② 衣俊卿：《现代化与日常生活批判》，人民出版社 2005 年版，第 14～16 页。

③ 衣俊卿：《现代化与日常生活批判》，人民出版社 2005 年版，第 19～21 页。

性实践为本质的存在方式的自在的类本质对象化领域。"①这个概念实际上沿袭了东欧新马克思主义的重要代表人物阿格妮丝·赫勒的观点，她曾指出："如果个体要再生产出社会，他们就必须再生产出作为个体的自身。我们可以把'日常生活'界定为那些同时使社会再生产成为可能的个体再生产要素的集合。"②与日常生活相对，非日常生活"总是同社会整体或人的类存在相关，它是旨在维持社会再生产或类的再生产的各种活动的总称"③。非日常生活世界主要由两个基本层次构成：一是非日常的社会活动领域，即政治、经济、技术操作、经营管理、公共事务等有组织的或大规模的社会活动领域；二是非日常的精神生产领域，即科学、艺术和哲学等自觉的人类精神生产领域或人类知识领域④。从空间特征来看，非日常空间具有开放性；从时间特征来看，非日常时间具有节奏多变性、飞跃性和超越性⑤。

我们将文化划分为自在的文化和自觉的文化，将生活划分为日常生活与非日常生活。这两种划分实质上是同一个问题的两个方面，日常生活与非日常生活领域的划分着重于对人的存在领域的总体性的和外在的把握，而自在的文化与自觉的文化的划分则着重于对人的存在领域的内在结构和图式的划分，将两种划分建立起一种新的关联就是自在的文化与日常生活一致，自觉的文化与非日常生活契合。自在的文化构成日常生活的内在结构和图式，而日常生活是自在的文化因素的基本寓所或基地；自觉的文化体现非日常生活领域的内在精神和本质规定性，而非日常生活领域则为自觉的文化的培育与生长提供适宜的空间。

---

① 衣俊卿：《现代化与日常生活批判》，人民出版社 2005 年版，第 100 页。

② [匈]阿格妮丝·赫勒：《日常生活》，衣俊卿译，重庆出版社 1990 年版，第 3 页。

③ 衣俊卿：《现代化与日常生活批判》，人民出版社 2005 年版，第 13 页。

④ 衣俊卿：《现代化与日常生活批判》，人民出版社 2005 年版，第 16～17 页。

⑤ 衣俊卿：《现代化与日常生活批判》，人民出版社 2005 年版，第 19 页。

二、历史视角的解读

日常生活尽管具有保守性、重复性特征，但它并非一成不变，在日常生活的自然运行中，会出现高峰体验、冲突、裂变、灾变等较大的或突起的变化；从较大的历史尺度看，日常生活在与非日常生活的交汇与碰撞过程中，也经历着缓慢地、悄悄地演进。列斐伏尔基于日常生活与非日常生活的历史演进历程，提出日常生活世界与非日常生活世界之间有三种基本的关系模式：其一，在原始文明时代，日常生活涵盖了人的一切存在领域；其二，在农业文明时代，过分强大的日常生活结构与相对不发达的社会活动和精神生产共存；其三，在工业文明条件下，过分发达的非日常生活世界和被切割的支离破碎的日常生活世界共存①。这三种关系模式揭示了人类生活世界的总体演化态势是从以日常生活为主的格局嬗变为以非日常生活为主的格局，从古至今，作为人类社会原生态的日常生活在个人和社会存在与发展中的比重呈现下降的趋势，而作为人类社会次生态的非日常生活则日渐发达，日常生活世界逐渐作为人类社会和历史的潜基础结构嵌入背景世界。按照长时段的历史视角进行划分，人类的日常生活史可以划分为：与古代文明相对应的原始日常生活、与农业文明相对应的传统日常生活、与工业文明相对应的现代日常生活。

1. 原始日常生活

按照考古分期法，原始时代包括旧石器时代(约 300 万年前至 1.5 万年前)、中石器时代(约 1.5 万年前至 1 万年前)、新石器时代(约 1 万年前至 5000 年前)、青铜时代(约 4000 年前至 3000 年前)。原始文明曾延续了 300 万年左右，而有文字记载的文明时代才 3000 年左右，漫长的原始时代奠定了人类历史的开端和基础。整个原始时

① Henri Lefebvre. *Everyday Life in the Modern World*. London: The Penguin Press, 1971. *Critique of Everyday Life*, Volume Ⅰ, London and New York: Verso, 1991. *Critique of Everyday Life*, Volume Ⅱ, London and New York: Verso, 2002.

代，社会生产力十分低下，衣食住行等日常活动耗费了人们的全部精力，原始时代尚未建构起相对独立的、非日常的社会活动领域，生产活动与生活资料的消费直接交织在一起，人们凭借天然的或简单的人造工具而自在自发地进行的活动是纯粹的日常活动。原始时代的人们尚未发展出非情感性、自觉的、非日常的社会交往活动和自觉的精神交往活动。人们的交往活动严格局限在由血缘关系和天然情感所维系的狭隘圈子内，属于典型的情感性的、自在的日常交往活动。这些活动同现代社会的政治、经济、文化、社会活动和精神生产中的非日常的、自觉的人际交往截然不同。原始时代尚未建构起政治经济管理等非日常的社会机构。原始社会的组织形式是氏族制度，这种由氏族、胞族、部落、部落联盟等构成的原始氏族制度从本质上看只是血缘家庭关系的自然放大，并不具有超越日常生活的社会化组织的功能，只行使对日常生活的自发调节作用。原始的观念世界由原始巫术、图腾崇拜、原始神话和原始宗教交织而成，这一精神表象的核心信念是"万物有灵"、"天人感应"、"物我不分"以及万物相互作用、相互交感等，这是一个人类精神尚未达到自觉、人尚未形成明晰的自我意识和类意识的、混沌的、未分化的和自在的思维活动领域，与科学思维、艺术思维、哲学思维等非日常的理性思维截然不同，这种思维活动内在于原始日常生活世界，停留在自在的日常思维的表面上。通过上述对原始生产活动、交往活动、社会组织活动和观念活动的分析，我们可以说，原始人的全部生活和活动都是日常生活，原始世界就是一个典型的日常生活世界。原始日常生活世界是人类社会的原生态，政治、经济等社会活动领域和科学、艺术、哲学等精神生产领域都是从中分化出去的人类社会的次生态。

2. 传统日常生活

在人类发展史中，农业文明一直是人类文明的主要形态，占据了有文字记载的历史的绝大部分时间。迄今为止，除了以西方为主的发达国家彻底完成了以工业文明取代农业文明的现代化进程之外，许多国家依旧处于农业文明阶段或处于由农业文明向工业文明过渡的转型时期。因此，与农业文明相对应的传统日常生活依然存在，尤其对处于由传统农业文明向现代工业文明转型时期的中国而言，传统日常生活方式依旧是制约我们的发展的主要文化力量。

与原始日常生活相比，传统日常生活不再是涵盖人的全部生活或生存领域的大范畴，因为在原始社会后期，随着私有制、阶级和国家的出现，导致了政治、经济、社会管理等非日常的、有组织的社会活动领域的建构；同时，出现了精神生产和物质生产的分工，并由此导致了自觉的、非日常的、独立的精神生产领域的生成。可以说，当人类进入有文字记载的文明时代时，以有组织的政治、经济、经营管理、各种公共事务等组成的社会活动领域和科学、艺术、哲学等自觉的精神生产领域所构成的非日常生活世界就基本建构起来了，并在以后的农业文明中缓慢地发展壮大，出现了日常生活世界与非日常生活世界共存的格局。必须强调的是，传统农业文明条件下的非日常生活世界相对不发达，只有少数人有机会走出日常生活世界，进入非日常生活领域，大多数人几乎同原始人一样终生被关闭在自在的和未分化的日常生活世界中，因此，日常生活依然占据主导地位。这种情形与农业文明的自然经济条件相关，自然经济条件下的生产是分散的、小规模的小农经济，是依据自然节律而自发地进行的重复性的实践活动。这时的生产并未与日常生活相分离，不是作为非日常的类本质活动，而是作为同日常消费活动直接交织在一起的日常的、自在的类本质活动，日常生活主体基于自然的分工、人身的依附、等级的限制、土地的依赖、家庭的眷恋等因素而终生未能超越日常生活的阈限。另外，农业文明条件下的人们尚未建立起自觉的社会关联，人主要生存在由血缘关系、宗法关系和天然情感维系的自然秩序之中。宗法制在农业文明中占据主导地位，它一方面通过世袭制、长子继承制等左右着社会的政治和经济活动，另一方面通过夫妻、父子、兄弟、朋友、君臣等伦理纲常和等级关系决定着人际交往和人际关系，这种宗法关系、伦理纲常、人身依附关系把每一个主体固定在一个位置上，即给定的日常生活世界中。农业文明条件下的精神生产领域相对不发达，只有少数人能够进入，绝大多数人没有机会和条件进入非日常的精神领域中，同自觉的人类知识建立起自觉的关联，更不可能参与精神生产创造活动，他们终生停留在自在的日常观念世界之中，凭借着重复性和自在的日常思维而自发地生存。总而言之，在农业文明时代，是庞大的和强有力的日常生活结构支撑着相对狭小、相对简单的非日常生活结构。

3. 现代日常生活

从原始日常生活向传统日常生活的过渡并没有带来人的生存方式的根本性改变，而传统日常生活向现代日常生活的转变则对人的生存方式的冲击和改造更为重大、更为深刻。在以社会化大生产和商品经济为基本内涵、以技术理性和人本精神为主导性精神支柱的工业文明条件下，非日常生活世界急剧膨胀与拓宽，日常生活世界则退隐为人类社会的潜基础结构和背景世界。社会化大生产和商品经济的发展打破了封闭保守的传统日常生活世界，为一切人进入非日常生活世界提供了均等的机会，使非日常活动成为每一个主体生存的重要组成部分。工业文明条件下，人们打破了传统的封闭的日常阈限，交往的自由与空间越来越大，同事之间、上司和下属之间、主顾之间、合伙人之间、朋友之间、对手之间等非日常交往得以确立，这种非日常交往尽量剔除传统日常生活交往中的天然情感、血缘关系、经验等自在的文化因素，而以理性、平等、法制、自觉等为基础。现代工业文明建构起一个越来越发达的开放的非日常生活世界，也相应地发展起一个多元的开放的价值体系和思想体系，而技术理性和人本精神是这一价值体系和思想体系的主导精神，它们极大地改变了人的生存方式，把人从自在自发的生存状态提升到自由自觉和创造性的生存状态。工业文明条件下的现代日常生活世界不断地被现代工业文明所切割和挤压，变为与轰轰烈烈的非日常生活世界相对应的狭小的私人领域，在这一狭小的私人领域中，人们已失去往日天然共同体和直接环境中熟人、邻里、朋友间相对坦诚、简单、朴实的日常关联，使日常生活作为隐私严格地限定在家庭内部。也正是在此意义上，20世纪的西方哲学界普遍感到日常生活的“异化”，从而提出了日常生活批判这一宏大主题。

三、价值视角的解读

在对生活进行了文化学和历史学解读的基础上，我们再来对生活图式及其历史方位作一番价值阐释并试图回答下列问题：如何评价生活与文化的本质关联和日常生活的历史方位的演变过程？生活的解读对现代中国的法治建设有何启示？

首先，我们想明确一点，日常生活与非日常生活对人的存在和社会演进均具有不可替代的价值，都是人的世界不可或缺的层面，但它们都不是尽善尽美的，某一层面的发展都不可能解决人类社会的全部发展问题。因而日常生活与非日常生活均具有正面和负面的双重价值，日常生活的优势可能正是非日常生活的不足，而日常生活的劣势也许恰是非日常生活的长处。从积极的意义上看，日常生活所代表的个体生存与再生产是一切社会活动和社会关系的前提和基础，任何个体都必须先解决衣食住行，然后才能从事政治、科学、艺术等非日常活动，确立各种社会关系和社会结构，这也是马克思、恩格斯反复强调的，“事情是这样的：以一定的方式进行生产活动的一定的个人，发生一定的社会关系和政治关系。……社会结构和国家总是从一定的个人的生活过程中产生的”①。从活动方式来看，日常生活的经验主义、重复性特征可以使人用较小的体力和智力投入获得较大的产出，这种经济化效果是个体的日常生活得以成功开展、社会的政治经济活动和科学、艺术、哲学等非日常活动得以进行和发展的必备条件。从个体生存的角度来看，适宜的日常生活为人提供生存所必需的熟悉

---

① 《马克思恩格斯选集》(第1卷)，人民出版社1995年版，第71页。

感、安全感和"在家"的感觉，可以缓冲和调节充满竞争和张力的非日常活动带来的焦虑不安和孤独无助的状态，并为人提供一个自在的、不需论证的价值和意义世界。但是，日常生活的惰性和保守性对个体发展和人类进化也具有消极和阻碍作用，在日常生活中，人很少表现出主体意识和创造性倾向，日常生活的每一天都可以为相应的另一天所替换，每一主体都可以为另一主体所取代，人处于一种典型的未分化和无名分的存在状态，那些日常生活等于全部生活、终生停留在日常生活层面上的人往往表现出日常生活所特有的极度保守性，这种保守性成为阻碍人的个体性的主要因素之一，也成为以工业文明为标志的现代化的主要羁绊之一。从社会整体发展的角度来看，日常生活的图式和结构具有侵蚀政治、经济、经营管理活动等社会活动领域和科学、艺术、哲学等自觉的精神生产领域的倾向，往往使社会缺乏足够的发展动力。在日常生活强劲有力的传统社会中，日常生活的原则有时直接成为非日常社会活动领域的组织原则，日常生活的主体往往习惯于以日常的活动方式去从事非日常的活动，这种情形不论是对个体的发展还是社会的进步都将造成巨大的束缚。

日常生活世界与非日常生活世界构成了一个完整的生活世界，迄今为止，它们之间已有两种关联模式，即过分强大的日常生活和相对不发达的非日常生活模式，过分发达的非日常生活和退隐为背景世界的日常生活模式。第一种模式即传统农业文明条件下的情形，这种模式中，人们主要生活在一种与周围世界的天然的、自在的关联之中，人可以在这种相对封闭和熟悉的空间中获得生存的不言自明的根据和自在的意义。但这种运行模式也有消极保守的一面，社会中的大多数人沉溺于日常生计，只有少数人进入非日常生活领域，社会发展速度总体较缓慢。第二种模式是现代工业文明条件下的生活状况，西方发达国家高度工业化后，政治、经济、科学、技术、文化的发达带来了社会各方面的高速发展，但也带来了不可靠、不安全、"不在家"的感觉，人置身于一个充满不确定性的、全面异化的机械世界和技术世界之中，日常生活世界全面异化，这也是20世纪以来西方哲学家寻求回归生活世界，重建生活世界的价值和意义的原因所在。除了上述两种模式外，还有一种理想的生活世界关联模式，即日常生活世界和非日常生活世界相互渗透、相互作用、协同发展的格局，这种模式要求日常生活的结构和图式为社会活动和精神生产等非日常活动创造适宜的条件，同时科学、艺术、哲学等非日常生活领域向日常生活世界回归、渗透。这样，非日常生活领域为人提供自由创造和竞争的空间，而日常生活世界则为人提供安全感和“家园”，每个人既是日常生活主体又是非日常生活主体，无论在日常生活世界还是在非日常生活世界都既能恰当地和有限度地运用日常重复性实践的经验化图式和经济化效果，又能自觉求助于创造性思维和创造性实践，这样就形成了日常生活世界和非日常生活世界协调同步发展的理想格局。

在当代世界，不同的地域正在展开两种性质的日常生活变革，一是由农业文明向工业文明过渡的社会中，超越传统日常生活的自在性质，使人由自在自发的日常生活主体向自由自觉的非日常生活主体转换的变革进程；二是高度发达的工业文明社会中，扬弃现代日常生活的异化性质，重建人类的精神家园和意义世界的变革进程。以此为基础来审视中国的现实情形，我们可以在总体上将中国界定为传统的农业文明向现代工业文明过渡的时期。但经过改革开放三十多年的发展，我们却不能忽视地域发展的差异以及不同主体自身的差异。从地域来看，在东部沿海地区、大中城市已基本建立起工业社会的雏形，而在西部不发达地区、广大农村地区，却依然沿袭着农业社会“日出而作、日落而息”的传统生活模式；从主体上看，一部分接受过高等教育的中国人正在政治、经济、文化、社会等领域创造性地开展着各种非日常的活动，而大多数中国人还沉溺于衣食住行等日常生活之中。可以说，一方面我们的工业社会还未确立却已面临着工业文明带给部分人的异化，另一方面我们急于摆脱农业文明对大多数人的阻滞，中国的法治建设正是在这样的生活世界背景中展开的。

法治是西方发达国家在商品经济、技术理性、人本精神的土壤中自发地产生、自觉地建构起来的知识图式和实践方略，传统中国并未生发出现代法治的因子，相反在世界所有文明形态中，中国位居于“法治的负极”，传统、习惯、经验、宗法血缘、天然情感等非法治文化因素维系了中国几千年的文明史，不论是个人生活，还是社会生活、国家生活都深深烙上了传统日常生活的印记。有感于中国日常生活的过于强大导致发展落后被动挨打，从19世纪末期开始，一批批仁人志士开始探索富国图强的道路，而法治就是被作为一种理想的社会状态、一种有效的社会调控方式、一种有别于经验情感的办事原则被引入中国，以期打破过于强大的传统日常生活对人的桎梏。所以，中国的法治建设进程从生活世界变革和重建的角度来看必须分两步走，第一步是打破过分强大的传统日常生活模式，发展相对薄弱的理性化和法治化的非日常生活模式，从而为法治在生活世界的扎根创造重要的前提条件；第二步是实现法治在日常生活世界和非日常生活世界相互渗透和相互作用，构建日常生活世界与非日常生活世界的法治统一与和谐发展模式。

第二节　法治与生活的历史方位

法学是关于社会规范的研究，但同时也是一种服务于生活意义的研究。法治是法学研究的历史成就也是法律实践的历史归结，它在生活中起步、在生活中发展、在生活中生成。生活对于法治来说是根源所在、价值所系、目标所指，而法治对于生活发挥了怎样的功能和作用呢？法治在生活中处于怎样的地位呢？对这些问题的回答还必须回到生活中来。上文我们已对生活的结构和图式从文化、历史以及价值的视角予以了透视，下面我们将沿用三种视角来分析法治在生活中的地位问题，从历史维度可将人类社会法治与生活的模式划分为三种形式：没有“法治”的生活、无需“法治”的生活、通过“法治”的生活。这个划分与前文的原始日常生活、传统日常生活、现代日常生活的划分是相对应的，但在内容的阐述上我们将文化视角的描述和价值视角的评析予以了融合。

一、没有“法治”的生活

法是从古至今人类创造出来的大工程，人们从不同的角度对法作出了种种不同的阐释，使法这项工程一直处于修筑的过程之中，而法治的实现可谓是这项工程的封顶，但这项工程尚未竣工，它还需要大量的装饰、修葺，或者局部的重建。关于这项耗时长久的工程开始于何时，对这个问题的不同回答反映了人们对法的不同认识。西方有些学者认为，在人类社会的早期就存有法律，如美国学者霍贝尔以他自己的非国家的法律观为基础，选取了北极的爱斯基摩人，菲律宾的伊富高人，北美洲平原印第安人中的科曼契人，凯欧瓦和晒延部落、南太平洋的特罗布里恩人和非洲的阿散蒂人等五个保留原始痕迹较多的民族进行考察，用其独特的法律构成要素，即特殊的强力、官吏的权力、规律性等来论证了“原始社会有法律”①。但也有学者指出，法学家意义上的法是随着政治上有组织社会的发展而发展起来的，也就是通过有系统、有秩序地运用政治上有组织社会的强力来调整人与人之间的关系和安排他们行为的一种制度②。马克思主义则从法的本质即体现国家意志这个方面来认识法，即认为“法是指由国家专门机关创制的、以权利义务为调整机制并通过国家强制力保证的调整行为关系的规范，它是意志与规律的结合，是阶级统治和社会管理的手段，它是通过利益调整从而实现某种社会目标的工具”③。按照这样的观点，

---

① [美]霍贝尔：《原始人的法》，严存生译，法律出版社 2006 年版。

② [美]罗·庞德：《通过法律的社会控制 法律的任务》，沈宗灵、董世忠译，商务印书馆 1984 年版，第 95～97 页。

③ 张文显：《法理学》，法律出版社 2007 年第 3 版，第 102 页。

法是在国家这一权力组织出现后才出现的，在人类社会早期的原始社会因为没有产生国家也就没有法律。

关于造成认识偏差的原因，哈耶克认为是忽略了法律与立法的区别，他在《通往奴役之路》、《自由秩序原理》等著作中强调“真正的”法律其实是人们在行动中产生的自发秩序安排，而立法则可能有违于这种自发秩序的形成。事实上，在没有判例法传统的中国以及其他大陆法系国家，说到法律，几乎就等同于立法。所以，没有法律的生活，其实是国家主义的法律观的体现，即认为法律是通过国家权力机关所立之法，而非自然之法。这种观点在西方学者中很有市场，如美国学者麦可·芮斯曼(W. Michael Reisman)在其著作《生活中的微观法律》中，将法律分为宏观法律和微观法律，宏观法律即国家法律系统所代表的法律，而微观法律即最重要且具有持续性规范功能的经验法则，这种法则具备与国家法律一样的要素，因此是活生生的法律，如果国家法律与微观法律规范严重脱节，结果可能导致国家法律系统的独裁或瘫痪①。还有些学者所持观点基本相同，只是用了不同的表述方式而已，如“国家的”法律和“社会的”法(自由法运动代表人物、奥地利法律社会学家艾尔立希所说的“活的法律”)，我国部分学者称之为“民间法”，这些实际上是受自然法观念的影响。

从当代的主流法律理论来看，大多数学者还是强调国家是所有法律体系的中心。所以，以此来衡量原始社会的生活状况，我们认为原始社会没有法律。必须强调的是，没有法律并不意味着没有社会控制的手段，或者社会就处于一种无序状态。事实上，在所有的语言中，“法”这个词都可以回溯到社会控制无所不包的时期，在当时这一个词必须包括伦理习惯，宗教礼仪，道德规范，政治上有组织的社会中调整人与人间关系的习惯方式，城市国家制定的法律规范，一般习惯以

---

① [美]麦可·芮斯曼：《生活中的微观法律》，高忠义、杨婉苓译，(台北)商周出版社 2001 年版，第 201～230 页。

及整个社会控制①。法不是突然产生的，它有着悠久的历史渊源，习惯、宗教禁忌、道德规范等都是法律规范的渊源。尽管马克思主义认为法是国家意志的体现，但也不否认法起源于人们的生活习惯，如恩格斯在《论住宅问题》中提到：“在社会发展到某个很早的阶段，产生了这样一种需要，把每天重复着的产品生产、分配和交换用一个共同的规则概括起来，借以使个人服从生产和交换的共同条件。这个规则首先表现为习惯，不久便成了法律。”②所以用更严谨一些的话语来说是：原始社会虽没有法律，但有习惯、禁忌等一些法律雏形，这些法律雏形还未上升到现代意义的法的高度，但却也是进行有效的社会控制的手段。

在原始社会，生产力水平极为低下，人们主要使用石器，以采集天然食物和渔猎为主。为了种族的生存和发展，人们不得不共同劳动，共同占有，平均分配，没有阶级，没有剥削，没有国家，有的只是以血缘关系为基础的氏族、胞族、部落以及部落联盟。在这种低下的生产力水平、简单朴素的社会关系下，原始人主要通过习惯来调节社会关系、解决内部纠纷、规范个人行为。原始习惯虽不是法律，却规范着原始社会生活的方方面面，形成了“有秩序的无政府状态”。根据美国人类学家摩尔根在《古代社会》一书中的资料，原始习惯内容非常广泛，有关于共同劳动、平均分配的习惯，关于婚姻、家庭和亲属制度的习惯，关于处理公共事务的习惯，关于财产继承的习惯，关于解决纠纷的习惯，关于维护共同利益的习惯，关于宗教方面的习惯。原始习惯对氏族成员具有普遍约束力，氏族成员的冲突和纠纷大都通过原始习惯予以解决。如在血缘关系方面，为了维系氏族的延续，形成了族外婚习惯，氏族内部成员之间绝对禁止发生性关系，而只能在

① ［美］罗·庞德：《通过法律的社会控制 法律的任务》，沈宗灵、董世忠译，商务印书馆 1984 年版，第 92 页。

② 《马克思恩格斯选集》(第 3 卷)，人民出版社 1995 年版，第 211 页。

不同的氏族成员之间通婚，如果破坏同族禁婚习惯，则会受到惩处。在经济方面，按生理年龄进行分工，对劳动所获食物和其他生活资料实行平均分配；同时，还实行族内共同继承，即相互继承已故成员的遗产。在组织习惯方面，氏族酋长和军事首领由氏族全体成年成员民主选举产生，随时撤换；氏族或部落的重大事情由全体成员讨论决定，酋长和军事首领与一般氏族成员处于平等地位，没有特权，没有世袭，也不脱离生产。对原始社会的生活，恩格斯曾赞美道："这种十分单纯质朴的氏族制度是一种多么美妙的制度呵！没有大兵、宪兵和警察，没有贵族、国王、总督、地方官和法官，没有监狱，没有诉讼，而一切都是有条有理的。一切争端和纠纷，都由当事人的全体即氏族或部落来解决，或者由各个氏族相互解决……一切问题，都由当事人自己解决，在大多数情况下，历来的习俗就把一切调整好了。"①

尽管恩格斯对原始社会制度予以了高度赞美，但原始社会果然是人类的"伊甸园"吗？原始社会之所以能够没有法律的调整即可达到一种有序状态，可能并非原始制度自身的优越性带来的，而是十分低下的生产力水平决定了人们不得不寻求相互合作和协助，否则将难以生存下去。事实上，随着生产力水平的提高，引起了三次社会大分工，每次大分工都大幅度地促进了生产力的发展，提高了劳动生产率，由此导致原始社会秩序的全面崩溃，这种靠习惯调整社会生活的制度也逐渐暴露出它的狭隘性，具体表现为两个方面：一是在狭小的氏族或部落范围内，氏族习惯神圣不可侵犯，氏族内部成员无条件服从；但在氏族外部，对外族习惯的互不相容会导致残酷战争。二是由于氏族制度得以存在的前提是生产的极不发达，人类在很大程度上受着大自然的支配，而生产力的发展是必然的，一旦生产力获得发展，最终必然瓦解和淘汰已经过时的社会制度。三次社会大分工确立的私有制摧毁了氏族制度赖以存在的经济条件，氏族内部的阶级分裂代替了氏族

① 《马克思恩格斯选集》(第4卷)，人民出版社1995年版，第95页。

制度的平等关系，分工和交换关系的发展消灭了氏族制度赖以存在的地理条件，普遍的利益差别和利益冲突破坏了氏族制度中共同的行为标准，完全靠当事人自觉、舆论压力、酋长的威望和没有暴力手段的氏族大会来维系社会秩序的原始习惯在新的生活条件下已陷入瘫痪状态，用恩格斯的话来说：“氏族制度已经过时了。它被分工及其后果即社会之分裂为阶级所炸毁。它被国家代替了。”①随着国家的出现，法律也应运而生，人类没有法律的生活阶段走向了终点。

二、无需“法治”的生活

三次社会大分工的历史过程，构成了法律起源的宏观社会背景，法律从无到有、从萌芽到最终形成一种社会规范体系在不同的民族和社会经历了不同的具体过程，但在纷繁复杂的表象背后，我们可以看到一些共同的规律：首先，法律制度是在私有制和阶级逐渐形成的社会背景下孕育、萌芽，并与国家组织相伴发展和确立起来的；其次，法律制度的形成过程是一个从个别调整发展为一般调整的过程；再次，法律制度的形成经历了由习惯演变为习惯法再发展成为成文法的长期过程；最后，法律、道德和宗教等社会规范从混沌一体逐渐分化为各自相对独立的规范系统。从这些规律我们可以找寻法律产生的标志性现象，即国家的产生、诉讼与审判的出现、权利与义务的分离，当三个标志完全具备之时，法律起源的过程就完成了。

随着社会形态由低级向高级、由简单到复杂的演进和发展，法的历史类型也呈现出一个从低级到高级的更替趋势。与人类历史上的社会形态相联系，依次出现了奴隶制的法律制度、封建制的法律制度、资本主义的法律制度和社会主义的法律制度。奴隶制法和封建制法可以一同归类为“古代法律制度”，处于较低的“人的依赖关系”阶段，这个阶段没有普遍意义上的独立的个人，也不存在普遍意义上的个人自由和权利，个人依附于群体是这个时期的主要特征。奴隶制的法律制

① 《马克思恩格斯选集》(第4卷)，人民出版社1995年版，第169页。

度否认奴隶劳动者的法律人格，公开确认对奴隶的人身占有；其惩罚方式极其残酷，且带有很大的随意性；在自由民内部，奴隶制法实行等级划分，等级越高特权越多而义务越少，等级越低权利越少而义务越多；奴隶制法明显还带有原始习惯的某些残余，如用“同态复仇”的方式追究责任的习惯。大多数封建制法是在奴隶制崩溃之后建立起来的，由于不同社会中的封建制法在形成之初的历史背景有较大差异，它们的特点也有所不同，概括来说，封建制法大体具有这样四个特征，即肯定人身依附关系、封建等级森严、维护专制王权和刑罚严酷、野蛮擅断。其中，第一、二个特征在西欧封建制法中比较典型，第三个特征在东方封建制法中比较典型，第四个特征是一切封建制法的共同特征，不过其具体表现形式略有不同①。从总体上看，古代的立法技术不高、法律覆盖的范围较小、法律调整的关系不平等等因素导致法律与人们生活的疏离。在这样的社会中，人与人之间等级森严，个人依附于群体，且缺乏独立人格，群体的规则直接代替了法律，如中国的宗法制，家长在某种程度上就是家庭、宗族的法官，而法律往往也认可这种“执法”的效力。另外，古代法律制度非常残酷，侮辱刑、肉体刑和恐怖痛苦的死刑执行方法让绝大多数人对法律是敬而远之，法律与日常生活的关联并不大；而且，古代的法律多是刑法，涉及商品交换、人际交往、消费等与日常生活紧密相关的法律并不多。

当然，除了古代法律制度自身的局限性导致人们的生活无需法律之外，封闭的自给自足的“熟人社会”也是重要原因。在古代法律制度时期，尽管有着各种法律制度，但由于自然经济条件下分散的、小规模的生产活动，大多数人依据自然节律自发地进行着重复性的实践活动。这个时期虽存在商品交换，但这时的商品生产和商品交换还十分简单，占统治地位的是自然经济，生产主要是为了满足生产者或家

① 张文显：《法理学》，法律出版社 2007 年第 3 版，第 52～55 页。

庭、庄园等经济单位本身需要。在这种男耕女织、自给自足的封闭落后的生活环境中，法律对人们生活的调控是很有限的，人们更多地依靠宗法、伦理来调控相互之间的关系，因为对大多数人来说，他一辈子只需在一个“熟人社会”中生活，他与这些熟人间多是朋友关系。而法律的存在更多地是假定人与人之间为一种互不相识、互为算计的“陌生人”关系，也就是说，法律的存在是要在陌生人之间创造出共同遵守的客观规则。在亲情、友谊、手足等亲密关系之间，法律几无存在的余地。其中的缘由在于：法律是以分配正义为其目的的，然而，正义的存在必须以相应的人的背景为预设，简单地说，正义并不存在于亲戚、朋友这类关系之中，正义的生存对象是陌生人①。亚里士多德曾经说过：“当人们是朋友时，他们不需要正义，而当他们是正义的人时，却也需要友谊，最实际的正义形式被认为是一种互助的品质。”②朋友强调的是友爱，而作为暴力工具的法律可能就会与友爱本身相抵触，这正如有些学者所指出的：“在各种社会关系当中，纯粹的伙伴型关系不适于用法律调整。在伙伴型关系中，各个成员之间的态度、感情是由彼此之间的信任、情感所保证的，而不是由正义、由绝对遵守明确的义务等方法所保证的。”③所以古代法律制度更多的时候是“备而不用”的，人们常常以宗法、伦理等方式化解他们的纠纷，除了重大刑事犯罪之外，人们并不关心其他纠纷的适用法律。有鉴于此，与原始社会没有法律只有习惯调整社会关系不同，奴隶制和封建制社会中的大多数人过的是有法律但“无需法律的生活”。

对于生活秩序的建构是否必需法律这个问题，美国学者罗伯特·C·埃里克森有着精辟的见解，他在其著作《无需法律的秩序》中用了

---

① 胡玉鸿：《个人社会性的法理分析》，载《法制与社会发展》2008 年第 1 期。

② [美]莫蒂斯·艾德勒、查尔斯·范多伦：《西方思想宝库》，西方思想宝库编委会译编，吉林人民出版社 1988 年版，第 943 页。

③ [英]彼得·斯坦、约翰·香德：《西方社会的法律价值》，王献平译，中国人民公安大学出版社 1990 年版，第 28 页。

具体的实例来论证“人们常常以合作的方式化解他们的纠纷，而根本不关心适用于这些纠纷的法律”这个命题。与一般的人类学者选取例证不同，埃里克森选取的不是太平洋上的野蛮人，不是非洲丛林的风俗，不是那些很容易被高度法治意识形态化的当代中国法学人视为落后的、因此注定会而且应当消亡的规范，而是选取发生在美国这个法治高度发达的现代资本主义社会，发生在加州这个美国经济最繁荣的州，尽管是该州最北端的农区——夏斯塔县。在埃里克森看来，非正式的规范仍然会在一个现代化社会的秩序中发挥作用，在现代，高度分散的人们仍有可能并且会通过其他方式在某一个或几个维度上形成在某些方面重叠的交织紧密的群体，从而形成一些有约束力的维系社会秩序的规范。而且这些非正式规范可以成为现代社会秩序的一个重要组成部分，或者说现代社会法治状态的组成部分。事实上，埃里克森提出了关于五大社会控制体系的构想：自我控制、受诺者执行的合约、非正式控制、组织控制、法律制度①。在这个构想中，法律的控制仅是由五大社会控制组成的社会控制体系中的一部分，尽管可能是最重要的一部分。而在美国另一位学者唐纳德·布莱克看来，“法律与其他社会控制成反比变化”，他认为，国家重要性的上升是晚近的事，是因为立法者要努力填补由于家庭、宗族和村落之衰落而造成的空缺而发生的。目前的许多动向，诸如日益城市化、责任风险之扩大以及福利国家的出现，正继续削弱着这种非正式控制的体系，并正扩大着法律的领地②。埃里克森在《无需法律的秩序》一书中用了两句话作开头和结尾，一句是“世界的偏僻角落发生的事可以说明有关社会生活组织的中心问题”。另一句是“法律制定者如果对那些会促成非正式合作的社会条件缺乏眼力，他们就可能造就一个法律更多但秩序更

① [美]罗伯特·C·埃里克森：《无需法律的秩序——邻人如何解决纠纷》，苏力译，中国政法大学出版社 2003 年版，第 149～165 页。

② 转引自[美]罗伯特·C·埃里克森：《无需法律的秩序——邻人如何解决纠纷》，苏力译，中国政法大学出版社 2003 年版，第 351 页。

少的世界”①。埃里克森认为“法律”其实未必是正式的制定法或普通法(在英美国家),而更多是人们在日常生活中博弈形成的规范;或者说有效率的、好的法律其实就是符合这些规范的,或者说是对这些规范的官方表达,强调了法律是社会生活的产物②。在澄清“法律”含义的过程中,埃里克森不仅指出了民间自发形成的规范的重要性,也指出了在交织紧密的群体中,没有正式法律仍然可能有秩序,甚至有“无需法律的秩序”。

埃里克森选取作为“无需法律的秩序”的实例——夏斯塔县其实是一个畜牧业和农业区,他研究的例子主要是牲畜越界事件引发的纠纷。尽管当时已处于20世纪与21世纪之交,但夏斯塔县的牧民们很多还是遵循着19世纪西部牛仔的传统,埃里克森说他们“在明月星空下也照样能呼呼大睡”。可见,夏斯塔县的牧民们过的是相对传统的生活,在他们的生产活动中交往最多的是其邻居,美国加州有关牲畜越界的正式法律规定在邻居间往往被束之高阁,牧民们用一种“自己活别人也活”的朴素生活哲学互相“容忍”、互相帮助,他们特别注意维持好邻居的名声,他们更多通过“自助”来解决各种纠纷,而并不经常寻求法律来解决。埃里克森的论述也正说明了农业文明下的法律制度对人们生活调控的有限性。

三、通过“法治”的生活

从社会控制的角度来看,任何文明社会内部都并存着法律、宗教、道德、政治、习俗等多元控制机制,但在人类历史上各种不同的文明类型中,这些控制机制在社会控制体系中的地位及其相互关系有所不同,从而形成各具特色的社会控制模式。例如,中国传统的社会控制模式是德主刑辅、礼法结合的控制模式,也有学者称之为道德文

---

① [美]罗伯特·C·埃里克森:《无需法律的秩序——邻人如何解决纠纷》,苏力译,中国政法大学出版社2003年版,第1、354页。

② [美]罗伯特·C·埃里克森:《无需法律的秩序——邻人如何解决纠纷》,苏力译,中国政法大学出版社2003年版,译者序第7页。

明秩序①。而西方社会演化出了一种职业法律家所憧憬的以法律为主体的社会控制模式，这就是庞德所说的“通过法律的社会控制”模式。在这种模式下，整个社会被一张庞大而稠密的法律之网所笼罩，社会生活中的各种问题都被法律化或司法化②，此种状态下，法律不仅仅是一个范畴，也不仅仅是一个思考方式，而且还是一种现实的文化形态，其使法律世界的一切事实得以形成和塑造③。套用庞德所说的“通过法律的社会控制”，我们可将这种社会生活情形称为通过“法治”的生活。

法治理论在西方国家源远流长，早在古希腊、古罗马时期，柏拉图、亚里士多德以及乌尔比安等一批法学家就留下了丰富的法治思想，为欧洲法治的发展孕育了胚胎。中世纪西欧各国，除了英国以及欧洲大陆的自由城市公社和商人团体之外，主要奉行神治，但在中世纪后期，一些人开始主张法律权威至上，“国王在上帝和法律之下”这一古老格言得到了大多数人的认同。在资产阶级革命后，英国已开始实践法治，洛克总结这种实践时说：“处在政府之下的人们的自由，应有长期有效的规则作为生活的准绳，这种规则为社会一切成员所共同遵守，并为社会所建立的立法机关所制定。”④因此，法治就是“以正式公布的既定的法律来进行统治，这些法律不论贫富、不论权贵和庄稼人都一视同仁，并不因特殊情况而有出入”⑤。卢梭、孟德斯鸠

---

① 我国学者於兴中认为西方历史上存在过两种文明秩序，即宗教文明秩序和法律文明秩序，中国几千年的传统是单一的道德文明秩序。参见於兴中：《法治与文明秩序》，中国政法大学出版社 2006 年版，第 20 页。

② [美]弗里德曼：《存在一个现代法律文化吗?》，刘旺洪译，朱景文校，《法制现代化研究》第四卷，南京师范大学出版社 1998 年版，第 410～412 页。

③ [德]古斯塔夫·拉德布鲁赫：《法律智慧警句集》，舒国滢译，中国法制出版社 2001 年版，第 7 页。

④ [英]洛克：《政府论》下篇，叶启芳、瞿菊农译，商务印书馆 1983 年版，第 16 页。

⑤ [英]洛克：《政府论》下篇，叶启芳、瞿菊农译，商务印书馆 1983 年版，第 88 页。

等启蒙思想家进一步完善和构建了法治理论，并在西方国家普遍推行。西方现代法治是西方现代化进程的产物，它的经济基础是以现代科学技术为依托的社会化大生产和发达的商品经济，它的文化形态是典型的工业文明。这种社会化大生产，推动着商品经济迅猛发展，造成了日益向外拓展的市场，从而打破了自然经济的封闭王国，资本原始积累以近乎野蛮的手段斩断了传统农民对土地的依赖和人身依附，使封建的等级制和血缘宗法关系在自由的市场上土崩瓦解。千百万农民从封闭的田园生活中被驱赶出来，生存方式也发生了根本性的改变。尽管西方各国法治的发展模式有所区别，但法治均被认为是人类社会秩序的理想：生活于其中的人们既能享有自由又能实现群体合作，既能真实地表达民意又能进行有效的政府管理，既能享受增加的效率又能受到公平对待。这种法治理想经由各国的法治实践不断发展，使法治最终在西方发达国家形成，并作为一种文明成果与西方经济模式、政治体制一起向非西方国家输送。

西方现代法治是“自然演进”的，西方社会之所以能“自然演进”出一条法律现代化道路，是西方国家内部各种社会力量经过长期的斗争和博弈而选择的。这种“自然演进型”模式的出现有其特定的历史条件。其中，一个重要的历史条件是，西方的法律现代化过程起始于消解宗教神权和专制王权的革命运动。当这两种精神的和世俗的权威被摧毁后，西方社会内部就处于权威缺失的状态，没有一种社会力量具有长久统治国家的合法性资格，或者具有长期执掌社会治理权的实际能力。在这种情况下，西方社会只能选择自然演进的法律现代化道路。也正是在这种情况下，各种社会力量经过长期的博弈终于共同选择和归服于法律这种新的社会权威，法治终于得以确立。当然，之所以能够树立法律权威，也与西方法律的渊源有关。西方法律的产生过程受宗教、道德的影响，特别是最初的法律总是带有浓厚的宗教色彩和道德痕迹。梅因曾指出：“从大量的法规汇编的遗物中可以看出，无论是在东方还是西方，无论他们之间在本质上的区别如何大，都表现出他们与宗教、道德规范的结合。这一点与那些属于近代的思想观点是吻合一致的。包括我们从其他一些史料中知道的一些早期的法律观点，法律与道德、宗教的区别，都只是属于后来思想观点的不同阶段。”“没有文字记载的法律，从中国到秘鲁，在它刚刚制定出来的时候，都涉及到宗教仪式和习惯。”①在开始有法律时，法律、宗教、道德等这些东西是没有什么区别的。甚至在像希腊城邦那样先进的文明中，人们通常使用同一个词来表达宗教礼仪、伦理习惯、调整关系的传统方式、城邦立法，所有这一切被看做一个整体；我们应该说，现在我们称为法律的这一名称，包括了社会控制的所有这些手段。……当伦理发展的结果产生了道德体系时，就出现一个法律发展的阶段，在这个阶段中，人们试图将法律和道德等同起来，使一切道德戒律本身也成为法令。有组织的宗教，在这个发展的主要手段中是相当重要的一个。在文明史的一段很长时期内，它负担了大部分的社会控制。很多早期的法律，接收了各种宗教制度和宗教戒律，并用国家的强力加以支持②。所以，西方法治能够自然演进，法律权威能够确立，与法律对宗教、道德等文明形态的包容是分不开的。

“自然演进型”法治对生活有着重要的影响。在哈耶克看来，在实施保护公认的个人私生活领域的公正行为普遍原则的情况下，十分复杂的人类行为会自发地形成秩序，这是特意的安排永远做不到的，因此，政府的强制只应限于实施这些规则，无论政府在管理为此目的而得以支配的特定资源时，还可以提供其他什么样的服务。哈耶克关于法治是自然演化的结果的要点可归结为以下几点：(1)社会经济生活中利益关系是复杂的，市场自发的秩序，是以相互性或相互受益为基础的，自然秩序是最好的秩序。(2)允许个人可以自由地将各自的知

---

① ［美］霍贝尔：《原始人的法》，严存生等译，贵州人民出版社 1992 年版，第 228 页。

② ［美］罗·庞德：《通过法律的社会控制　法律的任务》，沈宗灵、董世忠译，商务印书馆 1984 年版，第 9～10 页。

识用于各自的目的之抽象规则为基础的自发秩序，比建立在命令上的组织或安排更有效率。(3)自发秩序或法治的极端重要性，是基于这样一个事实：它扩大了人们为相互利益而和平共处的可能性，这些人不是有着共同利益的小团体，也不服从某个共同的上级，由此才使一个巨大的或开放的社会得以产生。哈耶克的这些观点我们并不完全赞同，但他强调法治的自然演化是值得我们探讨的。其实，马克思对自然演化也持极其肯定的态度。马克思通过批判资本主义社会物的系统对人的控制这个异化事实，揭示了社会制度特别是市场经济体系的自我平衡机能：“虽然每个人的需求和供给都与一切其他人无关，但每一个人总是力求了解普遍的供求情况；而这种了解又对供求产生实际影响。虽然这一切在现有基地上并不会消除异己性，但会带来一些关系和联系，这些关系和联系本身包含着消除旧基地的可能性。”这种自然演进模式的优点是，由于法治拥有深厚的历史根源和社会基础，它在不知不觉中就向生活的各个层面渗透了，因而是任何一种力量(包括政党、政府)都难以动摇或破坏的。

“法治”的生活是人类迄今为止最具积极影响的生活模式，这与法律优越于其他社会控制方式有关。因为法律在相当大的程度上基于这样一个事实，即它在某些基本的生活条件方面为个人创制并维续了一个安全领域①。法律保护其国家成员的生命、肢体完整、财产交易、家庭关系、甚至生计和健康；法律使人们无需为防止其他人对他们隐私的侵犯而建立私人制度；法律通过创设有利于发展人的智力和精神力量的有序条件而促进人格的发展与成熟，它对那些受本性驱使而去追求统治他人的专制权力的人加以约束，不让他们进行人身的或社会的冒险活动；通过稳定某些基本行为，法律帮助人们从不断关注较低层次的问题中摆脱出来，并帮助人们将精力集中在较高层次的文明任

---

① 转引自[美]E·博登海默：《法理学——法律哲学与法律方法》，邓正来译，中国政法大学出版社 1999 年版，第 394 页。

务的履行上，因为对低层次问题的关注往往会妨碍人们适当履行那些较高层次的职能。再者，法律所建构的制度性框架，为人们执行有关政治、经济、文化等方面的多重任务提供了手段和适当环境，而这些任务则是一个进步的社会为满足其成员的要求而必须予以有效完成的。通过践履上述职能，法律促进潜存于社会体中的极具创造力和生命力的力量流入建设性的渠道；法律也因此证明自己是文明建设的一个不可或缺的工具①。同时，法律是社会中合理分配权力、合理限制权力的一种工具，如果法律成功地完成了这一任务，那么它对社会凝聚和生活安全便作出了重大贡献。一个健康的法律制度会根据这样一种计划来分派权利、权力和责任：这种计划既会考虑个人的能力和需要，同时也会考虑整个社会的利益。一个社会体的法律制度还会建立某种机制，以调整这个社会单位中不同成员间——在许多国家，还包括这些成员与政府间——的冲突。所以，在人类努力建构有序且和平的"国家组织"中，法律一直都起着关键的和重要的作用②。尽管西方人不断地检讨、反思和批判这种"法治"生活模式的弊端，但是由于路径依赖机制的作用，西方国家的法律、诉讼和律师越来越多，人们对法律的依赖也越来越强。

第三节　法治是一种生活方式

首先需要说明的是，"法治是一种生活方式"只是一个判断、一个非全称性命题、一个分析视角，它并不是一个归结，不是对法治本质属性的一个定义，也不是取代其他分析视角的唯一的"霸权"视角。事实上，法治是一种生活方式，与"法治是一项历史成就、一种法制品

① 转引自[美]E·博登海默：《法理学——法律哲学与法律方法》，邓正来译，中国政法大学出版社 1999 年版，第 394 页。

② [美]E·博登海默：《法理学——法律哲学与法律方法》，邓正来译，中国政法大学出版社 1999 年版，第 395 页。

德、一种道德价值、一种社会实践”①、“法治是一种文明秩序”②、“法治是一种治国方略或社会调控方式”、“法治是一种依法办事的原则”③等判断一样，都是从某一个视角出发，赋予法治一个侧重点的说明，而并不是给法治下一个全面的、周延的、无可挑剔的全称判断和定义。实际上，关于法治的所有单项命题都只是一种分析视角、一种阐释，因为“在法的问题上并无真理可言”④。

一、“法治是什么”的追问

古往今来的学者对“法治”作了种种界定，为了更好地理解“法治”是一种生活方式，我们可以先看看其他的一些法治命题。在我国法学界，比较有影响的法治观点，如夏勇教授在其著作《法治源流——东方与西方》中，提出法治是一项历史成就、一种法制品德、一种道德价值、一种社会实践⑤。作为一项历史成就，法治的源头可以追溯至古希腊时期，法治的概念以罗马法和诺曼法的历史文本为基础，在丰富多彩的历史中演化和生成法治传统。作为一种法制品德，法治要求有普遍的法律、法律为公众知晓、法律可预期、法律明确、法律无内在矛盾、法律可循、法律稳定、法律高于政府、司法权威、司法公正。作为一种道德价值，法治是法律的一种内在品德，既是一种工具品德，更是以人类尊严与自由为核心的道德价值。作为一种社会实践，无论是业已建成的法治社会，还是正在走向法治的社会，怎样表

① 夏勇：《法治源流——东方与西方》，社会科学文献出版社 2004 年版，第 3～54 页。

② 於兴中：《法治与文明秩序》，中国政法大学出版社 2006 年版，第 20 页。

③ 张文显主编：《法理学》，高等教育出版社 2003 年第 2 版，第 332～333 页。

④ [法]勒内·达维德：《当代主要法律体系》，漆竹生译，上海译文出版社 1984 年版，中译本序第 1 页。

⑤ 夏勇：《法治源流——东方与西方》，社会科学文献出版社 2004 年版，第 3～54 页。

述法治、怎样操作法治、怎样完善法治，都是需要在不同的文化和制度背景下进行探索的实践艺术。於兴中教授在其著作《法治与文明秩序》中提出法治是一种法律文明秩序。西方历史上存在过两种文明秩序，即宗教文明秩序和法律文明秩序，中国几千年的传统延续的是单一的道德文明秩序①。作为法律文明秩序的法治由以下四个方面的内容构成：以法治理想为主导的权威系统，以权利和法律为中心的概念范畴系统，以司法制度为社会最基本的制度安排和以个人权利及法律为依归的文明秩序意识。这样一个法律文明秩序萌生于古代西方的文化土壤，在近现代欧洲得到了极大的发展，然后全盛于美国②。法律文明秩序既是法律规范实行和实现的结果，也是法治社会的一种基本追求和向往，同时还是检验一个国家是否厉行法治的一项重要指标。我国理论界对法治比较权威的观点是，从宏观的角度上看，法治是一种治国方略或社会调控方式。作为一种治国方略或社会调控方式，法治与人治、德治相对，指的是国家在诸多社会控制体系中选择法律作为主要控制手段③。这个意义上的法治也称“法的统治”，是指统治阶级按照民主原则把国家事务法律化、制度化，并严格依法进行管理的一种治国理论、制度体系和运行状态。其核心内容是：依法治理国家，法律面前人人平等，反对任何组织和个人享有法律之外的特权④。其基本特点是：社会生活的统治形式和统治手段是法律；国家机关不仅仅适用法律，而且其本身也为法律所支配；法律是衡量国家及个人行为的标准⑤。其表征的价值就在于：对权力予以制约，对权利予以保障，通过权力的制约来实现每个公民自由合法地享用属于自

① 於兴中：《法治与文明秩序》，中国政法大学出版社 2006 年版，第 20 页。

② 於兴中：《法治与文明秩序》，中国政法大学出版社 2006 年版，第 5 页。

③ 张文显主编：《法理学》，高等教育出版社 2003 年第 2 版，第332 页。

④ 周叶中主编：《宪法》，高等教育出版社、北京大学出版社 2005 年第 2 版，第 110 页。

⑤ 张文显主编：《法理学》，高等教育出版社 2003 年第 2 版，第 210 页。

己的权利。从微观的角度上看，法治是一种依法办事的原则。这种意义上的法治是一个表征活动的概念①，活动主体不仅是国家、政府、政党，还是团体、法人、自然人，也就是说，在制定了法律之后，任何个人和组织的社会性活动均应该受到既定法律规则的约束，人人平等地依法办事是法治的基本要求和标志。但因“法治的意思就是指政府在一切行动中都受到事前规定并宣布的规则的约束——这种规则使得一个人有可能十分肯定地预见到当局在某一情况中会怎样使用它的强制权力，和根据对此的了解计划他自己的个人事务”②，因此，法治更多地是要求政府机关及其工作人员严格依法办事，只有政府机关及其工作人员依法办事，接受法律的约束，才有法治可言。

从上文的论述中我们可以看出，“法治是什么”是个历久而弥新的问题。自亚里士多德“法治公式”提出以来，来自不同阶级、不同阶层，具有不同价值观的思想家、法学家对于法治的内涵进行了无休无止的纷争。为统一对法治的理解，1959 年在印度召开的“国际法学家会议”通过了《德里宣言》，这个宣言权威性地总结了三条“法治”原则：(1)根据“法治”原则，立法机关的职能就在于创设和维护得以使每个人保持“人类尊严”的各种条件。(2)法治原则不仅要对制止行政权的滥用提供法律保障，而且要使政府能有效地维护法律秩序，借以保证人们具有充分的社会和经济生活条件。(3)司法独立和律师自由是实施法治原则必不可少的条件。虽然《德里宣言》集中了各国法学家对于“法治”的一般看法，但它并没有消除关于法治理解的差异，因为法治是一个开放性的理论体系，在不断变化的现代社会中，该理论体系也在不断调整自身内部的结构。

从前文所述的各种法治理解中，我们可以看出，法治不论是作为

① 张文显：《二十世纪西方法哲学思潮研究》，法律出版社 2006 年版，第 530 页。

② [英]哈耶克：《通往奴役之路》，王明毅等译，中国社会科学出版社 1997 年版，第 73 页。

一种宏观的治国方略、理性的办事原则、民主的法制模式、文明的法律精神、和谐的社会状态①，还是作为一项历史成就、一种法制品德、一种道德价值、一种社会实践②，法治的中心始终是“人”。法治以人为中心，其主体无论是国家、政府还是社会，无论是在事实上还是在逻辑上，都不是、也不可能是独立自存的客观实体，它们都不过是人的存在以及在人的存在基础上的人的历史与现实活动的产物，从而也是人的历史与现实的活动结构与活动方式，也是人的存在方式和人的生活维度(现代社会可能是最主要、最重要的生活维度)之一。法治，作为现实的人的一种现实的生存式样与生活方式，作为现实的人的一种秩序性追求与制度安排，它本身也既是现实的人对于生活的一种选择，又是现实的人对于生活的一种创造；它既是人对客观世界进行改造的一个维度，又是人对客观世界进行改造的手段与方式之一。于是，在法治的追求与践行之中，作为主体的人的基本立场始终是：以人自身的生存、发展和完善为真实的地基和根本的标准③。

法治以人为中心，所以法治始终回应人的需要。所谓人的需要，就其一般本质来说，是人对外界对象的一种依赖关系。人的需要和人的本性联系在一起，马克思曾说过人们奋斗所争取的一切，都同他们的利益有关，而法是社会共同的、由一定物质生产方式所产生的利益和需要的表现。黑格尔也认为，法律的产生与人的需要是密切相连的。由于法对人的需要来说是有用的，所以它才成为客观存在，即成为法律。作为客观存在的法律，是被普遍承认的、被认识和被希求的东西。只有在人们发现了许多需要，并且所得到的这些需要跟满足交织在一起之后，他们才能为自身制定法律。由此可见，法律产生于需

① 张文显：《法理学》，法律出版社 2007 年第 3 版，第 83～84 页。

② 夏勇：《法治源流——东方与西方》，社会科学文献出版社 2004 年版，第 3～54 页。

③ 姚建宗：《法治的生态环境》，山东人民出版社 2003 年版，第 26～36 页。

要，人类对自由、秩序、公平、正义等法律价值目标的渴求是法律产生的原动力。而人类的需求是多元的，随着时代的变化发展而不断发展变化。在不同的社会发展阶段，因为人类的需求不同，由此所产生的法律也就不同。在人类社会发展的早期阶段，由于基本的需要是生存，所以那时候的法律(或者是习惯)更多的是调整人们之间的食物分配和劳动分工，这一点可以从《汉谟拉比法典》中清晰地看出。随着人类社会不断向前发展，生存的需要基本满足以后，人类越来越注重精神方面的需求，反映在法律制定上，那就是保护人类权利的法律越来越多。伴随着知识经济社会的到来，信息技术突飞猛进，人类在这一领域的法律需求越来越强烈，知识产权法、有关互联网的法律规定已经或者正在成为时代的主流趋势。就目前而言，经济全球化的趋势越来越明显，人类需要共同的法律规则来规范全球范围的经济行为。WTO国际贸易规则的制定，在很大程度上是对这种需求的回应。总而言之，法律的制定是由于人类的某一需求引起的，人类需求的变化又导致新的法律的产生。所以，法律产生于人类需求，又能满足人类的需求。这样的法律使人感到满意，贴近于生活，甚至成为生活中不可缺少的一部分，这样的法律也逐渐“统治”或“控制”了人们的生活，法治因此而成为人类的生活方式。

二、法治是一种生活方式

生活方式，也就是人的生存活动所采取的方法和形式。“法治是一种生活方式”这个命题既是理论推演的结果也是现实经验的总结，对“法治是一种生活方式”进行规范分析，可以推导出两个相互关联的命题，一是“法治应该是一种生活方式”这样一个理论的价值命题；二是“法治可以是一种生活方式”这样一个实践的事实命题。

1. 作为价值命题

英国学者约瑟夫·拉兹认为，法治的价值主要表现为三个方面，首先，法治有助于限制某些专制权力，坚持法治意味着要极为严格地限制这些专制权力行使的可能性。其次，法治能够为人们提供一种能力，即选择生活方式和形式、安排长期目标并有效地指引人们追求目标的能力。这就意味着在法治之下人们具有依赖法律而非统治者的自治能力。再次，法治可以维护人的尊严，将人当做能为其自己的前途进行计划和设计的人。同时，拉兹认为，法治在本质上是一种否定性价值，一般而言，法律应当具有最低限度的一般性、明确性和可预测性，但法律也可能不稳定、模糊不清、溯及既往从而侵犯人们的自由和尊严，法治就是被用来预防这种危险的。拉兹指出，法治是法律的内在或具体的优点，遵守法治是一个程度问题，尽管越遵守越好，但最低限度地遵守经常被优先考虑，因为它有助于其他目的的实现。遵守法治是使法律成为实现某些目标的良好工具，但是遵守法治本身并不是最终目的。如果对某些目的的追求完全背离法治，那么这些目的将不能通过法律这种手段来实现。为此，必须警惕以法治的名义不合法地追求主要的社会目的。拉兹因此提出："在法治的圣坛上将太多的社会目标当作祭品，可能使法律本身变得贫乏和空虚。"①

的确，法治不宜承载过多的社会目标，因为法治不外乎是一种生活情态，法治的基本立场是也应当是以现实的人的现实的生存与生活为基础与出发点，以现实的人的未来的理想生活为目标指向和参照。它与人们的生活方式、生存样式息息相关，缺了它，人们将寸步难行。这就意味着，在一定维度上，建设法治就是要建立人们在社会生

---

① Joseph Raz，*The Authority of Law*. Clarendon Press，1979：229. 这句法律经典名言被很多著作引用，但表述有些差异，有人将之翻译为"在法治的祭坛上牺牲过多的社会目标会使得法律贫瘠而空洞"，参见夏勇：《法治源流——东方与西方》，社会科学文献出版社 2004 年版，第 40 页。还有学者将之翻译为"在法治的圣坛上牺牲过多的社会目的将使法律成为空中楼阁"，参见[英]约瑟夫·拉兹：《法律的权威：法律与道德论文集》，朱峰译，法律出版社 2005 年版，第 199 页。本书翻译转引自沈宗灵：《现代西方法理学》，北京大学出版社 1992 年版，第 194 页。

活中对他人行为和自己行为的确定预期，并让亿万人民来共同身体力行；另外法律能够为人们真正提供冲突解决、利益配置的合理手段和路径。法治作为人类文明理性演进和选择的历史进程，它的规范落实、制度安排和组织与机构设置，内在地使其与主体的生活密不可分；法治产生于主体生存发展的需要，又在主体追求社会化的过程中回应社会的需要；法治是主体利益满足的规范形式；法治承认真实人性的存在，法治的存在满足主体的物质需要与精神需要；法治是主体生活的规范化形态，是主体个性弘扬的最佳制度设计；法治使主体的全面自由发展能够得到实现。所以，从一定意义上讲，法治是主体的生存样式，法治必然反映现实的人的生活立场与人生态度。

法治之所以能成为一种生活方式，是因为它具有优越于宗教、道德等其他生活方式的优点。从个人角度上看，法治的主要优点表现在它妥善地解决了人的欲望和人的精神追求之间的矛盾，而这对矛盾是所有的传统文化无法避免但又无法解决的矛盾，它困惑了一代又一代的为理想社会而奋斗的仁人志士。简言之，世界主要文化传统，无论神圣的还是世俗的，一般都对人的趋利性采取抑制的态度，而法治社会则鼓励人们追逐利欲。个人的利欲具体化表现为权利，当权利与权利、权利与权力发生冲突时则需要法律来调整。这样从个人的欲望和趋利性转化为权利，再到由法律保护权利，这一过程实际上是法治的核心内容①。从社会的角度来看，法治社会把人的生存与人的智性牢牢地结合在一起，使人的智性得到了极大的发展。法治社会解决了人生的必需和人生的意义之间的矛盾，并且把两者统一起来，使它和谐起来。生命如果没有意义而只有必需就使人降低到动物的地位，而生命的意义则又是建立在生命的必需之上的。如果人连自己的必需都满足不了，这时候的人生很难有意义可言。也就是说人的秉性的发展必须以人的生存为基础才会有效，这是不言自明的道理。正是基于此，有学者指

① 於兴中：《法治与文明秩序》，中国政法大学出版社 2006 年版，第 6 页。

出，法律文明秩序也就是法治社会恰恰就是在这一点上，优越于宗教文明秩序和道德文明秩序①。现代西方社会的演化进程弃宗教文明秩序进入法律文明秩序社会，也从事实上印证了法治社会的优越性。

作为一种生活方式，法治不仅是国家、政府"自上而下"推进的社会控制方式，还应是转化为公民的自觉行动、内化为公民的内心信仰的文化机理和生活方式。因此不能简单地理解为："法治作为对所有人的一种要求和原则而确定在宪法和其他法律中，法治作为权力主体的活动方法而得到实施，并因此成为社会生活制度……"②而应将法治理解为："生活中不可或缺的组成部分，成为人们的生活方式。"③从这个角度上讲，法治应是一种被主体充分内化了的生活方式，而不是强加给主体的生活方式，因而法治也是一种文明的生活方式。这种生活方式有着特定的价值规定性，亚里士多德是提出这一思想的第一人，在其名著《政治学》中他明确提出："我们应该注意到邦国虽有良法，要是人民不能全部遵循，仍然不能实现法治。法治应该包含两重意义：已成立的法律获得普遍的服从，而大家所服从的法律又应该本身是制订得良好的法律。"④他认为："公民们都应遵守一邦所定的生活规则，让各人的行为有所约束，法律不应该被看作(和自由相对的)奴役，法律毋宁是拯救。"⑤法治作为人们的一种生活方式首先必须具备形式方面的规定性，即法律规范必须清晰明确、公开透明、协调适度、具有可操作性、非溯及既往等。法治作为生活方式还需具备价值

① 於兴中：《法治与文明秩序》，中国政法大学出版社 2006 年版，第 9～10 页。

② [俄]B·B·拉扎列夫主编：《法与国家的一般理论》，王哲等译，法律出版社 1999 年版，第 33 页。

③ 孙笑侠、胡瓷红：《法治发展的差异与中国式道路》，载《新华文摘》2003 年第 10 期。

④ [古希腊]亚里士多德：《政治学》，吴寿彭译，商务印书馆 1985 年版，第 199 页。

⑤ [古希腊]亚里士多德：《政治学》，吴寿彭译，商务印书馆 1985 年版，第 276 页。

方面的规定性，尽管没有统一的标准，就现代社会来说，法治的价值基础和取向至少应该包括：(1)法律面前一律平等。(2)法律必须体现人民主权原则，必须是人民利益和共同意志的反映，并且以维护和促进全体人民的综合利益为目标。(3)法律必须承认、尊重和保护人民的权利和自由。(4)法律承认利益的多元化，对一切正当的利益施以无歧视性差别的保护①。只有同时具备形式和价值的规定性，法治才会被人们所自觉接受和认同，并内化为其基本的生活方式。

2. 作为事实命题

在历史的长河中，西方发达国家产生了具有广大社会影响的法治理论，也存有不断演进的丰富的法治实践。法律已经渗透到西方法治国家社会生活的方方面面，人们的生活充满了对法律的依赖，就像布莱克所说，法律已经成为令人上瘾的毒品②。尽管西方法治并不是洁白无瑕的羊脂玉雕，但法治已经成为人们的一种生活方式，而且是一种制度化、规范化和程序化了的生活方式。

法治是一种制度化的生活方式。在现代社会，一切正式的、重要的制度，在形式上都是法律的，一种制度也只有取得了法律形式，或者合乎特定社会的法律规定，才能成为普遍有效的制度形式③。因此，法律是制度的最高以及最主要形态。富勒把法律称为使人类行为服从于规则之治的事业，法因此也可以理解为对人的行为治理的事业，但他首先告诉我们：“当我们试图首先建立良好秩序时，我们要提醒自己注意，没有秩序，正义本身也难以实现，在追求良好秩序的同时不要失去秩序本身。”④法治作为制度文明的存在，可以为主体的

---

① 张文显主编：《法理学》，高等教育出版社 2003 年第 2 版，第334 页。

② [美]布莱克：《社会学视野中的司法》，郭星华等译，法律出版社 2002 年版，第 85 页。

③ 梁家峰：《法治的生活之维》，载《新视野》2003 年第 3 期。

④ [美]富勒：《实证主义与忠于法律》，何作译，强世功：《法律的现代性剧场》，法律出版社 2006 年版，第 170～181 页。

行为、活动划定界限，使主体明确自己的权利和义务；可以使主体形成合理的行为预期，使社会的整体运行规范有序。从发挥法治功能的角度上讲，制度总要维持一定的稳定性，但事实上，出于适应生产力发展变化而变化的客观必然事实，制度也确实在发展变化着。“人们试图对可选择的制度变迁加以考虑来作出社会选择，以增进经济效率和经济福利的实绩。”①从理论上看，人可以有多种选择，但在现实中，一个国家、一个民族的生产方式、生活方式却是一定的，因为“制度为人们提供了一定的行为模式，社会或团体力图用这些行为模式去模塑其成员；而社会或团体的成员则通过自己的行为去认识、验证、实践这些行为模式，当他们接受了这些行为模式和行为规范并付诸实践，以至在任何同类场合都以这种行为模式行事时，这套行为模式即被制度化了”②。法治作为发达的现代制度文明，其精神内核正是在制度“化”的过程中渗入了社会生活的各个层面，并被人们“选择”为其生活方式。

法治是一种规范化的生活方式。规范即约定俗成或明文规定的标准，规范化就是使合于一定的标准。宗教、道德、习俗等都曾经是人们生活的准则，而现代社会之所以将法律作为人们生活的规范，从经济的角度来看，法律的生长点在于商品经济，现代社会正是一个高度商品化的社会；从社会的角度来看，法治的着重点在于陌生人社会，陌生人社会不同于乡土社会的封闭性，为了防范这种陌生人之间的相互侵害，有必要预先设定相关的法律规则，使社会生活能够统一于人们共同服从的规则之中。反过来看，人们行为的规范程度是测量法治发达程度的重要标准，也是社会生活秩序化的基本要求。社会要处于良性运行、协调发展的有序状态，就必须有相应的社会调整体系，即

---

① ［美］T·W·舒尔茨：《制度与人的经济价值的不断提高》，［美］布罗姆利：《财产权利与制度变迁》，陈郁等译，三联书店1996年版，第252页。

② 《社会科学大词典》，中国国际广播出版社1989年版，第315页。

通过一系列规则来约束人们的行为，在现代社会，这些规则主要表现为法律规范。法治是通过法律来实现的一种规范化的社会控制方式，相对于宗教、道德、习俗等社会控制方式而言，它是非人格化的，它对那些在身份地位、品格和偏好上存在差异的人们，持一种不偏不倚的中立态度，主张无差别地平等对待。这种规范化的调控方式契合了现代社会人们对人权、民主、平等、正义等价值的追求，既为个人主体规定了文明的行为模式，也为社会主体和国家权力机关提供了一种文明范式。法治作为一种规范文明的存在形式，主张法高于人，法大于权，公正的法必须得到公正平等的适用和遵守。在这个过程中，以人为本的价值理念和价值取向才得以最终实现①。

法治是一种程序化的生活方式。程序，从法律学的角度来看，主要体现为按照一定的顺序、方式和手续来作出决定的相互关系②。顺序是时间概念，方式和手续是空间概念，程序就是时空要素构成的统一体，而其落脚点则是“关系”，正如美国学者卢曼所指出的，“所谓程序，就是为了法律性决定的选择而预备的相互行为系统”③。程序化是法治的一个基本特征，法治理念从应然到实然的转化、权利义务双向机制的充分运作、社会秩序的有效维护、社会正义的最终实现，都受程序的控制。在某种程度上，我们可以说程序决定了法治与恣意的人治的基本区别，因为法治相对于人治而言，体现的是一种公开、公平、公正的理性精神，它是自由的人们之间最基本的公共规则，也是社会、国家对个人最严格的要求和最明确的强制。当然，法治对个人的要求是最低限度的，对个体的强制也是最小化的，因此，法治社会的人也就具有比人治社会更多的自由。在西方法治建设进程中，早

① 梁家峰：《法治的生活之维》，载《新视野》2003年第3期。

② 季卫东：《法治秩序的建构》，中国政法大学出版社1999年版，第12页。

③ 转引自季卫东：《法治秩序的建构》，中国政法大学出版社1999年版，第18页。

就萌发了程序正当化的理念，1215年英国大宪章规定，“除依据国内法律之外，任何自由民不受监禁人身、侵占财产、剥夺公民权、流放及其他任何形式的惩罚，也不受公众的攻击和驱逐”。正当程序原则自提出以来，西方各国的法律条文均作了相关规定，如法国的《人权宣言》规定：“除依法判决和按法律规定的方式外，任何人都不应受到控告、逮捕或拘禁。”1791年美国宪法第5条修正案正式规定，“非经正当法律程序，不得剥夺任何人的生命、自由和财产”。“正当法律程序”是英美法律体系中有关程序的最高原则，就其最低标准而言，它要求：公民的权利义务将因为决定而受到影响时，在决定之前必须给予他知情和申辩的机会和权利；对于决定者而言，就是履行告知和听证的义务。程序是对恣意的否定和限制，在程序中，“法律的重点不是决定的内容、处理的结果，而是谁按照什么手续来作出决定的问题的决定。简单地说，程序的内容无非是决定的决定而已”①。作为生活方式的程序化，其含义还远不只这些，“法律的立、改、废，需要经过合法的、正当的法律程序；干部的任免、升迁必须经过严格的、正当的组织程序；司法官的司法活动必须按法律规定程序进行；公民权利的实现和维护，公民意志的表达，也要履行必要的程序。法治作为一种程序化的政治文明，意味着一切法律过程，包括立法、司法、执法和守法，都必须是程序化的，都力求理性、公开、透明与参与。法治作为程序化文明的存在，可以使法治的运行排除人为的干扰和任性的支配，从而实现党的领导、人民当家作主和依法治国的有机统一”②。

值得说明的是，中国的土壤并未孕育出现代意义的法治，法治作为一种理想、价值、原则是“舶来品”，中国的法治是精英启蒙、政府推进的结果，对普通民众而言，法治还没有扎根、植入、嵌入和渗透

① 季卫东：《法治秩序的建构》，中国政法大学出版社1999年版，第21页。
② 梁家峰：《法治的生活之维》，载《新视野》2003年第3期。

到个体生存和社会运行之中，人们的行为准则、生活习惯、价值取向、思维方式还没有实现“法治化”。“法治是一种生活方式”在现阶段的中国还只是一个应然的命题、一个理论的命题、一个法治实践必须面对和解决的现实命题。

三、法治是一种自觉的日常生活方式

我们已将文化划分为自在的文化和自觉的文化，将生活划分为日常生活与非日常生活，而自在的文化与日常生活、自觉的文化与非日常生活在某种程度上是相互对应的。现在将法治同时界定为自觉的日常生活方式，似乎有些逻辑上的矛盾或者不统一。之所以作出这样的限定，更多是出于经验而不是逻辑①，因为不论是作为一个价值命题，还是一个事实命题，法治都必须在日常生活世界和非日常生活世界中相互渗透和相互作用，才能实现法治自身的统一与和谐。为了更好地说明有这样一种自觉的日常状态，我们先来讲一个关于法治的故事：一位才华出众、相貌英俊的中国青年到德国留学，他很快结识了一位德国姑娘，两人双双坠入爱河。一天，两人上街，过街时，两边没有车，但是行人信号灯是红灯。小伙子在国内已习惯“过街看车不看灯”，于是就大踏步地走了过去。德国姑娘看得目瞪口呆，等绿灯之后才走过去，然后对中国青年说“拜拜”。其理由是：这个人太危险，连红灯都敢闯，什么事情干不出来啊！中国青年伤了自尊，决心不在德国找女朋友。他潜心学习，三年后学成回国。没多久，他结识

① [美]奥利弗·文德尔·霍姆斯在其著作《普通法》的开篇写道：“本书的目的旨在对普通法进行一种概括性的介绍。为了完成这一任务，除了逻辑之外，还需要其他工具。为了保障一种制度的内部逻辑一致性，需要有某种特定的结论，但结论并不是一切。法律的生命不在于逻辑，而在于经验。”霍姆斯认为法在不断演进，它永远要从生活中汲取新的原则，并总是从历史中保留那些未被删除或未被汲取的东西。人们惯于用逻辑思考，但在逻辑的背后，存在着一个对彼此竞争的立法理由之相对价值及重要性的判断，这种判断就是“经验”。经验作为一种实践智慧，构成法律中变动的精神因素。

了一位北京姑娘，两人双双坠入爱河。很巧，两人过街时，两边没有车，但是行人信号灯是红灯。这一次，中国姑娘毫不犹豫地走了过去。然而，小伙子在德国生活三年，已经习惯于过街看灯，就站在路边等候。姑娘很不耐烦，问他在等什么。他说在等绿灯。待他终于过街之后，姑娘很不高兴地跟他“拜拜”了。其理由是：这个人太没用！他连红灯都不敢闯，还能干出点什么来①！这个故事为我们揭示了中西方关于法治的价值取向、思维方式、行为准则等方面的差异，蕴涵着深刻的意义。“法治是一种生活方式”，在西方国家，已然是一个事实命题，这一点，可以从西方人的很多生活细节中反映出来，比如西方人在与他人的眼光交会、谈话、排队等日常生活细节中均浸淫着法治的因素②。在我国则还是一个应然的理论命题，这一点前面已述及。同时，中国青年在德国生活三年后行为习惯和思维方式的变化也为“法治成为人们的一种生活方式”的可能性提供了有力的佐证，而德国人对“过街看灯”的恪守实际上就是法治成为人们自觉的日常生活方式的体现。

1. 法治是一种日常生活方式

现实的人的日常生活世界是法律和法治存在、运行的背景，更是法律和法治存在和运行的产床与土壤、空间与环境③。法治作为现实的人的一种生活方式与生存样态，实际上是从世俗、琐碎、繁杂的日常生活中产生的。20世纪30年代，我国著名的法学教育家孙晓楼博士就曾经非常赞赏其同代法学家燕树棠先生的见解，认为“所谓法律

---

① 何家弘：《从通俗到深奥——法治文化杂论》，中国法制出版社2008年版，第76～79页。何家弘教授用这个故事来说明中国“从法律走向法治”的进程中存在的问题，认为当下中国的问题是有法律无法治，人们没有养成法治的社会行为习惯。

② W. Michael Reisman. *Law in Brief Encounters*. Yale University Press, 1999.

③ 姚建宗：《法治的生态环境》，山东人民出版社2003年版，第28页。

不外乎人情，人情便是社会常识。一个法律问题，都是人事问题，都是关于人干的事体的问题；所谓柴、米、油、盐、酱、醋、茶的开门七件事，所谓吸烟、吃饭、饮酒的问题，所谓住房、耕田的问题，买卖、借贷的问题，结婚、生小孩的问题，死亡分配财产的问题，骂人、打人、杀伤人的问题，偷鸡、摸鸭子的问题，大至国家大事，小至孩童争吵，都是人干的事情"①。这段直白的话语道出了法律或法治的真实路径与基本向度就是现实的人的日常生活，因为法律确实是对现实的人的日常生活的最为直接的规范性诉求，法治也是对现实的人的日常生活的最为直接、最为全面的规范性观照。人与社会存在的固有事实与本来逻辑显示，法律的存在是以现实的人的日常生活世界为前提和疆域的，法治的生成与运作必然依赖于现实的人的具体的生活场景。因此，法治必须扎根于现实的人的日常生活世界，必须立足于现实的人的具体的生活场景，必须关注并满足现实的人的正当合理的生活需求。

在中国，由于日常生活的过于强大，所以非日常生活领域向日常生活领域的渗透总是动用一些行政强制力量。中国曾用行政手段和政治运动的方式使日常生活政治化，如为马克思主义意识形态进入群众的日常生活，以政治动员和群众运动的方式，把政治学习、阶级斗争、斗私批修等观念输进群众的日常生活中，把人与人之间的日常关系政治化，使群众的日常生活变成政治运动的一部分，日常生活成为社会意识形态的共谋。现在强调"法治是一种日常生活方式"②，也有人担心是不是用法律或法治这种工具来统治生活，进而法治"治人"，使人与人之间的"私"生活法治化。这种担心不无道

① 孙晓楼：《法律教育》，中国政法大学出版社 1997 年版，第 12～13 页。

② "法治是一种日常生活方式"是一个非全称性的命题，因为法治同时也是一种非日常生活方式，强调前者是基于我国不缺乏作为非日常生活的法治，但匮乏日常生活的法治的现实判断。而且，由于日常生活在我国的过于强大，以至于向非日常生活领域渗透，从而在非日常生活领域也难以真正实现法治。

理，因为至今为止，我国的法治在很大程度上是国家、政府主导着，对民众而言，只有一小部分精英分子在进行着理论的研究和建构，对绝大多数普通人来说，他们更适应以经验、习惯、传统、宗法血缘和天然情感等方式来维系其日常生活。但是，随着中国体制改革的推进和社会转型的实现，我们的社会正由一个典型的"乡土社会"向"现代社会"过渡，而现代社会"是一群由陌生人所组成的国家，在这样的国家里，有可能发生的潜在暴力行为，全部都存在于彼此互不熟悉的陌生人之间"①。为了防范这种陌生人之间的相互侵害，有必要预先设定相关的法律规则，使社会生活能够统一于人们共同服从的规则之中。我国著名社会学家费孝通先生也表达过同样的意思，他说："现代社会是个陌生人组成的社会，各人不知道各人的底细，所以得讲个明白；还要怕口说无凭，画个押、签个字。这样才发生法律。在乡土社会中法律是无从发生的。'这不见外了么?'乡土社会里从熟悉得到信任。这信任并非没有根据的，其实最可靠也没有了，因为这是规矩。"②法律是现代社会的必然需求，它在公认的社会法律秩序理想背景之下，由一套权威性的秩序来加以发展和运用③，并构筑和建立起尊重人格尊严、保障自由进取精神和满足合理要求的法律体系，进而形成现代的法治精神和法治原则。因此，法治在某种程度上代替经验、习惯、传统、宗法血缘和天然情感等方式来规范和调整日常生活，也是"乡土社会"走向现代法治社会的必然，因为人的最终解放不是体现在经济领域与政治领域，而是归根到底要落实和体现到日常生活中来。

2. 法治是一种自觉的生活方式

按照哲学人类学的解释，人的存在呈现出一种递进式的发展样

---

① [美]劳伦斯·傅利曼：《美国法导论——美国法律与司法制度概述》，杨佳陵译，(台北)商周出版社 2004 年版，第 392 页。

② 费孝通：《乡土中国　生育制度》，北京大学出版社 1998 年版，第 10 页。

③ [美]罗·庞德：《通过法律的社会控制　法律的任务》，沈宗灵、董世忠译，商务印书馆 1984 年版，第 95～97 页。

态，即从自在自发的存在，到异化受动的存在，再到自觉自由的存在，人的这三种存在形态决定于其所生活的社会状况，也决定了该社会基本规则的存在形态。自在自发的存在是人的早期存在样态，它表现为一种近乎自然的存在，这也是前文所述原始日常生活以及传统日常生活条件下的主导性存在形态，其基本特征就是一种重复性的日常存在。在这种形态中，经验、习惯、传统、宗法血缘和天然情感等给定的方式构成了人们重复性思维和行为的基础和依据，对每一个体都具有先验的给定性。这是一种经过周而复始的简单重复和源远流长的历史积淀而形成的个体所面对的先验给定的自在规则，在这种自在规则的调整下，每一个人都通过日常的自在自发行为，来为社会共同体的存续作出一份贡献，从而形成一个以自发的社会秩序为基础的相对稳定的社会结构。人的自在自发的存在形态尽管是一个田园牧歌式的美好形态，但是这种存在形态只是通过人的最不发达的自在自发的实践活动而展开的存在形态，所以也是一种最原始的存在形态。随着社会的发展变化，人也处于不断的进化发展之中，自在自发的存在形态逐渐被更高级的存在形态所扬弃，一种新的存在形态，即异化受动的存在形态应运而生，这是现代工业文明条件下人的一种基本的存在形态，也是人类一种否定性的存在形态。马克思的经典著作中对这种形态有很多专门的论述，对这种形态的论述构成了马克思主义异化理论的基础，即人类受制于自己的劳动产品而走向“物的异化”——人的实践或劳动的结果蜕变为一种同劳动者对立的存在物，它不依赖于生产者并成为生产者的异己力量。马克思认为造成“物的异化”的原因正在于劳动本身的异化，因为人就是这样创造历史的，他在历史中把自己客观化，又在其中把自己异化；在这个意义上，历史——它是一切人的全部活动的特有的成绩——对人而言是一种外在的力量，之所以如此，是因为他们在整个客观的结果中认不出他们的行动的意义(尽管局部地看来他们的行动是成功的)。马克思所说的“物的异化”在这里不仅包括劳动产品的异化，还包括作为人之活动的存在方式的社会关系、社会机构和社会制度的异化。这种异化了的制度(包括法律),不再以人的需要为依归,而是以控制人的需要为依归①。法律在这个异化规则体系中也发生了异化,逐渐蜕变为人统治人的压迫性工具,成为与人的自由相对立的一种力量。为摆脱这种异化受动性,人的存在形态必然走向它的否定之否定,即走向自由自觉的存在形态。这种状态是人类最理想的存在状态,它不再是一种完全给定的存在形态,而是向人的生活世界回归的存在形态,是一种"为人"性即属人的存在形态,也是一种一切环绕着人,并且一切为了人的存在形态。它渗入了人的主观愿望,是人通过自由自觉的实践活动而建构起来的一种存在形态,它着力于建构一个以人与自然和谐统一为基础的丰富的物质世界,一个个体与群体发展相统一的理想状态,一个个体与整体相和谐的自由王国,从而最大限度地发挥人的理性、创造性和自觉性②。按照哲学人类学的解释,人类由自在自发走向自由自觉是必然的,包括法治在内的社会制度、组织也必然以自觉的状态为旨归。

法治的理论与实践有很多模式,但从其认识向度与路径选择来看,主要有两种基本倾向,即建构主义的法治与进化主义的法治③。建构主义的法治主张,法是人的理性设计并加以贯彻推行的结果,由法的规范、制度、组织、设施与观念的组合及其运作而形成的秩序状态的法治,其历史、现实与未来也离不开人自己的主观设计与理性创

---

① 江国华:《宪法的人类学解释》,载《法学评论》2007年第9期。

② 江国华:《宪法的人类学解释》,载《法学评论》2007年第9期。

③ 哈耶克把哲学特别是近代哲学分成两大基本类型,一是以笛卡尔、霍布斯、卢梭、边沁等为代表的建构论理性主义,二是以亚当·斯密、大卫·休谟、A·D·托克维尔等为代表的进化论理性主义。建构论理性主义认为人类社会所有的制度、组织都是由人创造出来的,因此人就可以按照某种人类生活的理性设计来重新建构或者彻底改变这些制度。进化论理性主义认为各种自由制度并不是因为人们在先已预见到这些制度所可能产生的益处以后方进行建构的,制度的源起在于成功且存续下来的实践。参见[英]弗里德利希·冯·哈耶克:《自由秩序原理》(中译本)(上),三联书店1997年版,第四章"自由、理性和传统"。

造。进化主义的法治认为既然人类的历史与现实生活不是或者主要不是理性设计和人为创造的产物，人类未来的理想生活当然也不可能由人理性设计和创造而获得，它是由人的真实行动与实践逻辑展现，因此，由法的规范、制度、组织、设施与观念的组合及其运作而形成的秩序状态的法治，其历史、现实与未来也必然是由人的真实的生活经历和具体的行动与实践而形成的，在这一过程中，人的智识和理性虽然重要但构不成决定性的因素。其实，不论是建构主义的法治，还是进化主义的法治，都可以证明法治是人类的一种自觉的生活方式。就建构主义的法治来说，人的主观设计与理性创造本身就是一种人类自觉的体现；就进化主义的法治而言，它恰好站在现实的人及其生活世界之中，其会随着人类的存在形态的进化而进化，只要人类的存在状态以自由自觉为旨归，法治在这个过程中也必然会成为人们走向自由自觉的基本路径和向度。

中国目前正处在实现现代化的进程之中，中国人还带着传统、风俗、习惯、经验、天然情感、血缘关系、人情关系等自在的文化基因而自在地生存，中国传统日常生活结构不但自身十分强大与沉重，而且具有蚕食自觉的精神活动和社会活动领域的倾向。在现实生活中，盛行着经验主义、教条主义和官僚主义的行为方式，人们至今还在以自在的和重复性的日常生活方式来从事现代社会的创造性非日常社会活动。中国需要一种新的文化精神或文化模式，而法治被认为是现代国家的灵魂、自由的管家、正义的化身，从而也被寄寓了过多的理想和期望，成为人们迄今为止所能发现的新的文化精神或文化模式的新的载体。但是，法治如果仅仅只停留在非日常生活领域，这种理性的、自觉的、法治的文化精神和文化模式也只能是一种理论的状态，而难以在现实的日常生活中生成。因此，自觉的法治主动向日常生活世界延伸，日常生活世界主动拥抱这样一种自觉的文化精神，才能在日常生活世界与非日常生活世界建立起法治的和谐与统一。

第三章　法治与生活的统一

第一节　自由：法治与生活的价值目标

法治作为一种生活方式，总是立足于人们的现实生活并追求人的理想、实现人的价值，而实现人的价值也正是生活的意义所在，因此，法治与生活应该亦可以在价值上实现统一。价值是一个反映事物多样性基准的量值，在不同的价值参照系中，同一事物有着不同的价值，反之亦然①。法治的价值是多元的，人权、公平、效率、自由、秩序等都是法治的基本价值，这种多元的法治价值体系也反映了人类生活需求的多样性。以法治自身所要达到的目标作基准，自由是其核心价值，因为"对法治价值的实体性理解着眼于法治本身所包含的道德原则和法治所要达成的社会目标，依此，法治被看做一种培育自由、遏制权势的方法，看做人类作为负责任的道德主体或自由意志主体所从事的一种道德实践"②。法治的终极关怀是人的自由，只有在

---

① 价值是个哲学范畴，也是一个其他人文学科、社会科学以及日常生活中广泛使用的概念，但其实我们每个人在使用它时所表达的意思往往不同，其原因就在于我们所说的价值是放在不同参照系中的，因此，价值实际上仅仅是一个反映某种相对关系的量值，其反映了事物间相互依赖程度的强弱。参见石明：《价值意识》，学林出版社 2005 年版，第 46～52 页。

② 夏勇：《法治源流——东方与西方》，社会科学文献出版社 2004 年版，第 40 页。

此意义上，作为“法的统治”的法治才不至于成为奴役人的工具，而成为实现人们美好愿望的生活方式，达到与生活目标的统一。

一、自由的内涵

自由“像斯芬克斯一样向每个这样的思想家说：‘请你解开我这个谜，否则我便吃掉你的体系’”①，俄国哲学家普列汉诺夫的这句话道明了自由的复杂性。古今中外的人们从不同角度观察自由、理解自由，从而也得出了不同的自由含义。

在中国，“自由”一词最初见于汉代，《礼记·少仪》中有“请见不请退”之语，郑玄注云：“去止不敢自由。”古诗《为焦仲卿妻作》中有诗句：“此妇无礼节，举动专自由。吾意久怀忿，汝岂得自由!”《后汉纪·灵帝纪中》袁宏写道：“上不自由，政出左右。”在汉代之前，自由思想早已有之，庄子就系统论述过自由思想。庄子认为，人的自由首先是天道所赋予的天性，自由的真谛是“乘夫莽眇之鸟，以出六极之外，而游无何有之乡，以何处圹垠之野”②。其次，个体要实现自由，必须无欲无知，无为无己，“独来独往”③，“御风而行”④，“随机而坐，仰天而嘘”⑤，达到“解心释神”，“伦与物忘”⑥的境界。再次，要实现个体的上述自由，就应斩除人为的社会羁绊，要“灭文章”、“散五彩”、“绝钩绳”、“弃规矩”⑦，一切纲常礼法、典章制度都在被废除之列，从而使人返璞归真，率性任情，“浮游乎万物之祖，物物而不物于物”⑧。最后，庄子将自由的最高境界定义为重视个体生命，

---

① [俄]普列汉诺夫：《论一元论历史观之发展》，博古译，三联书店 1961 年版，第 87 页。

② 《庄子·应帝王》。

③ 《庄子·在宥》。

④ 《庄子·逍遥游》。

⑤ 《庄子·齐物论》。

⑥ 《庄子·在宥》。

⑦ 《庄子·胠箧》。

⑧ 《庄子·山水》。

推崇放弃名利，“完身养生”①，即便是为君王之类的“天下之大器”，也“不以易生”②。庄子颇具浪漫色彩的自由思想强调个体自由、心性自由、精神自由，当个体自由与社会对人的束缚冲突时，他主张通过“个体放逐”的方式来逃避社会回归自然。庄子的自由思想可圈可点，他对中国人的自由观有着深远的影响，在古代的文学艺术作品和哲学思考中，似乎都未脱离庄子主张的个人精神无拘无束的自由模式。所以，在严复看来，中文“自由”一词常含贬义，自由常成为放肆无忌之饰物③。

在西方，自由思想的发展贯穿于西方思想的发展史。早在古希腊、古罗马时代，自由思想就已产生，古希腊“人是万物的尺度”这个命题就涉及人的自由意志问题，它通过对人的主体性的肯定，表明人有能力按照自己的需要进行自由选择。在中世纪的欧洲，以阿奎那为代表的经院哲学家们认为，自由来自承认和服从上帝，并认为人的精神始终是自由的，只有肉体才可能处于奴隶状态，将人的肉体自由和人的精神自由相分割。随着文艺复兴的发展，逐步开启了一个向自由迈进的新时代，批判神权，肯定人的自由，歌颂自由的理性等思想为资产阶级革命及其政权的建立奠定了思想基础。资产阶级思想家霍布斯、洛克、卢梭、黑格尔等极大地推进了自由理论。霍布斯认为，人生来就是自由平等的，人的自由就是在其力量和智慧所允许的范围内，可以不受阻碍地做自己愿意做的事。洛克深入地探讨了自由问题，认为自由是人的天赋人权，是自然法为人类规定的基本权利，是不可剥夺和转让的自然权利。卢梭揭露了现实不自由与天赋自由间的激烈冲突，他说：“人是生而自由的，但却无往不在枷锁之中。”他向

---

① 《庄子·让王》。

② 《庄子·让王》。

③ 萧公权：《中国政治思想史》(三)，辽宁教育出版社 1998 年版，第 764～765 页。

往“自由地支配我自己，做自己的主人”①。黑格尔全面、系统地论述了自由，认为自由是人的本质。进入现代社会以来，自由一词逐渐成为西方政治学、哲学和法学等人文社会科学的中心话语，自由的哲学含义是主体意志与客观规律的统一。自由的政治学和社会学含义是以个人为基本主体的按照主体意志行为的权利和情形，它存在于个人与社会的对立与统一的关系之中，存在于个人的独立和自决与社会的统一和公决、个人的存在和发展与社会的存在和发展的关系中，因而也是存在于个人与社会之间双向的权利义务配置关系之中。自由在法学上指人的权利，即自由权，指权利主休的行动与法律规范的一致以及主体之间的权利和义务界限，自由权是人权的重要组成部分②。西方关于自由的主张尽管五花八门，但就其论证基点而言，主要有两种范式，一是自然法学的自然权利论，即通过自然状态的预设，指出自由是一种与生俱来的先于社会制度的自然权利，从而得出自由神圣不可侵犯。这是现代西方自由观的主流。另一种是功利主义的自由观，即通过指出自由有助于增进社会大多数人的福祉和有益于推动社会进步，论证自由的优先价值③。无论是自然权利的自由观还是功利主义的自由观，都存在明显缺陷。就自然权利的自由观而言，其论证的前提是假定一个“自然状态”的存在，但这种假定本身就是主观的，这种“自然状态”的情况在不同学者看来也是不同的。而功利主义的自由观，其缺陷在于“福祉”、“进步”等概念本身含义过于笼统，难以界定，甚至会成为政治野心家蒙骗群众、谋求私利的借口，使“大多数人的最大幸福”的着眼点可能导致“多数人的暴政”，牺牲少数人的自由。

马克思主义认为，自由与必然是相互依存的，不存在没有约束的自由。这一自由观以黑格尔的自由思想为逻辑起点，黑格尔认为，人

① [法]卢梭：《社会契约论》，何兆武译，商务印书馆 2003 年版，第 4 页。

② 张文显主编：《法理学》，高等教育出版社 2003 年第 2 版，第 399～402 页。

③ [英]约翰·密尔的《论自由》是其中的典型论著。

在实践中获得的“实在的自由”，并不是随心所欲地“任性”，“不自由恰好就在任性中”①，“实在的自由”是“必然之变为自由”②。恩格斯在正确评价黑格尔自由与必然关系论述的基础上，提出了马克思主义哲学关于这一问题的基本观点：“自由不在于幻想中摆脱自然规律而独立，而在于认识这些规律，从而能够有计划地使自然规律为一定的目的服务。……意志自由只是借助于对事物的认识来作出决定的那种能力。因此，人对一定问题的判断愈是自由，这个判断的内容所具有的必然性就愈大；而犹豫不决是以不知为基础的，它看来好像是在许多不同的和相互矛盾的可能的决定中任意进行选择，但恰好由此证明它的不自由，证明它正好应该由它支配的对象所支配。因此，自由是在于根据对自然界的必然性的认识来支配我们自己和外部自然界。”③恩格斯所述的“必然性”即客观规律性，必然性并不排斥人的自由，而且是人自由的前提，是实现自由的客观依据。人的自由不在于在幻想中摆脱自然规律而独立，而在于认识这些规律，从而能够有计划地使自然规律为一定的目的服务。所以，马克思主义认为：“自由是对必然的认识和对客观世界的改造。”马克思主义将人的自由分为物质活动的自由和精神活动的自由两个方面。物质活动的自由，虽然也包括人的人身和行动的自由这种起码的自由，但是更主要、更实质性的是指人们根据对客观规律性(必然性)的认识来改造和支配客观世界的主动权。只有当人们正确地认识和运用客观必然性而为人类服务的时候，人们的物质活动才是自由的。表现在精神活动中的自由同样也是如此，恩格斯说：“意志自由只是借助于对事物的认识来作出决定的那种能力。”精神活动的自由不只是简单地指人们想问题，即爱想什么想

① [德]黑格尔：《法哲学原理》，范杨、张企泰译，商务印书馆 1961 年版，第 27 页。

② [德]黑格尔：《逻辑学》(下)，杨一之译，商务印书馆 1981 年版，第 232 页。

③ [德]恩格斯：《反杜林论》，人民出版社 1970 年版，第 112 页。

什么的那种胡思乱想的自由，而主要的、实质上是指人们对客观事物及其规律(必然性)的认识和借助于这些认识所取得的对一定问题作出推理、判断和决定的主动权，也就是人们的精神自由。当“人对一定问题的判断愈自由，这个判断的内容所具有必然性就愈大”，在现实生活中，人的自由程度具体地表现在人的主观能动性的发挥程度上。人的主观能动性包括在实践的基础上人的大脑意识能动地认识客观世界的能动性和在认识的指导下人的物质活动能动地改造客观世界的能动作用。人的主观能动性是受客观必然性所制约的，同时它又是认识和利用客观规律的前提条件。从历史来看，主观能动性的发挥程度乂同人们获得自由的手段成正比，这同时说明了认识客观规律，按客观规律办事，是人们获得自由的前提和基础。人们对必然性认识越深刻、越广泛，人们获得自由的基础就越雄厚，也就越能获得更多的自由。毛泽东说得更为明确：“自由是对必然的认识和世界的改造。”①自由也是一个历史的产物，“人类的历史，就是一个不断地从必然王国向自由王国发展的历史。这个历史永远不会完结”②。马克思认为，真正能实现制度规范下的自由，只有在共产主义社会，因为共产主义是这样一种社会，是以“每个人的全面而自由的发展为基本原则的社会形式”。“代替那存在着阶级和阶级对立的资产阶级旧社会的，将是这样一个联合体，在那里，每个人的自由发展是一切人自由发展的条件。”但是在达到共产主义社会之前，我们必须意识到，“人们不能自由选择自己的生产力——这是他们的全部历史的基础，因为任何生产力都是一种既得的力量，以往的活动的产物”③。

在对古今中外的自由内涵作了分析之后，我们可以这样来认识自由，首先，自由总是相对的，它受到各个方面的约束，如个人的自由

① 《毛泽东著作选读》(下)，人民出版社 1986 年版，第 485 页。

② 转引自孙国华主编：《走向自由的标尺》，山东人民出版社 1993 年版，第 3 页。

③ 《马克思恩格斯选集》(第 4 卷)，人民出版社 1995 年版，第 320 页。

受到他人的自由的约束，人类的自由受到具体的历史条件的约束。其次，自由可以从两个维度来理解，从个体角度看，自由是个体自主决定与自主行动的内驱力，其有一种摆脱外界干预和限制的倾向；从社会角度看，自由是个体在社会体制、规则允许范围内自主决定与自主行动，即在不妨碍他人自由的前提下随心所欲①。最后，因为自由首先是对人成其为人本质的肯定，人的一生便是不断地寻求着精神的高度自由、自主状态。人如果不自由，人作为人的本质属性和基本权利就没有被尊重和肯定，所以，自由对于人来说，具有三大价值：其一，自由是人的潜在能力的外在化。人如果能享有自由，排除影响和制约潜能发挥的否定因素，人的潜能就可以发挥，就能够外在化，即人在自由的环境中获得了自由。人有了自由，在主观上，就会精神振奋，激发智慧，努力使自己的能力和体力得到全面而充分的发挥；在客观上，影响和制约其能力发挥的否定性因素就会大大减少甚至消失，人就能自由地从事活动。在实现人的潜在能力外在化的同时也实现了人的自由。人的潜能发挥的程度标志着人的自由的享有状况。其二，自由是人的自我意识的现实化。人要谋求自我生存和发展，都拥有生存和发展的自我意识。人在生存和发展中离不开自我的主观能动性的存在和发挥。人的自由，从一定意义上讲正是人的自我意识的现实化，是人发挥主观能动性的表现。人的自由在于满足人的自身需要，自由是人的自我意识的现实化。其三，自由是人类发展的助动力。人类对自由的追求，以及社会自由程度的提高既是人类发展的表征，也是人类向新的自由度迈进、获得新的发展的保证。自由是人们奋进的动力和目标之一，人类沿着奔向更高自由的自由之路不断超越过去、开创未来②。

二、自由在法治层面的展开

自由与法治的联系十分紧密，自由是法治的重要价值。罗尔斯认

---

① 高鸿钧：《现代法治的出路》，清华大学出版社 2003 年版，第 145 页。

② 张文显主编：《法理学》，高等教育出版社 2003 年第 2 版，第402 页。

为，“法治和自由显然具有紧密的联系”，因为“一个法律体系是一系列强制性的公开规则。提出这些规则是为了调整理性人的行为并为社会合作提供某种框架。当这些规则是正义的，它们就建立了合法期望的基础。它们构成了人们相互信赖以及当他们的期望没有实现时就可直接提出反对的基础。如果这些要求的基础不可靠，那么人的自由的领域就同样不可靠”①。因此，“为了确实拥有并运用这些自由，一个组织良好的社会中的公民一般都要求维持法治”②。从古至今，人类为自己的自由作出了不懈的努力，法就是人类为了自由而设定的行为规则；而人类丰富的法律理想中也必然包括人类关于自由的规则设计和制度性构想，乃至生命追求。自由在法治层面的展开我们可以从两个角度来认识，一是法律思想家的法治理想中的自由，二是法律规定中的自由，也就是作为观念的法治中的自由，以及作为制度的法治中的自由。

早在古罗马时期，西塞罗就提出了一个经典的法学命题，“为了自由，我们当了法的奴隶”③。他的这一命题对后世学者的影响非常大，可以说是奠定了自然法中自由的基础。西塞罗首先对法作了两个界定，一是法源于理性。他把理性等同于自然，理性是上帝和人类的共同财产，是神与人之间天然的、合理的交流渠道。正确的理性就是法，上帝与人类通过法律联结起来。二是法的本质即正义。法具有正义的美德，“法不是别的，就是正确的理性；它规定什么是善与恶。禁止邪恶”。正确的理性是自然法的本质，它指明善恶的判断标准，规定正当的行为与非正当的行为的界限，它体现了正义。作为人类行

---

① ［美］约翰·罗尔斯：《正义论》，何怀宏等译，中国社会科学出版社1988年版，第226页。

② ［美］约翰·罗尔斯：《正义论》，何怀宏等译，中国社会科学出版社1988年版，第226～229页。

③ 转引自李龙：《西方法学经典命题》，江西人民出版社2006年版，第47页。

为规则的法律也必须体现正义，非正义的法律是无效的。西塞罗认为理性的、正义的法主要有两个目的，一个目的是保障公民的权利平等和自由。西塞罗认为，公民的法律权利的平等，源自于人的理性的平等。他说，“没有哪一种生物像我们之间如此近似，如此相同”，“不管对人作怎样的界定，它必定也对所有人同样适用。这一点充分证明，人类不存在任何差异”。“作为一个国家的公民起码应该在权利方面是相互平等的。”①正是这种权利的平等，保障着公民的自由。他认为，一个国家的民众权利必须无比强大，否则便没有哪个国家有自由可言。另一个目的是反对暴政、保障自由。西塞罗认为要使公民获得幸福，国家就应当实行法治，不应允许任何人享有法律以外的特权。他指出，权利从属于法律。公民应在法律规定的权利和义务范围内服从法律。西塞罗从自然法思想出发，推导出人的理性、正义与法律的一致性，进而思考法律与自由的关系，提出“为了自由，我们当了法的奴隶”，强调法律的目的在于保障个人权利和自由。西塞罗这种带有自然法思想的自由观、法律观，继承了柏拉图和亚里士多德关于法律与自由的思想，又为后来的法哲学提供了思想资源。

关于法与自由的探讨，我们不能不提及被恩格斯誉为“自由思想的始祖”的英国资产阶级思想家洛克。对自由的推崇、保护与实现是贯穿洛克整个政治法律思想的一条主线，他的“哪里没有自由，哪里就没有法律”，“法律的目的不是废除或限制自由，而是保护和扩大自由”等话语成了经典的法学名言，也是洛克对法律与自由关系的明确表述。洛克在他的政治法律思想中首先假设了自然状态和社会契约两个理论前提，洛克认为，人类在进入政治社会之前是生活在自然状态之下的，自然法是自然状态下调整人们之间行为和关系的准则。然

---

① [古罗马]西塞罗：《论共和国 论法律》，王焕生译，中国政法大学出版社 1997 年版，第 46 页。

而，这种自然状态不是完备无缺的，其缺少一种解决纠纷的标准和尺度，对问题的裁决有时就不可能公正，而且又没有专门的机关来执行正确的裁决。因此，人们相互协议，订立契约，组成国家，设立政府，制定法律，从而进入了政治社会，目的是为了安全、和平、自由的生活，其中，“自由是其余一切的基础”，是最本质的自然权利。因此，在洛克看来，在法律成立之初就是为了保护和扩大自由，而不是废除或限制自由，倘若立法机关制定的法律违背了这一宗旨，那么根据社会契约理论，作为委托者的人民就可以从作为受托者的立法机关那里收回这种委托。为进一步论述法律与自由的关系，洛克将自由分为自然状态下的人的自由和社会状态中的人的自由。在自然状态下，人的自由受并且只受自然法的约束；在社会状态下，人的自由受并且只受议会制定的法律的约束。因此，自由“并非像菲尔麦爵士所告诉我们的那样：‘各人乐意怎样做就怎样做，高兴怎样生活就怎样生活，而不受任何法律约束的那种自由’”①，因为“当一个人凭借一时高兴可以支配另一个人的时候，又谁能自由呢？”②洛克清醒地认识到，“法律按其真正的含义而言与其说是限制还不如说是指导一个自由而有智慧的人去追求他的正当利益……法律的目的不是废除或限制自由，而是保护和扩大自由。这是因为在一切能够接受法律支配的人类状态中，哪里没有法律，哪里就没有自由”③。自由是法治和政治社会追求的价值目标，但自由权利也必须受到法律的规定和约束，放任的、绝对的自由在现实生活中是不存在的。要实现自由，必须遵守法律，也正是在此意义上，美国总统亚当斯提出的“自由与法治携手并进”，法国思想家孟德斯鸠提出的“自由是做法律所许可的一切事情的

---

① [英]洛克：《政府论》(下)，叶启芳、瞿菊农译，商务印书馆 1964 年版，第 16 页。

② [英]洛克：《政府论》(下)，叶启芳、瞿菊农译，商务印书馆 1964 年版，第 35～36 页。

③ 《中外法学原著选读》，群众出版社 1986 年版，第 462 页。

权利”①，卢梭提出的“自由是对法律的遵守”等都可以看做是对洛克自由思想的继承和发扬。

古今中外法律思想家的法治与自由思想为法律规定中的自由规则设计和制度性构想夯实了基础，法律规定中的自由可以分为经济自由、政治自由和思想自由三个方面，法律正是在对自由的保障中实现了其预期价值，所以，马克思指出“法律就是人民自由的圣经”，现代社会中的法律详细地规定了人们的各种自由，而自由也往往简化为对法律的遵守。

法律对经济自由的保障。一是法律确认和保障交易主体之间平等的法律地位和自由交易的环境。自由存在着被侵犯的可能性，也存在着被滥用的可能，若一方任意扩展其自由的内容和范围，就意味着对他人自由的侵害或剥夺，从而导致整个市场自由交易环境的破坏。因此，国家通过法律确认交易主体之间平等的法律地位以及个人自由的范围，使每一个交易主体能够平等的协商、沟通达成合意，保障每一个社会成员的经济自由得以实现。二是确认和保障私有财产。没有财产的独立与自由就没有政治、思想上的自由。正所谓“无财产即无人格”。因此，法律对自由的保障也表现为法律对私有财产的保障。“私有财产神圣不可侵犯”是现代法律确立的一条基本原则，法国《人权宣言》第 17 条规定：“私人财产神圣不可侵犯，除非当合法认定的公共需要所显然必需时，且在公平而预先赔偿的条件下，任何人的财产不得受到剥夺。”2004 年我国宪法修正案也确立了“公民的合法的私有财产不受侵犯”。三是法律确认和设立各种经济纠纷解决途径，为当事人的经济自由提供了强有力的制度保障。

法律对政治自由的保障。政治自由主要是指选举与被选举的权利，表达意愿的自由及其他作为一个政治共同体成员应享有的自由权

① ［法］孟德斯鸠：《论法的精神》(上)，张雁深译，商务印书馆 1982 年版，第 154 页。

利。一方面，通过宪法确立了公民基本权利条款，保护公民个人免受社会和他人的侵犯和压制，为其独立自主享有、行使政治权利提供了宪法依据。我国《宪法》第 34 条规定："中华人民共和国年满十八周岁的公民，不分民族、种族、性别、职业、家族出身、宗教信仰、教育程度、财产状况、居住期限，都有选举权和被选举权。"《宪法》第 35 条规定："中华人民共和国公民有言论、出版、集会、结社、游行、示威的自由。"另一方面，通过限制公共权力、依法行政、独立司法等法律制度，从而保障政治自由。法律对政治自由的保障具体表现为对包括政府权力在内的各种权力和利益进行平衡、制约，例如，中央权力与地方权力之间的平衡，立法权、行政权、司法权之间的平衡，权力机关、行政机关、司法机关之间的平衡。

法律对思想自由的保障。思想自由强调个人内心活动的自主性，它是保证公民依照自己的世界观和思维能力进行独立思考和独立判断，做出各种自主性行为的基础。思想自由包括信仰、观点、理论的自由、沉默自由，任何人均不受外界干涉，独立进行理性判断①。自 1789 年法国《人权宣言》率先确立了思想自由之后，其他国家也纷纷将思想自由权作为公民的一项基本权利写入宪法。1978 年《西班牙宪法》第 16 条规定："保障个人和团体的意识形态、宗教信仰自由；任何人不得被迫将其意识形态、宗教或信仰自由公诸于世。"1982 年《土耳其宪法》第 25 条规定："每个人都有思想和意见的自由，无论出于何种理由和目的，任何人都不得被强迫公开其思想和意见；不得因其思想和意见而受到谴责和起诉。"伴随着全球化的进程，思想自由也逐步纳入了国际人权体系。《世界人权宣言》第 18 条规定："人人有思想、良心与宗教自由之权。"《公民权利和政治权利国际公约》第 18 条规定："人人有权享有思想、良心与宗教自由。"

---

① 周冬冬、戴涛：《全球化进程与中国宪政制度的发展——基于思想自由权视角的分析》，载《华南农业大学学报(社会科学版)》2004 年第 2 期。

法律通过保障人的自由，为人提供了极为广阔的自由空间，但不是所有的法律都具有这种价值指向。早期资产阶级的法律自由就具有一定的虚伪性，如 1848 年 11 月 4 日，法国通过了由资产阶级共和派拟定的新宪法，这部新宪法是 1830 年七月王朝宪章的修订版。马克思在《1848 年至 1850 年法兰西阶级斗争》、《路易·波拿巴的雾月十八日》等著作中都对新宪法进行了评述，新宪法的特点是它一方面宣布实行普遍的自由，另一方面却又在实施细则中将这一自由取消，即“宪法的每一条本身都包含有自己的对立面……在一般词句中标榜自由，在附带条件中废除自由”①。社会主义计划经济时代，根据一个统一的计划对一切经济活动加以集中管理，忽视个人的偏好和兴趣，对人的自由也有压制。

现代法治社会是法律发展的一种良性的走向，哈耶克指出：“只有在自由主义时代，法治才被有意识地加以发展，并且是自由主义时代最伟大的成就之一，它不仅是自由的保障，而且也是自由在法律上的体现。”为此他还特别强调，政府的一切行动是否在法律的意义上合法这一问题并不是最重要的，它们可能很合法，但仍可能不符合法治要求。因为如果法律规定某一机关或当局可以为所欲为，那么，那个机关和当局所做的任何事情都是合法的——但它的行动肯定不属于法治的范围。“因此，法治本身就内含有限制立法范围的意思，它把这个范围限于公认为正式法律的这种普通法规条例，而排除那种直接针对特定的人或者使任何人为了这种差别待遇的目的而使用政府的强制权力的立法。”②哈耶克认为自由是法治得以发展的一个前提条件，也是法治之所以成为法治的一个重要判断标准，以此为出发点，哈耶克构建了他自由主义的法律哲学体系。法治是自由在法律上的体现，每

---

① 《马克思恩格斯选集》(第 1 卷)，人民出版社 1995 年版，第 598 页。

② [英]哈耶克：《通往奴役之路》，王明毅、冯兴元等译，中国社会科学出版社 1997 年版，第 80 页。

一个人都可以而且应当珍视自己的基本权利和自由，自觉地维护自己的合法权利与自由；同时，每一个人更应当高度尊重他人与自己同样平等的基本权利和自由，也更应当自觉地维护他人的合法权利与自由，这既是法治之下的每一个人的神圣的法律义务与法律责任，又是法治之下的每一个人的神圣的道德义务与道德责任，同时又是法治之下的每一个人的不可推卸的社会义务与社会责任。

三、自由在生活层面的实现

自由是人所追求的终极价值之一，也是人本性的内在规定性的重要内容。人的存在是为了有意义的生活，而有意义的生活的前提是人享有自由，有意义的生活的目标是人能够实现自由，所以“人的存在就是自由的存在，自由和存在一样都是各种价值的前提，所以人们一直把剥夺生命或自由当成是最严重的惩罚——剥夺生命就是不让活，而剥夺自由就是不让生活”①。但自由并不仅仅是一种理论上的推演，它必须要从理念从制度走向现实，在生活层面实现。

我们首先从历史的角度看看自由在人们生活中的走势。前文已分析过原始日常生活、传统日常生活和现代日常生活。原始社会时，人们生活在一种自然状态之下，每个人都是自由平等的，人们之间除了年龄、健康、体力等方面的自然差异外，不存在奴役和被奴役、服从与被服从以及其他任何不平等。任何事情，人们一起处理，一起商量着解决，也正是在此意义上，恩格斯感慨“这种十分单纯质朴的氏族制度是一种多么美妙的制度呵!”既然原始社会人们是自由平等的，为什么随着历史的发展人类又把自己送进“枷锁之中”呢？卢梭认为，人类智慧和能力的进步导致了不平等的起源和发展；马克思认为是生产力的发展导致了国家、监狱等暴力机构的出现，总之人类脱离了“自然”走进了“社会”，开始了受人的奴役(奴隶社会和封建社会)和受物

① 赵汀阳:《论可能生活——一种关于幸福和公正的理论》，中国人民大学出版社 2004 年修订版，第 114 页。

的奴役(资本主义社会)的社会阶段。在这个漫长的过程中，人类的社会体制越来越完善，但生活的自由本性却越来越受到约束，因为就社会体制本身而言，总在某种程度上倾向于违背生活本性，因为“只有压制生活的各种过高理想和伟大品质才能加强社会体制的效率”。当人们建立起足够有效、足够完善的社会，社会就走向异化，就好像社会有了自己的意志，有了脱离生活所赋予它的目的之外的目标。这是因为一个社会如果足够有效，它就必须有足够复杂的机制和足够稳定的运行程序，于是，社会就不仅要为生活服务而且要为自身服务，要管理、维护自身，就好像社会自身是一种利益。社会为自身着想主要表现为官僚系统化、秩序整一化、生活模式化①。这实际上也是哈贝马斯关于系统与生活世界分离的理论中阐述的观点，哈贝马斯非常详细地分析了人类社会从部落社会，经过传统社会，直到现代国家组织化的社会的演进过程中体系与生活世界的分离，“与一种很少区别的社会体系最初共处的生活世界，越来越多地下降为一种与其他下属体系并行的一种下属体系。在这里，体系机制越来越脱离社会结构，即脱离社会统一借以进行的社会结构”②。在哈贝马斯看来，随着社会的发展，系统的复杂性越来越增强，相应地它的独立性也在不断增强，独立化的系统反过来干预和破坏生活世界的文化机制，造成生活世界的危机和系统与生活世界的冲突。哈贝马斯把这种现象称为“生活世界的殖民化”，在殖民化的生活世界中，尽管现代人表面上更倾向于自由选择，对个人自由斤斤计较，但实际上却受到更多的约束，尤其是那些“不在场”的无形的社会产物以潜在方式所施加的约束，结果所谓的自由选择只不过是由原来的被强迫变成暗中支配：受各种似是而非的意识形态的支配，受官方程序的支配，受各种社会化了的本

---

① 赵汀阳：《论可能生活——一种关于幸福和公正的理论》，中国人民大学出版社 2004 年修订版，第 140～141 页。

② [德]哈贝马斯：《交往行动理论》(第 2 卷)，重庆出版社 1994 年版，第 206 页。

来并没有意义的欲望的支配，受由市场和全方位商业所制造的社会主流的支配。

马克思主义设想的共产主义社会指出了对自由问题的一个纯粹理论上可能的解决途径，即到了共产主义社会，人类社会的物质极其丰富，以至于能够“按需分配”，同时劳动就不再是生命的出卖，而是自己生活意愿的表现，即所谓劳动成为生活的“第一需要”，这样人人就自由了。但共产主义社会至今只是一种理想社会，在作为其初级阶段的社会主义国家，人们也并没有完全实现真正的自由，因为一面向生活实践，我们就会发现抽象的自由与现实的自由完全不是一回事。“这个领域内的自由只能是：社会化的人，联合起来的生产者，将合理地调节他们和自然之间的物质变换，把它置于他们的共同控制之下，而不让它作为盲目的力量来统治自己；靠消耗最小的力量，在无愧于和最适合于他们的人类本性的条件下来进行这种物质变换。”①

“虽说自由不是一种自然状态，而是一种文明的造物，但它亦非源出于设计。各种自由制度，如同自由所造就的所有其他的事物一般，并不是因为人们在先已预见到这些制度所可能产生的益处以后方进行建构的。但是，一旦自由的益处为人们所认识，他们就会开始完善和拓展自由的领域。”②那么，人们在生活中是如何完善和拓展自由领域的呢？这一点，我们可以追溯到作为西方历史传统和思想文化根源的古希腊时代。在古希腊，公民被认为是一种本性上的政治动物，城邦就是公民之家，是平等的自由公民的自治团体，所以，城邦中公民的本质就是“自治社会的自由公民”③。对此，亚里士多德在其著作

---

① 《马克思恩格斯全集》(第5卷)，人民出版社1965年版，第926～927页。

② [英]哈耶克：《自由秩序原理》，邓正来译，三联书店1997年版，第61页。

③ [英]厄奈斯特·巴克：《希腊政治理论——柏拉图及其前人》，卢华萍译，吉林人民出版社2003年版，第2页。

《政治学》中作了进一步的分析论述，亚里士多德一再强调城邦的存在是为了“优良的生活”，而公民只有在城邦中才能过上“优良的生活”，据此亚里士多德得出了公民与城邦的著名结论：凡有权参加议事和审判职能的人，我们就可以说他是那一城邦的公民；城邦的一般含义就是为了要维持自给生活而具有足够人数的一个公民集团①。对这个结论的理解，大多数学者是从强调公民民主参与精神方面来解读的②，我们认为结合亚里士多德之前的古希腊思想家的思想，这里的城邦在某种意义上就是一种自治组织，这种自治组织也是实现公民自由从而使公民获得“优良的生活”的途径之一，所以，自由在生活中的完善和拓展是通过自治来实现的。

生活的法“治”之善主要通过自治来体现。其实，自治不仅是法“治”之善的体现，也是公民自由的体现，因为真正的自由意味着始终存在着一个人按自己的决定和计划行事的可能性，“‘自治’意味着人类自觉思考、自我反省和自我决定的能力。它包括在私人和公共生活中思考、判断、选择和根据不同可能的行动路线行动的能力。”③自治在私人生活中就表现为意思自治，在公共生活中就表现为社会自治。意思自治是指在法律规定的范围内，私法主体可以基于自由表达的真实意思，自由地与其他私法主体形成某种权利义务关系，而不受国家、社会团体以及其他个人的非法干预。意思自治是私法的基本精神，也是市场经济的基本原则。目前世界各国主要是一种市场经济模

---

① [古希腊]亚里士多德：《政治学》，吴寿彭译，商务印书馆 1997 年版。

② 如马长山在《非政府组织中的公民参与》(《求是学刊》2009 年第 1 期)一文中就认为城邦中公民民主政治参与不仅是公民的一种权利，还是公民的一种义务，更是一种公民美德和城邦优良生活的保证，这种既是“治者”，又是“被治者”的“忘我”的公民参与精神，经过古罗马共和国的改造传承，在启蒙时期再次得到弘扬，并成为近代民主法治的重要动力。

③ [英]戴维·赫尔德：《民主的模式》，燕继荣等译，中央编译出版社 1998 年版，第 380 页。

式，要保证市场经济的健康、有序、高效率发展，必须建立自由、公平的市场竞争秩序。民法是“以法律形式表现了社会的经济生活条件”①，即市场经济关系主要由以民法为主体的私法来调整，而在漫长的市场经济发展过程中，之前由于受森严的封建身份等级制度和宗教势力之影响，意思自治只是一种商品流通过程中理想化的观念，此观念作为一项法律原则是由近代民法确立下来的，在立法上首见于《法国民法典》。到了 19 世纪末 20 世纪初，资本主义社会进入垄断阶段，基于各种经济和社会问题带来的种种压力，国家对于绝对化之意思自治理念加以干预。《德国民法典》对丁其“私法自治”之原则进行了新的理解与阐释，实现了所谓“个人本位”让位于“社会本位”。目前我国已基本建立了社会主义市场经济体制，虽然市场这个概念已经得到多数人的认同，但社会主义市场经济的理念、观念还必须进一步树立，意思自治以一种自然的人类理性存于世间，成为市民社会交易主体的一种意识与观念。意思自治原则在我国现行法律上的根据，首先是《民法通则》第 4 条：“民事活动应当遵循自愿原则。”其次是《合同法》第 4 条：“当事人依法享有自愿订立合同的权利，任何单位和个人不得非法干预。”在私法原则的体系中，最为首要的是私权神圣原则，正因为每一个民事主体的私权神圣，才能确保他们在交往过程中具有平等主体地位。而正是由于主体地位平等，才有不同民事主体在意志上的独立，任何一方当事人才不受他方意志支配，才能实现意思自治，才能实现其自由。

社会自治及社会自治组织的发展也是自由实现的基本形式。中国的社会自治主要包括农村的村民自治和城市社区的居民自治。村民自治是指广大人民群众直接行使民主权利，依法办理自己的事情，创造自己的幸福生活，实行自我管理、自我教育、自我服务的制度和实践。居民自治是指以城市社区为自治区域，由社区成员通过社区自治

① 《马克思恩格斯全集》(第 4 卷)，人民出版社 1995 年版，第 249 页。

组织和居委会对本区域公共事务进行管理的一种制度①。社会自治是历史潮流推动的结果，是人类社会从阶级社会走向无阶级社会，国家的权力逐步向社会回归的必经过程。随着中国市场经济的深入发展、社会转型的逐步实现，中国的社会自治已经取得了一些成就，但由于村民自治和居民自治被限制在自上而下控制的政治结构中，上级组织通过党的干预或行政的干预可以强制改变这些自治单位的决策，所以本应独立的自治单位现实中还不具备独立的地位，通过自治来实现公民自由的途径还不尽如人意，但它毕竟为自由的实现指明了方向。随着自治理念的逐渐深入人心，自治组织也在蓬勃发展，除了政治意义上的社会自治组织之外，一些经济意义上的社会自治组织也发展起来，一些与自治相关的话语及研究如公司自治、大学自治等逐渐成为社会焦点、理论热点。

不论是意思自治还是社会自治，其实都是自由在生活意识和生活制度两个层面实现的方式，而这两者在中国也是伴随着法治的推行而走进人们生活的。通过自治意识的训练与培养我们获得了人的主体性；通过人的主体性的训练与培养我们获得了更大的自由。而自由是现代法治的动力源泉，自由性也是现代性的前提条件，这个在西方社会几乎是不证自明的“社会观念事实”，对正在建设现代法治国家的中国而言，需要的不仅是倡导，而且是践行。

第二节　秩序：法治与生活的价值基础

秩序是人类社会生存与发展的必要前提，没有秩序就没有真正的人类生活。为维系自身作为类的存在物，人类离不开秩序，因为离开了秩序人类就没有安全感，从而也就失去了真正的幸福。所以，除了极少数心怀叵测试图从混乱中渔利的人外，绝大多数人无论其阶级背

① 范毅：《中国基层群众自治：前行与忧思》，载《调研世界》2009年第8期。

景、所属阶层及社会角色有何不同，他们都在期望着某种秩序，创造着某种秩序。习俗、道德、宗教、法律等都是维系人类社会秩序的规则，这些规则只是在不同时期所占的重要性不同而已。随着人类社会的演进，法作为一种外化的行为规则，在秩序维系系统中的作用越来越大。在某种意义上，法就是为维护秩序而生的，所以秩序是法最基本的价值诉求，建立以法治为核心的文明秩序是现代社会生活的共同要求和必然趋势。

一、秩序的概念

按中国传统解释，秩，常也；秩序，常度也。秩序是指人或事物所在的位置，含有整齐守规则的意思。按现代解释，秩序是人和事物存在和运转中具有一定一致性、连续性和确定性的结构、过程和模式等。这种观点在学术界得到了越来越多的认同，博登海默认为，秩序意指在自然进程和社会进程中都存在着某种程度的一致性、连续性和确定性。秩序与无序相对，无序表明存在着断裂(或非连续性)和无规则性的现象，亦即缺乏智识所及的模式——这表现为从一个事态到另一个事态的不可预测的突变情形。历史表明，凡是在人类建立了政治或社会组织单位的地方，他们都曾力图防止出现不可控制的混乱现象，也曾试图确立某种适于生存的秩序形式①。哈耶克认为，所谓“秩序”意指这样一种事态，其间，无数且各种各样的要素之间的相互关系是极为密切的，所以可以从我们对整体中的某个空间部分或某个时间部分所作的了解中学会对其余部分作出正确的预期，或者至少是学会作出颇有希望被证明为正确的预期②。哈耶克所说的预期，其基础正是具有一致性、连续性和确定性特点的秩序。秩序包含着自然秩序和社会秩序两种基本类型。自然秩序是指事物存在和运转中具有一

① ［美］E·博登海默：《法理学——法律哲学与法律方法》，邓正来译，中国政法大学出版社 1999 年版，第 219～220 页。

② ［英］哈耶克：《法律、立法与自由》(第一卷)，中国大百科全书出版社 2000 年版，第 54 页。

定一致性、连续性和确定性的位置所在、结构状态或变化模式。社会秩序是指人类生存和交互作用的正常结构、过程或变化模式，是人们互动的状态和结果。法治和生活所追求的价值意义上的秩序显然是社会秩序。

从社会学的角度看，英国社会学家科恩认为秩序有五种规定性：(1)“秩序”与社会生活中存在一定限制、禁止、控制有关；(2)“秩序”表明在社会生活中存在着一种相互性——每个人的行为不是偶然的和杂乱的，而是相互回答或补充他人的行为的；(3)“秩序”在社会生活中捕捉预言的因素和重复的因素——人们只有在他们知道彼此期待的情况下，才能在社会上进行活动；(4)“秩序”能够表示社会生活各组成部分的某种一致性和不矛盾性；(5)“秩序”表示社会生活的某种稳定性，即在某种程度上长期保持这种形式①。从科恩的论述中，我们可知，秩序总是意味着在社会生活中存在着某种程度的关系的稳定性、进程的连续性、行为的规则性以及财产和心理的安全性等结构、过程和模式。所以，只要是人类社会，就必定拥有一种秩序，正如美国社会人类学家艾文斯所指出的，“显而易见，在社会生活中，肯定存在着一致性和常规性的东西，而且社会也必定拥有着某种秩序，否则社会的成员就不可能生活在一起。完全是由于人们知道在各种各样的生活环境中其他人期望他们采取什么行为、又知道自己预期其他人采取哪些种类的行为，也完全是由于人们会依照规则协调彼此的行为并只遵循价值观念的指引，所以每个人或所有的人才能够干好自己的事情。人们之所以能够做出预测、预料事件，并与他们的同胞和睦相处，乃是因为每个社会都有一种我们可以称之为系统或结构的形式或模式；而社会成员正是在这种模式中，以及在与这种模式相符合的情况下，过自己生活的”②。

---

① P. S. Cohen. *The Modern Social Theory*. London，1968：18～19.

② E. E. Evans-Pritchard. *Social Anthropology*. London，1951：19.

在对秩序尤其是社会秩序的界定中，我们必须说明一点，即秩序不仅包括静态秩序而且包括动态秩序。人类的社会秩序实际上是人与人关系的常态。这种常态可能是相对静止的，也可能是正在变化的。即使正在变化的秩序也是一种有规则的秩序，而不是无序。人是运动着的生命，人的秩序都是人们交互作用的结果，是人们互动的过程和产物。因此，我们要避免只把秩序作静态的片面理解。

社会需要秩序，但由于时代背景、阶级立场、价值观念等方面的差异，不同的人对秩序有着不同的理解，形成了不同的秩序观。我们将之归纳为等级分层秩序观、多元分化秩序观和历史唯物主义秩序观三种。

首先，关于等级分层秩序观。古希腊思想家柏拉图和亚里士多德等认为，正如同人有不同的体质一样，并非所有的人都具备发展其美德的能力，所以，人天生就应分为不同的等级，本性较他人高贵者处于较高等级，本性较他人低贱者处于较低等级，是天经地义的事情。中世纪最权威的经院哲学家托马斯·阿奎那把封建等级制度看成是不可侵犯的秩序，认为整个世界就是一个以上帝为最高主宰的严格的不可逾越的等级结构，教会是上帝在人间的代表，具有最高的统治权；直接管理社会的世俗君主政府则必须服从教会的命令；而所有的社会成员都受到理性、神法、政治权威三种秩序的支配；任何人都不得破坏这种秩序，否则就会受到惩罚。中国古代思想家中，也存有大量的等级分层秩序思想，如法家代表人物韩非宣称："臣事君，子事父，妻事夫；三者顺则天下治，三者逆则天下乱，此天下之常道也。"①这一思想被历代统治者所采纳，并与儒家思想糅合，发展出"三纲五常"等统治中国几千年的正统官方统治思想。等级分层秩序观不仅是以观念的形式出现，在传统社会中，它还以法律规定的形式被确定下来，如古代印度的《摩奴法典》明确规定婆罗门、刹帝利、吠舍和首陀罗四

① 《韩非子·忠孝》。

大种姓，并公开确认他们之间的等级差别。等级分层是以人的人身依附为基本特征的传统社会的秩序观。在这种秩序中，权力、身份(即社会地位)就是人们必须敬畏的权威，没有这种人身资源的人，被要求绝对服从和依附，严格的尊卑贵贱的等级秩序维系着传统社会秩序。

其次，关于多元分化秩序观①。随着封建特权的逐渐削弱，资产阶级的地位逐渐上升，资产阶级思想家和活动家抛弃以人身、身份为基础的等级分层秩序观，追求一种自由平等的生活秩序。法国资产阶级革命家罗伯斯庇尔曾对这种秩序作过如下的描述："我们希望有这样的秩序，在这种秩序下，一切卑鄙的和残酷的私欲被抑制下去，而一切良好的和高尚的热情会受到法律的鼓励；在这种秩序下，功名心就是要获得荣誉和为祖国服务；在这种秩序下，差别只从平等本身中产出……在这种秩序下，艺术成了使他们高尚的自由的装饰品，商业成了社会财富的源泉，而不仅仅是几个家族的惊人富裕。"②这种理想的秩序按照卢梭等人的设想应以社会契约的形式来建立，即通过人民之间的自由协议，每个人都将自然权利让渡给国家，人们虽服从国家，但因为这是服从公意，因而也是服从自己的意志，而国家必须为实现公意而进行统治，否则人民有权解除契约，收回其权利。这种以个人权利为本位的秩序观在资本主义初期阶段对社会、政治、经济、文化起了巨大的推动作用，但随着资本主义社会的发展、阶级冲突和各种社会矛盾的加剧，以个人权利为出发点的自由平等的秩序观破绽越来越大，于是强调"社会统合"、"社会连带"及"个人与社会的和谐"等以社会为本位的秩序观开始出现，并以此来调节各种冲突，减少摩擦和阻碍，从而保障资产阶级的统治地位。不论是自由资本主义时期

① 辛鸣：《制度论——关于制度哲学的理论建构》，人民出版社 2005 年版，第 118 页。

② [法]罗伯斯庇尔：《革命法制与审判》，赵涵舆译，商务印书馆 1965 年版，第 170 页。

的“个人权利本位”秩序观，还是垄断资本主义时期的“社会本位”秩序观，其赖以存在的基础均是商品经济，对商品的依赖和崇拜取代了传统社会对人身、身份的崇拜，形成了以物的依赖为基础的强调人的独立性和自主性的现代社会秩序观。由于社会关系的中介化或物化，每一个人成为独立的利益主体，获得了人格的平等和行动的自由，主体之间从形式上形成了自由竞争、平等互动的关系，一种新的社会秩序也应运而生。

最后，关于历史唯物主义秩序观。历史唯物主义认为，生产力决定生产方式，不同的生产方式形成不同的生产关系，不同的生产关系决定了不同的社会秩序。(1)秩序的特殊性质取决于生产方式的历史个性。不同的社会有不同的秩序，任何社会的秩序都是该社会生产方式的内在本质的展开。从最根本的意义上说，秩序是社会生产方式摆脱了偶然性和任意性而表现出来的形式，生产方式的历史个性决定着社会生活的基本面貌，也决定着秩序的社会性质。(2)秩序的力量最终来源于生产关系的历史合理性。现行秩序能否维持以及国家机构体系和法律规范体系能否有效工作，从终极的意义上说，要以现行生产关系是否仍然具有历史合理性为决定性条件。在历史发展的每个阶段上，如果生产关系尚能适应生产力的水平，它就是不可取代的，它所需要的社会秩序也因此是不可取代的，反之，如果因生产力的发展而导致生产关系的历史合理性日渐丧失，则国家和法律的强制便难以压抑对秩序的颠覆，此时，旧秩序的崩溃和新秩序的形成便同样不可避免。(3)阶级社会中的秩序首先是阶级统治的秩序，真正意义上的自由、平等的秩序，只有在消灭了私有制、剥削和阶级之后，才能建立起来。在阶级分裂的条件下，生产方式所需要的秩序，也就是由统治阶级积极地建立起来、由被统治阶级消极地接受下来的秩序。这种秩序即使以民主的方式和平等的自由权利表现出来，其背后的资源不平等占有及统治和被统治关系依然存在，只有在私有制、剥削和阶级分裂被消灭以后，才可能出现一个“每个人的自由发展是一切人的自由发展的条件”①的社会，在这样的社会中，自由平等的秩序才可能真正实现②。

二、秩序在生活层面的呈现

生活层面的秩序首先是一种社会秩序，哈耶克将社会秩序划分为内部秩序与外部秩序两种类型③。内部秩序其实是一种进化主义的秩序，而外部秩序则是一种建构主义的秩序。哈耶克认为“人类社会中存在着种种有序的结构，但它们是许多人的行动的产物，而不是人之设计的结果”④。哈耶克的这一主张是符合历史唯物主义秩序观的，总体而言，人类社会的秩序是生成的，而不是既成的，是通过人类生产实践活动的创造并通过人类生产实践活动来实现的。强调人类社会秩序的自生自发性，并非忽视人的主观能动性，哈耶克也强调“我们对这种秩序之存在的意识，对于我们成功地追求各种各样的目的来说也许有着极为重要的意义”⑤。秩序是人类生存和发展的根本条件和要求，“秩序在人类生活中也起着极为重要的作用。大多数人在安排他们各自的生活时都遵循某些习惯，并按一定的方式组织他们的活动和空

---

① 《马克思恩格斯选集》(第 1 卷)，人民出版社 1995 年版，第 294 页。

② 张文显：《法理学》，法律出版社 2007 年第 3 版，第 338～339 页。

③ 《法律、立法与自由》一书的撰写和出版持续了 17 年的时间，哈耶克在一些术语的使用上有些变化，如除了用到内部秩序(cosmos)和外部秩序(taxis)之外，他还使用了内部规则(nomos)与外部规则(thesis)，“人造的(made)”秩序与“增长的(grown)”秩序等一系列专门术语，其各自内涵差别是不大的。内部秩序、内部规则、“增长的”秩序都是一种自我生成的或源于内部的秩序，又称自生自发秩序；外部秩序、外部规则、“人造的”秩序则是系统外的或“源于外部的”力量创造的秩序。参见[英]哈耶克：《法律、立法与自由》(第一卷)，中国大百科全书出版社 2000 年版，第 52～78 页。

④ [英]哈耶克：《法律、立法与自由》(第一卷)，中国大百科全书出版社 2000 年版，第 56 页。

⑤ [英]哈耶克：《法律、立法与自由》(第一卷)，中国大百科全书出版社 2000 年版，第 57 页。

闲时间”①。人类社会秩序是社会主体之间相互作用、相互制约、遵循社会规范而形成的一个稳定的、连续的、有机的统一状态，它具有一致性、连续性和确定性的特征，是人类社会生活有序进行的重要保障。

人类生活从历史的视角可划分为原始日常生活、传统日常生活和现代日常生活。原始人过着以采集野生植物和狩猎为生、穴居野合的自然生活，或过着“朝分暮合”式的对偶家庭生活，在十分艰难的自然条件下挣扎着生存。支配原始人生活的是一种以交感巫术、图腾崇拜、万物有灵观念为基础的直觉思维以及积淀在神话表象世界中的习惯、戒律、集体表象或集体意象。按照日本学者美浓部达吉的观点，“社会成立的根据，一面在于人类的天性，一面在于人类的意思。社会是由于这二元的根据而成立的。纵然在某种社会，天性的要素占优势，某种社会以意思的要素为重的事实，但无论任何社会，均不能在这两种要素中除却其一”②。原始社会更多是以人类的天性为生活根据的，其建立的秩序也是一种自生自发的生活秩序。原始社会之后，人类进入“文明时代”③，形成了文明秩序。我国学者於兴中认为“文明秩序是形成一个社会的政治、经济乃至文化秩序的基础，是一种元秩序(meta-order)”④。构成一个文明秩序的要件包括一套概念范畴、权威系统、制度安排和秩序意识。按照他的介绍，西方历史上存在过

---

① [美]E·博登海默:《法理学——法律哲学与法律方法》，邓正来译，中国政法大学出版社 1999 年版，第 223 页。

② [日]美浓部达吉:《法之本质》，林纪东译，台北商务印书馆 1992 年版，第 10 页。

③ 16 世纪西班牙神父塞·德·阿科斯塔曾提出一种文化阶段的分类法，他认为“文明”是历史的最高阶段，其特点是有书写体系和组织健全的政治制度；低于文明的一个阶段是“野蛮”阶段；最低的阶段是“蒙昧”阶段，既无文字又无复杂的制度。摩尔根在《古代社会》中沿用了阿科斯塔的术语，把有文字记载，以私有制、阶级和国家的存在为标志的历史时期称作“文明时代”，而把此前的原始时代划分为“蒙昧时代”和“野蛮时代”。

④ 於兴中:《法治与文明秩序》，中国政法大学出版社 2006 年版，第 19 页。

两种文明秩序，即宗教文明秩序和法律文明秩序，中国则是道德文明秩序一贯几千年。宗教文明秩序、法律文明秩序、道德文明秩序是秩序在生活层面的三种基本形态。所谓宗教文明秩序就是以宗教为核心建立起来的社会框架；道德文明秩序就是以道德为核心建立起来的社会框架；而法律文明秩序是以法律为核心建立起来的社会框架，即我们所说的法治社会。

西方文明始于希伯莱，希伯莱的法律与宗教是不分的，如《摩西五经》所记载的，既是上帝的诫命，又是人间的法律。在西方文明的这一时期，法律与宗教共享同一种仪式、传统，且具有同样的权威与普遍性。伯尔曼因此总结说："人类学的研究证实，在所有的文化里，法律与宗教都共同具有四种要素：仪式，传统，权威和普遍性。"①西方的法律传统浸渍了基督教的影响，西方法学的一些基本原则都与西方历史上基督教的发展有密切的关联，有些甚至是由基督教的历史经验和教义中直接引申出来的，用伯尔曼的话来说，现代西方国家的法律制度就是建立在过去两千年基督教所创造的各种心理基础和许多种价值上面的。当然，伯尔曼理解的法律与宗教均是一个比较宽泛的概念，他认为法律是用以解决纷争以及通过权利、义务的分配创造合作纽带的程序，宗教是对于生活之终极意义和目的的集体关切和献身。它们代表了人类生活中两个基本的方面，法律意味着秩序，宗教意味着信仰。没有法律，人类便无法维系当下的社会；失去信仰，人类则无以面对未来的世界。伯尔曼针对西方社会法律与宗教相割裂的现实，提出了要超越过去的法律和宗教，重新创造自己的法律与宗教的设想。

我们不去讨论西方法律与宗教是否割裂以及如何统一的问题，我们只从历史的角度对西方存有的生活秩序作一番梳理。依此视角，我们可以将西方社会的秩序形态分为古代法律文明秩序、宗教文明秩

---

① [美]伯尔曼：《法律与宗教》，梁治平译，中国政法大学出版社 2003 年版，第 13 页。

序、现代法律文明秩序三个时期。古代法律文明秩序以古罗马为典型，在古罗马相当发达的私有制和商品经济条件下，形成了发达和完备的法律形式和完整的法律体系，汇编了大量的法律论著、学说、法律、决议、法令，划分了公法和私法，尤其是私法非常发达，它对私有制和商品经济的一切重要关系，诸如买卖、借贷、租赁、合伙、共有等都有非常详细而明确的规定。随着基督教的诞生、罗马帝国的崩溃，应运而生的是上帝直接统治的年代，即中世纪的黑暗年代。这个时期可视为宗教文明秩序时期。在宗教文明秩序中，不论人事、神事均被置于一种无所不包的宗教系统中予以理解和处理。人与人的交往、人与人的关系、人与自然的关系、人与政治社会的关系等都被打上了宗教的烙印。它的概念范畴系统指向超自然的王国；它的制度安排体现了敬神的虔诚和提供了按神的意志行事的可能；它的权威系统集中于天上的主宰及其在尘世的代表之手，既注重文本又注重解释者。生活在其中的人，把生命的意义寄托在为救世主的来临做准备或寄托在来生，一切按神的意志为依归。这种宗教文明秩序在当今的伊斯兰诸国以及古代犹太人所奉行的社会政治制度中存在，而其最典型的代表是犹太教。

11世纪教皇革命以后，在文艺复兴、宗教改革、启蒙运动和工业革命等一系列轰轰烈烈的社会变革中孕育成长并逐渐完善的，以社会大生产、商品经济、技术理性和人本精神为基础、以法律为依归的社会框架应该说是现代法律文明秩序的典型代表。这样一个法律文明秩序萌生于古代西方文化的土壤，在近现代欧洲得到了极大的发展，然后全盛于美国。西方现代法律文明秩序的形成和发展经历了从圣化到世俗化到脱魔的过程，这一过程在今天仍在继续着。所谓圣化指的是历史上人们给法律披上了一层神秘的面纱，给它穿上了圣装，把它打扮成上帝和正义的化身。所谓世俗化，即上帝死亡以后，以理性为法的最终渊源的过程，它实际上是西方近现代史上哲学世俗化、文化世俗化、社会世俗化的一个组成部分。所谓脱魔指的是从形形色色的法律神话中解脱出来的思想状态，它为破除对法的迷信或法律拜物教，从而开始探索不同的选择和道路，使解决社会问题的途径多样化提供了出发点①。现代法律文明秩序由以下四个方面的内容构成：(1)以法治理想为主导的权威系统，包括权威象征(自由女神、司法女神、法官的庭服等)、权威文件(宪法)、权威人物(法官、学者)和权威机构(行政、立法、司法机构)。(2)以权利和法律为中心的概念范畴系统，法律文明秩序中最常见的概念范畴有法治、民主、自由、权利、义务、正义、理性、财产、个人、合同、诉讼等，其中最重要的当属权利和法治，这一点，不论是在资本主义初期阶段还是在现代，都概莫能外。(3)以司法制度为社会最基本的制度安排，法律文明秩序中的权威理想是“法治”，其基本取向就是以理性为背景的规则中心主义，它的制度安排中最重要的环节就是专门的立法机构、司法机构及法律职业，以及辩护制度、陪审团制度、取证制度、审判制度等。(4)以个人权利及法治为依归的文明秩序意识②。法律文明秩序的内容和价值通过制度和具体实践活动而得以传播，西方社会比较注重在大众传媒中宣传或输送法律信息，使民众逐渐自觉地认同这种文明秩序。

中国传统社会是一种典型的道德文明秩序，在这种道德文明秩序中，人们注意的不是冷冰冰的、理性的法律条文或者利己的权利，而是缠绵不断的人与人之间的关系和对这些关系的恰当处理。它的概念范畴概括了人与人、人与自然、人与自己和人与社会的各种复杂关系，规定了处理这些关系的标准；它的制度安排结下了以人为中心建立起来的关系网络；它的权威系统不注重文本和制度，而注重个人的道德修养。生活在其间的人，以睦为荣，以诉讼为耻。这种秩序也就

① 圣化、世俗化、脱魔在伯尔曼的《法律与革命》、《法律与宗教》，韦伯的《新教伦理与资本主义精神》等著作中均有论述。本文转引自於兴中：《法治与文明秩序》，中国政法大学出版社 2006 年版，第 20～21 页。

② 於兴中：《作为法律文明秩序的法治》，清华《法治论衡》(第二辑)，清华大学出版社 2001 年版，第 31～44 页。

是费孝通先生在《乡土中国》一书中所称的“礼治秩序”。费孝通先生将以“乡土社会”为特色的中国传统社会秩序称之为“礼治秩序”，以与现代社会的“法治秩序”相区别。他指出：乡土社会秩序的维持，有很多方面和现代社会秩序的维持是不相同的。可是所不同的并不是说乡土社会是“无法无天”，乡土社会并不是这样的社会，乡土社会是“礼治”的社会，而“礼治社会”并不是指文质彬彬，像《镜花缘》里所描写的君子国一般的社会。事实上，礼并不带有“文明”、“慈善”，或者“见了人点个头”，不穷凶极恶的意思。礼也可以杀人，可以很“野蛮”。礼是社会公认合式的行为规范。如果单从行为规范这一点说，礼本和法律无异，法律也是一种行为规范。礼和法不相同的地方是维持规范的力量。法律是靠国家的权力来推行的。“国家”是指政治的权力，在现代国家没有形成前，部落也是政治权力，而礼却不需要这有形的权力机构来维持，维持礼这种规范的是传统。“传统是社会所累积的经验……在乡土社会中，传统的重要性比现代社会更甚，那是因为在乡土社会里传统的效力更大。”①费孝通先生还分析了“礼治”、“德治”与“法治”的区别：礼并不是靠一个外在的权力来推行的，而是从教化中养成了个人对传统的敬畏之感，使人服膺；人服从礼是主动的。而法律是从外限制人的，不守法所得到的惩罚是由特定的权力所加之于个人的。礼是合式的路子，是经教化过程而成为主动性的服膺于传统的习惯，这是个人习惯所维持的。礼治从表面上看好像是人们行为不受规则拘束而自动形成的秩序，或者说主动地服从成规。礼治秩序的可能必须以传统可以有效地应付生活问题为前提。乡土社会满足了这个前提，因此它的秩序可以礼来维持。“在一个变迁很快的社会，传统的效力是无法保证的。尽管一种生活的方式在过去是怎样有效，如果环境一改变，谁也不能再依着老法子来应付新的问题。”②礼治就是对

① 费孝通：《乡土中国》，三联书店 1985 年版，第 48～51 页。

② 费孝通：《乡土中国》，三联书店 1985 年版，第 53 页。

传统规则的服膺。生活方面，人和人的关系都有着一定的规则。行为者对于这些规则从小就熟悉，不问理由而认为是当然的。长期的教育已把外在的规则化成了内在的习惯。维持礼治的力量不是身外的权力，而是身内的良心。所以这种秩序注重修身养性、注重克己奉公。理想的礼治是每个人都自动地守规矩，不必有外在的监督，但理想的礼治秩序并不是常有的。于是，社会必然向现代社会、法治社会转变，礼治秩序也必然向法治秩序转变。

宗教文明秩序、道德文明秩序和法律文明秩序三种秩序间并无直接的承接关系，宗教文明秩序和法律文明秩序间虽有先后顺序，但不能说从宗教文明秩序中产生了法律文明秩序。就三者自身而言，都有一个由弱到强的演化过程，但伴随着现代化的进程，法律文明秩序作为一种强势文化正在席卷全球，宗教文明秩序和道德文明秩序要么已经成为过去，要么正在被法律文明秩序所取代①。

三、秩序在法治层面的实现

法在一定意义上说，就是为了建立和维护某种秩序才建立起来的。亚里士多德在论述城邦起源及其本质的过程中，同时也提出了法

① 三种文明秩序并无直接的承接关系，而是在自身内部不断地演化着，但为什么法律文明秩序又能够取代其他两种文明秩序呢？西方学者比较普遍的解释是，西方历史上存在过一种叫“断裂”(rupture)的现象，这种断裂表示西方历史在某一个关头发生了翻天覆地的变化，才出现了一种文明秩序代替另一种文明秩序的现象。中国于19世纪中期开始，在西方列强强行打开大门，闯入中国社会、政治、经济、文化生活之后，事实上也出现了一种与传统生活的断裂现象，从而“被迫”选择了法律文明秩序。於兴中认为三种文明秩序对人的秉性的反映不同，宗教文明秩序与道德文明秩序侧重于关怀人生的意义，而法律文明秩序侧重于关怀人生的必需。现代化就其本质而言是有关生命的必需的，于是生命的意义在追求利益的过程中被淹没了。也就是说，人的秉性的发展，必须以人的生存为基础才会有效，而法律文明秩序正是在这一点上优越于宗教文明秩序和道德文明秩序，而宗教文明秩序和道德文明秩序都为了追求生命的意义而牺牲了生命的必需，结果不得不让位于法律文明秩序。两种观点实际上是分别从外部和内部来解释了文明秩序的更迭。

律的起源以及法律与正义、法律对秩序的意义等重大问题。他认为城邦建立是出于人类的自然要求，而法律则是这种需求的保障，因此，城邦国家是不能没有法律的。正义是治理城邦的基本原则，决定公正不公正的规范，也是政治社会中产生秩序的原则、立法的最高依据。因此法律是为了维持城邦这个人类社会共同体而产生的。城邦国家要实现人类美满幸福的生活，就必须要有秩序，要伸张正义，公民的行为也需要加以明智的引导和合理的约束。他说："城邦以正义为原则，由正义衍生的礼法，可凭以判断(人间的)是非曲直，正义恰是树立社会秩序的基础。"①继亚里士多德之后，西方很多学者也进一步论述了秩序与法的关系，有的法学家"认为法是一种行使国家强制力的威胁，从而设想法是一种强力的秩序"，有的法学家"根据个人心理来解释司法和行政活动，从而设想法是一种心理冲动的秩序"②。富勒则把法称为使人类行为服从于规则之治的事业，法因此也可以理解为对人的行为治理的事业，但他首先告诉我们："当我们试图首先建立良好秩序时，我们要提醒自己注意，没有秩序，正义本身也难以实现，在追求良好秩序的同时不要失去秩序本身。"③而博登海默在论述秩序的需要时首先就说，"秩序这一术语将被用来描述法律制度的形式结构，特别是在履行其调整人类事务的任务时运用一般规则、标准和原则的法律倾向"④。这些学者的论述充分说明了法与秩序的密切关系，特别是现代社会，其基本的社会秩序其实就是法治秩序。

---

① [古希腊]亚里士多德：《政治学》，吴寿彭译，商务印书馆 1965 年版，第 9 页。

② [美]罗·庞德：《通过法律的社会控制 法律的任务》，沈宗灵、董世忠译，商务印书馆 1984 年版，第 57 页。

③ [美]富勒：《实证主义与忠于法律》，何作译，载强世功：《法律的现代性剧场》，法律出版社 2006 年版，第 170～181 页。

④ [美]E·博登海默：《法理学——法律哲学与法律方法》，邓正来译，中国政法大学出版社 1999 年版，第 219 页。

法对秩序的意义主要表现在，法为秩序提供了预想模式、调节机制和强制保证①。在阶级社会中，法“是由社会上的一部分人积极地按自己的意志规定下来并由另一部分人消极地接受下来的秩序”②。法包含着统治者对秩序的希望，并在法的典章条款里形成一个社会秩序的预想模式，因而运用法来创设并维护某种社会秩序历来就为统治阶级所特别看重。法是社会关系的“调整器”，调整着政治、经济、文化、社会等各种社会关系，而社会秩序正是建立在各种社会关系相对稳定或有规律的运行之中的，法律规则在调整社会关系的同时也调整着社会秩序。法具有国家强制性，法的国家强制性使法在调节秩序的众多规则(宗教、道德、习俗等)中成为社会秩序的最有力保证，确保社会秩序免遭任何非法的破坏和干扰。在社会主义国家，法律是由国家制定、认可并依靠国家强制力保证实施的，以权利义务为调整机制，以人的行为及行为关系为调整对象，反映特定物质生活条件所决定的人民意志，以确认、保护、发展人民所期望的社会关系和价值目标为目的，通过实践趋向正义的行为规范体系③。社会主义国家法是人民意志的体现，但法同样为全体人民的社会有序状态提供预想模式、调节机制和强制保证。

秩序是法的基础价值，“所有秩序，无论是我们在生命伊始的混沌状态中所发现的，或是我们所要致力于促成的，都可从法律引申出它们的名称”④。所以，西方法学家普遍认为“与法永相伴随的基本价值，便是社会秩序”⑤。秩序之所以是法的基础价值，从秩序本身的

---

① 卓泽渊：《法的价值论》，法律出版社 2006 年第 2 版，第 392 页。

② 《马克思恩格斯全集》(第 2 卷)，人民出版社 1957 年版，第 515 页。

③ 李龙、汪习根：《法理学》，人民法院出版社、中国社会科学出版社 2003 年版，第 59 页。

④ [德]拉德布鲁赫：《法学导论》，米健、朱林译，中国大百科全书出版社 1997 年版，第 1 页。

⑤ [英]彼得·斯坦、约翰·香德：《西方社会的法的价值》，王献平译，中国人民公安大学出版社 1989 年版，第 38 页。

性质来看，秩序是人们社会生活中相互作用的正常结构、过程或变化模式，它是人们互动的状态和结果，而人的互动状态和结果在社会中既是法存在的依据，又是法调整的结果。从秩序价值与其他法的价值关系看，秩序是法的直接追求，其他价值如自由、公平、正义、民主、人权等是以秩序价值为基础的法的期望，没有秩序价值的存在，就没有法的其他价值，所以法的秩序价值在法的价值体系中，处于前提和基础的地位。从社会的角度来看，社会是人与人结合并相互作用而形成的统一体，有了社会，才有了包括法在内的社会规范。法对于社会的意义，首要的就是建立起最必要的人际秩序，使人与人能够共存共处，使社会得以维系和演进。法具有组织社会和调节社会的意义，法对于社会的这一意义其实也就是法的秩序价值的体现。

亨廷顿认为，处于现代化进程中的国家，首要的问题是"建立一个合法的公共秩序"①。社会秩序作为"社会得以聚结在一起的方式"能够给人们带来和谐稳定的秩序与高效率的社会运转。法律秩序是社会秩序的重要组成部分，关于法律秩序，学术界有不同的观点：(1)规范说。即认为法律秩序就是一种规范体系。它又分为两派，一派是将法律秩序直接等同于法律规范体系。最典型的是纯粹法学(规范法学)的代表人物凯尔森的观点，他认为，法律体系本身有一个自我创造的系统，一个法律规范决定另一个法律规范的法律效力，决定另一个规范的创造的那个规范是高级规范，根据这种调整而被创造出来的规范是低级规范。法律秩序就是这样一个由不同等级的规范组成的等级体系。凯尔森认为"法律秩序是一个规范体系"②，这一观点比较具有代表性，《中国大百科全书·法学卷》也认为："法律秩序是在严格遵守法律的基础上形成的一种社会秩序，它必须以实行法制为前

① ［美］塞缪尔·P·亨廷顿：《变革社会中的政治秩序》，三联书店1989年版，第7页。

② ［奥］凯尔森：《法与国家的一般理论》，沈宗灵译，中国大百科全书出版社1995年版，第124页。

提，而法律的确立则是实行法制的前提。”①另一派是将法律秩序视为包括法律规范体系在内的广义的行为规范体系。其代表人物是韦伯，他认为：“法律秩序在法律社会学意义上的解释不能仅仅被理解为一套逻辑上正确的法规，更是一种经验证实了的决定人的行为的复杂体系。”②(2)过程说。即认为法律秩序是通过法律调整实现有序化的社会控制过程。正如庞德提出的，“作为社会控制的一种高度专门形式的法律秩序，是建筑在政治组织社会的权力或强力之上的”③，通过法律实现权力行使的组织化和系统化，从而达到社会有序化目标的社会控制过程。我国学者谢晖教授将法律秩序定义为“法律在调整社会关系时在人们间产生的动态化、条理化、规范化、模式化和权威化的社会生活方式”④，这实际上也是将法律秩序作为一个动态的实现过程。(3)结构说。即认为法律秩序是法律与其他社会因素互动作用后的社会状态。如有学者认为“所谓法律秩序就是法律与社会因素手段互动所产生的社会间与法律直接相关的社会关系体系”⑤。还有学者认为“法律秩序是人类生产方式发展到一定历史阶段下产生的法律与社会其他政治、经济、文化等因素互动所产生的动态化、条理化、规范化、模式化和权威化的社会生活方式”⑥。(4)结果说。即认为法律秩序是法律调整的结果状态。俄国法学家雅维茨认为“法律秩序是社会关系的这样一种状态，它是法律规范和法制实际实现的结果，保证社会所有

---

① 《中国大百科全书·法学卷》，中国大百科全书出版社 1984 年版，第 115 页。

② [德]马克斯·韦伯：《经济与社会》(下册)，林荣远译，商务印书馆 1998 年版，第 95 页。

③ [美]罗·庞德：《通过法律的社会控制　法律的任务》，沈宗灵、董世忠译，商务印书馆 1984 年版，第 26 页。

④ 谢晖：《论法律秩序》，载《山东大学学报》2001 年第 4 期。

⑤ 傅再明、张文彪：《论法律秩序的概念及构成》，载《法律科学》1989 年第 6 期。

⑥ 肖北庚：《法律秩序的概念分析》，载《华东政法学院学报》2002 年第 2 期。

成员不受妨碍地享受他们的权利，并且也履行他们的法律义务”①。我国学者公丕祥也持此观点，他认为：“法律秩序乃是通过法律规范——制度系统对社会关系的规范性调整而实现的社会关系的序列化状态和社会主体行为的规则化状态，是法律规范——制度所设定的社会主体的权利与义务关系在现实生活中的实现。”②结果说是中国学者最为普遍的观点，认为“法律秩序是指在一定的社会条件下，法律规范的内在要求在社会生活中得以实现后所构成的有序、稳定的社会关系体系，是法律调整的直接结果，是社会秩序的重要组成部分”③。

法律秩序的价值在于调整社会关系，实现法所设定的秩序目标，最终建立起一种法律文明秩序。因此，法律秩序的价值总体而言是通过法的社会控制得以实现的。庞德认为，“在近代世界，法律成了社会控制的主要手段”④。通过法的社会控制是创立和保障社会秩序的重要途径，具体来说，首先是通过立法来划定、分配和调整利益。利益归属混乱是无序社会的典型特征，通过立法对利益的划定有利于社会主体正确享有自己的合法利益，有利于社会主体正确地对待他人的合法利益，也有利于司法机关保护社会主体的合法利益。法通过划定利益来确保社会的稳定，确保社会秩序的形成、维持和巩固。但社会利益不是固定的，而是变化的、流动的，社会利益在变化或流动中必然有利益的分配和重新分配，因此分配利益是法实现秩序价值的又一重要方式。利益分配方式是否为社会成员所认同，往往是社会秩序良好与否的先决条件之一。但法要机械地保护每一种利益是不可能的，

---

① [俄]雅维茨：《法的一般理论——社会和哲学问题》，朱景文译，辽宁人民出版社 1986 年版，第 203 页。

② 公丕祥：《法理学》，复旦大学出版社 2002 年版，第 479 页。

③ 李龙、汪习根：《法理学》，人民法院出版社、中国社会科学出版社 2003 年版，第 320 页。

④ [美]罗·庞德：《通过法律的社会控制 法律的任务》，沈宗灵、董世忠译，商务印书馆 1984 年版，第 10 页。

因为利益与利益之间往往有矛盾，因此法必须协调它们之间的关系，使其减少冲撞，减少损耗，并在一定时期内共存互补。法通过协调利益，保障社会秩序。其次是通过规范方式作用于主体。法为实现秩序而作用于主体的方式主要有两种，一种是暴力方式，一种是规范方式。暴力方式是一种粗暴地运用法的国家强制力，以暴力强制社会成员服从于法定行为模式，使社会有序化的秩序实现方式。这种实现方式往往与专制相结合，与民主相背离，如奴隶制社会，奴隶主阶级运用奴隶制法强迫奴隶所形成的社会生活秩序；法西斯的统治也是如此，德国当时为了迫使各生产部门给战争供给物资和军火，制定了极其卑劣残暴的法规，虽然当时也有秩序，但其秩序是一种恐怖的秩序。法通过暴力方式实现秩序给人类留下了极其惨痛的记忆，这种方式在某种程度上是违反文明秩序的。规范方式是指统治者充分运用法的规范功能，以引导和强制等适当的手段，使社会成员的行为符合法定行为方式，从而使社会有序化的秩序实现方式。法具有规范功能，它可以指引人们的行为，告诉人们可以做什么，必须做什么，不得做什么。规范方式实现秩序主要运用的是法的指引、教育、预测、评价功能以及必要的制裁功能。法通过规范方式实现秩序是社会进步的结果，是人类文明的象征，这种实现方式只有建立在民主基础上的法治状态中才可能存在。

法治与秩序具有同一内涵。法治通过秩序，为实现社会和谐创造条件，规范人们之间的相互关系，把阻碍和谐的因素减少到最低限度。所以，布罗姆利说："没有社会秩序，一个社会就不可能运转。制度安排或工作规则形成了社会秩序，并使它运转和生存。"①从西方国家的实践来看，也确实证明了法治在建立社会秩序方面的重大贡献，"在人皆挟私竞争、需要依靠政府建立秩序的时候，在国家和政

---

① ［美］布罗姆利：《经济利益与经济制度》，陈郁译，三联书店 1996 年版，第 55 页。

府的管理职能不断强化且垄断多种资源的时候，在诸多强者能够通过国家和政府制定和执行自己所喜欢的规则的时候，把政府置于法律之下，让政府在实行有效治理的同时又接受法律的严格治理，不仅有些不切实际，而且还有些不近情理。问题在于，人类生活的最大公害恰恰出自公共权力的专横和腐败，公共权力的专横与腐败又出自公共权力不受约束或约束不力，而人类迄今为止还没有找到比法治更好的防治公共权力专横与腐败的办法来"①。法治是一种法律文明秩序状态，在这种状态中，法治的诸种价值目标应得到法治主体的同等关注，但由于人类社会需要在一致性、连续性和稳定性的有序状态中生存和发展，所以法治的秩序价值得到尤为特别的关注。从心理学的角度讲，人们普遍存在着渴望安全的心理，希望寻求一种安全的庇护所，而法治恰好可以满足人们的这种秩序需要。

① 夏勇：《法治与公法》，载《读书》2001年第5期。

第四章　走向“生活世界”的中国法治

第一节　中国法治走向“生活世界”的理论阻滞

法治本应从生活中产生，在生活中发展，从而成为人们的一种生活方式，并内在地遵循着“自然演进”的文化经验和实践逻辑，这一点无论是“从‘法’个人走向‘法’国家：法国及欧洲大陆国家法治发展模式”，还是“传统与革命：英国资产阶级法治发展模式”和“‘宪法主治’：美国资产阶级法治发展模式”①都概莫能外。中国的法治显然不是按照这种逻辑来生成的，当代中国所走的法治道路是伴随着体制改革、经济变革、文化转型，由精英启蒙、政府推进、民众参与的中国特色社会主义法治道路。但这种法治道路具有“先天不足”——缺乏生活基础，所以在我们的法治理论越来越系统、法律体制越来越完善、法治理念越来越先进的同时，在实践中，我们的法治还没有与现实的人的生活建立起必要的联系，在普通民众的日常生活中，法治在本质上处于“不在场”或“无根基”的状态。在理论上，我们的法治与生活还存在一些源于文化背景、社会心态、体制结构的背离，如我国的法治是理性建构的结果，而我们的生活一直在“自然演进”着；我们的法治在国家、政府层面开展得如火如荼，而作为生活主体的个人却只关注

---

① 王人博、程燎原：《法治论》，山东人民出版社 1998 年版，第九章。

自己的衣食住行；我们的法治移植于西方，而西方法律的人性恶基础，与中国正统文化人性善的论调以及以此为基调维系的生活似乎南辕北辙；我们的法治在自身的系统化、理论化的过程中越来越复杂，这与人们普遍追求的简约的生活模式也似乎渐行渐远，所有这些成为中国法治走向“生活世界”的一道道理论壁垒。

一、建构的法治与进化的生活

法治有建构与进化两种主要实现模式。哈耶克在其传世之作《法律、立法与自由》的开篇就论述了建构与进化两种“考察人类活动模式的方法”。建构的观点认为，“只要人类制度是为了实现人的目的而刻意设计出来的，那么它们就会有助益于人之目的的实现”；这种观点还认为，“一项制度之存在的事实，恰恰证明了它是为了实现某个目的而被创造出来的；同时它还始终如一地主张，我们应当重新设计社会及其制度，从而使我们的所有行动都完全受已知目的的指导”①。这种观点是以建构理性主义哲学为基础的，建构理性主义哲学的代表人物有笛卡尔、霍布斯、卢梭和边沁等人，他们认为，人生来就具有智识和道德的禀赋，这使人能够根据审慎思考而形构文明，也就是说，人类社会、语言和法律都是人为了自己而创造的，而既然所有的制度和组织都是由人创造出来的，那么当然人也就可以按照某种人类生活的理性设计来重新建构或者彻底改变这些制度。哈耶克本人并不赞同建构理性主义的主张，他推崇的是进化理性主义的主张，这种观点是以进化理性主义哲学为基础的，进化理性主义哲学的代表人物有亚当·斯密、大卫·休谟、埃德蒙·柏克和A·D·托克维尔等人。进化理性主义认为，“社会的有序性极大地增进了个人行动的有效性，但是社会所具有的这种有序性并不只是因那些为了增进个人行动有效性这个目的而发明或设计出来的制度或惯例所致，而在很大程度上是

① [英]哈耶克：《法律、立法与自由》(第一卷)，邓正来译，中国大百科全书出版社2000年版，第2页。

由那个起初被称为‘增长’尔后又被称为‘进化’的过程所促成的；在这个过程中，一些惯例一开始是出于其他的原因而被采纳的，甚或完全是出于偶然的缘故而被采纳的；尔后这些惯例之所以得到维续，乃是因为它们使它们产生于其间的那个群体胜过了其他群体”①。同时，进化理性主义认为，“各种自由制度，如同自由所造就的所有其他的事物一般，并不是因为人们在先已预见到这些制度所可能产生的益处以后方进行建构的”②。“在各种人际关系中，一系列具有明确目的的制度的生成，是极其复杂但却条理井然的，然而这既不是设计的结果，也不是发明的结果，而是产生于诸多并未明确意识到其所做所为会有如此结果的人的各自行动。”③进化理性主义坚信：“制度的源起并不在于构设或设计，而在于成功且存续下来的实践。”④总之，进化理性主义确信：“文明乃是经由不断试错、日益积累而艰难获致的结果，或者说它是经验的总和，其中的一部分为代代相传下来的明确知识，但更大的一部分则是体现在那些被证明为较优越的制度和工具中的经验；关于这些制度的重要意义，我们也许可以通过分析而发现，但是即使人们没有透彻认识和把握这些制度，亦不会妨碍这些制度有助于人们的目的的实现。”⑤

建构理性主义与进化理性主义在人类生活的所有领域都有不同程度的体现。在法治的理论和实践中，也有这样两种基本倾向：以建构

---

① [英]哈耶克：《法律、立法与自由》(第一卷)，邓正来译，中国大百科全书出版社 2000 年版，第 3～4 页。

② [英]哈耶克：《自由秩序原理》(上)，邓正来译，三联书店 1997 年版，第 61 页。

③ [英]哈耶克：《自由秩序原理》(上)，邓正来译，三联书店 1997 年版，第 67 页。

④ [英]哈耶克：《自由秩序原理》(上)，邓正来译，三联书店 1997 年版，第 64 页。

⑤ [英]哈耶克：《自由秩序原理》(上)，邓正来译，三联书店 1997 年版，第 68 页。

理性主义为哲学基础的建构的法治理论与实践和以进化理性主义为哲学基础的进化的法治理论与实践。建构的法治理论与实践认为，“人类社会包括法律在内的制度与组织，包括法律在内的秩序与观念，都是人在其智识参与之下理性设计并加以贯彻推行的结果；既然人类的历史与现实生活都是理性设计和人为创造的产物，那么显然，人类的未来的理想生活也可以而且应该通过人的理性设计和创造而得到；所以，由法的规范、制度、组织、设施与观念的组合及其运作而形成的秩序状态的法治，其历史、现实与未来也离不开人自己的主观构设与理性创造；因此，建构主义的法治理论与实践崇尚并推行积极、主动、扩展性的进攻性策略”①。进化的法治理论与实践认为，“人类社会包括法律在内的制度与组织、包括法律在内的秩序与观念，都是在其真实的生活经历之中不断出错与纠错、不断碰壁与转向，在无数次的经验总结与积累之中形成的，从最终的根本意义上讲，在这一过程中，人的智识和理性主要只是用于整理人的生活经验与教训，以帮助人纠错和转向，其作用固然重要但也的确有限；人类的历史与现实生活不是或者主要不是理性设计和人为创造的产物，人类的未来的理想生活当然也不可能由人的理性设计和创造而获得，它是由人的真实的行动与实践逻辑地展现的；所以，由法的规范、制度、组织、设施与观念的组合及其运作而形成的秩序状态的法治，其历史、现实与未来也必然是由人的真实的生活经历和具体的行动与实践而形成的，在这一过程中，理性设计与人为创造构不成决定性的因素；因此，进化主义的法治理论与实践赞赏并抱持消极、被动、守成性的防御性策略”②。

以上述理论为基础，我们来考察中国的法治到底是建构理性主义的还是进化理性主义的。对这个问题，我们不能用“非此即彼”的简单

① 姚建宗：《法治的生态环境》，山东人民出版社 2003 年版，第 21 页。

② 姚建宗：《法治的生态环境》，山东人民出版社 2003 年版，第 21 页。

化思维来判断，不能从中国本土并未“进化”出法治而直接排除中国法治进化的可能性和现实性。因为建构主义的法治理论与实践和进化主义的法治理论与实践的区分不是绝对的，任何一种法治理论与实践都是既包含着建构论的成分又具有进化论的因素，建构论成分多、色彩浓的法治理论与实践，我们称其为建构主义的法治理论与实践，进化论成分多、色彩浓的法治理论与实践，我们称其为进化主义的法治理论与实践。事实上，中国法治道路的选择是基于古今中外的人类实践经验的历史总结，是针对“礼治”和“人治”出现的弊端而提出的革新。但由于我国的法治是“自上而下”由国家和政府来推行的，是作为一种治国方略而提出的，因此它的基本定位就是上层建筑，它实际上是以一种居高临下的权威姿态影响着安排着人们的生活，而这种路径与建构理性主义的向度是颇为接近的，所以我们将中国的法治暂时可以划归为建构理性主义阵营的法治。以建构理性主义为基础的中国法治也契合了中国现代化进程中对理性文化、民主政治、市场经济的需求，并让人看到了法治对现实的人及其生活产生影响和改变的可能性。事实上，从提出“依法治国”的政策至今，我们的社会科学研究已对法治作了种种的理论阐释和建构，我们的法治成果也主要表现在理论的建构上。

不幸的是，建构的法治与生活存在一定程度的背离，因为生活总是处于进化的旅程之中。人是进化的产物。达尔文认为生物学规律影响所有生物，包括人类以及人类社会在内。所有生物有机体在资源有限这一情形下的数量增长都将导致生存竞争。某些生理和心理特征使个体在生存竞争中处于有利或不利地位。这些特征被选择出来，通过时间遗传下去，将在适当的时候导致新物种的出现，另一些物种的消亡。这种“优胜劣汰”的规则使包括人在内的所有生物永远处在进化的旅途之中。人不仅仅是动物，而且是文化动物，“我们的社会和政治制度，我们的伦理和宗教，都是和我们的进化成长联系在一起的。因此，人性就算在所有方面都特殊，它也仍然和进化思想及其在人类身上的延用联系在一起”①。马克思恩格斯尽管在许多方面批评了达尔文的思想，但他们认为自己的历史科学最终是建立于达尔文的观念之上的。马克思在《政治经济学批判大纲》中提出，每个社会自身中都包含着下一个社会的萌芽，一个社会的社会关系其源头在它之前的社会构成中。用恩格斯所使用的生物学隐喻来说，“封建的中世纪在它的坟墓中长出了注定要在未来提出平等这一现代要求的阶层：资产阶级”②。在达尔文的进化理论基础上，马克思恩格斯将社会历史划分成了一系列进化“阶段”，如在《德意志意识形态》中，他们提出欧洲历史经历了四个时期：公社或部落时期；古代或古典时期；封建时期；资本主义时期。马克思恩格斯关于社会历史进化的思想也适用于个人与社会的关系，因为他们认为人类本质上是社会性的，这种本质的社会性是他们“类存在”的一部分，是使他们成为人类的主要标志。人类通过创造和生活于一个特定社会的过程再造着自己。

人永远处于进化的过程之中，其生活也随之而不断进化。在原始时期，日常生活涵盖了人的全部生活；到了奴隶社会和封建社会所代表的农业文明时代，极少数人走出了日常生活世界，进入非日常活动领域，而大多数人依旧被锁在封闭的和自在的日常生活世界之中；到了工业文明时代，绝大多数人走出了日常生活状态，而对日常生活结构的过度改造在日渐发达的商品经济推动下反过来又构成对人的生活的控制(异化)。在日常生活与非日常生活之间建立一种平衡是人的生活进化的基本方向和目标。强调生活的进化，并非完全否认对生活建构的可能。从理论上来看，在很多情况下它们是彼此蕴含着的，它们所标明的只不过是总的倾向体现出的建构成分多与少、进化色彩浓与淡和强与弱而已。

---

① [英]彼得·狄肯斯：《社会达尔文主义——将进化思想和社会理论联系起来》，涂骏译，吉林人民出版社 2005 年版，导言第 1 页。

② 转引自[英]彼得·狄肯斯：《社会达尔文主义——将进化思想和社会理论联系起来》，涂骏译，吉林人民出版社 2005 年版，第 27 页。

二、国家的法治与个人的生活

自党的十五大提出“依法治国，建设社会主义法治国家”，并作为一项宪法基本原则载入宪法以来，法治要么作为国家的治国方略（依法治国），要么作为国家的基本目标（法治国家），在理论与实践两个维度上延伸着。

作为国家的治国方略，党的十五大报告对依法治国作了明确界定：“依法治国，就是广大人民群众在党的领导下，依照宪法和法律规定，通过各种途径和形式管理国家事务，管理经济文化事业，管理社会事务，保证国家各项工作都依法进行，逐步实现社会主义民主的制度化，法律化，使这种制度和法律不因领导人的改变而改变，不因领导人看法和注意力的改变而改变。”一些学者根据党的十五大报告对依法治国的界定，提出依法治国的主体是人民，即党领导下的广大人民群众；依法治国的客体是以权力为基点的权力组织、权力活动以及由此产生的权力关系①。也有学者认为法治的主体是具体的、所有的社会活动主体，而不是纯粹抽象意义的“人民”，也不仅仅是“公民”，更不是“国家”、“政府”。“法治的主体不是单一的国家、政府、政党，也不是社团、法人、作为自然人的社会成员，而是包括这些成分在内的整个社会活动主体，他们之间是彼此独立、彼此依赖、彼此制约又彼此合作的，体现了一种以双向互控为基础的多重互控关系。而法治的客体则是由这所有的社会活动主体彼此之间的各种现实的和可能的各种关系所构成的总体，即人的日常生活。”②对法治主体的理解不同主要是所处的视角不同，认为人民是法治的主体是从宏观的、俯视的、应然的视角来看的，而认为社会活动主体是法治的主体是从微观的、平视的、实然的视角来看的。尽管我们希望法治真正成为人民主

---

① 李龙：《依法治国方略实施问题研究》，武汉大学出版社 2002 年版，第 52 页。

② 姚建宗：《法治的生态环境》，山东人民出版社 2003 年版，第 4 页。

导的法治，但实际上现阶段的中国法治却是由国家、政府主导，这种情形对我们这样“自上而下”推行法治的国家来说，在短期内不会有什么大的改变。

作为国家的基本目标，法治国家至少有以下几种类型：(1)实证主义法治国家。这种情形以19世纪的德国为典型代表。其法治思想是实证主义法学的一部分，强调作为立法者的统治者的意志及权力至高无上，对其颁布的任何法律，无论良恶，都必须无条件服从。这种思想被后来的纳粹所利用，希特勒强迫人民服从其暴虐的法西斯法律，也号称是“法治”。德国法学家拉德布鲁赫在第二次世界大战后曾指出：“实证主义由于相信‘法律就是法律’已使德国法律界毫无自卫能力，来抵抗具有专横的、犯罪内容的法律。在此方面，实证主义根本不可能依靠自己的力量来证立法律的效力了。”①这种法治国家其实是一种“形式法治”，它实质上是国家权力至上的国家主义法治观，法律只是国家统治社会和人民的工具。这种法治国家与法治的真正精神是相悖的，因为法不能只是国家用来统治和控制社会的工具，更重要的、首位的是国家本身要受法的统治和支配。(2)自由主义法治国家。这以18、19世纪自由资本主义时代的国家为代表。这种法治国家的核心是社会不受国家(政府)的干预而自主、自由，国家是“守夜人”，其职能只是国防，维持社会治安，借助警察权力和税收权力管理国家和人民，其他活动概由人民自由安排，政府不加干预。(3)社会本位法治国家。这在垄断资本主义时代的国家中比较常见，它的核心理念是“服务”与“生存照顾”，其基本特征是由具有福利国家思想的立法者制定法律，主导社会发展，规范和分配社会生产的成果，从而为人民提供指导性和服务性的公共产品。国家不只拥有行使发布命令的权力，同时要承担对人民“从摇篮到坟墓”的“生存照顾”的义务，通过推

① ［德］古斯塔夫·拉德布鲁赫：《法律智慧警句集》，舒国滢译，中国法制出版社2001年版，第27页。

行积极的社会政策，创造良好的社会环境和条件，保障社会人能发挥自己求生存和谋福利的潜能，保护和补偿处于弱势的社会群体，平衡两极分化的社会矛盾。社会本位法治国家本应以社会为本位，但其偏重于国家承担社会主体的"生存照顾"责任，实际上仍然是以国家权力来支配、控制社会。(4)社会主义法治国家。这以苏联等社会主义国家为其典型代表。苏联法学家认为法治国家的实质是国家受宪法及法律的约束。这一法治国家观念在苏联的法治实践中却非常曲折，直到戈尔巴乔夫的"新思维"出现才真正确立了社会主义法治国家思想。苏共认为，法治国家思想是社会主义制度的内在要求，社会主义法治国家的基础和核心在于民主和人权。社会主义法治国家是法律至上的国家，"在这个国家里，一切人无条件服从法律将是一项最高原则"。"简而言之，法制国家的主要标志是要切实保障法律的至高无上的地位。无论是国家机关、公职人员、集体、党组织或社会团体，还是个人，都必须服从法律。正像公民对自己的全民国家负责一样，国家也要对公民负责。"①因此，苏共的社会主义法治国家就是民主、人权和法律至上的国家。

中国正在建设的法治国家既应区别于实证主义法治国家，又要区别于不承担义务的自由法治国家，也不等同于社会本位法治国家和苏共的社会主义法治国家，而应是扬弃上述诸种法治国家弊端，吸收其合理因素的中国特色社会主义法治国家。有学者提出中国要建立"自由社会的法治国"。"所谓自由社会的法治国，是以社会为本位，以社会至上为本。"②所以，中国不只是建立现代民主的法治国家，更要形

---

① 《苏共第19次全国代表会议文件和评论》第68页。在苏共第19次全国代表会议上，虽然采用的是"法制国家"措词，但它不仅强调法律的至上权威，而且强调法律的价值目标是民主和人权。因此，苏联法学家普遍认为它更符合"法治国家"的特性，并在各种著述中使用"法治国家"概念。参见王人博、程燎原：《法治论》，山东人民出版社1998年版，第436～437页。

② 郭道晖：《法治国家与法治社会、公民社会》，李林、王家福主编：《依法治国十年回顾与展望》，中国法制出版社2007年版，第149页。

成自主、自治、自由的法治社会，法治国家必须建立在自由的公民社会基础上，形成国家与公民社会互控互动的关系。

在我国，不论是作为治国方略的法治，还是作为基本目标的法治，都与国家的关系密不可分，而其对社会、对个人的影响是以国家、政府为中介来推行的，这一点与生活恰恰相反。尽管我们有所谓的政治生活、经济生活、文化生活、社会生活等称谓，但不论是何种生活，其主体最终还是落实到个人身上，只是要区分其立足点是个人的非日常生活还是个人的日常生活而已。一般而言，政治生活对个人而言往往是非日常生活，而经济生活、文化生活、社会生活等则既可能是非日常生活也可能是日常生活，要视具体情形而定，其判断标准就是：维持个体的存在和再生产的各种活动即为日常生活，维持社会再生产和类的再生产的活动即为非日常生活。

生活中的个人是怎样的个人？关于这一点可谓众说纷纭。有的学者认为生活中的人是“经济人”，亚当·斯密认为，“人性中有一种互通有无、物物交换、互相交易”的“自营”性，人性中还有一种有意识地追求个人自身利益的倾向，即“自利”性。“自营”和“自利”通过严格的核算追求利益的最大化①，因此生活中的人总是从经济的角度出发，是“经济人”。有的学者认为生活中的人是“政治人”，亚里士多德曾经说过，人是天生的政治动物。政治人追求自身效用最大化，但其个人效用不仅是货币收入、物质享受等纯粹的经济利益，而且包括了权力、尊严、名誉、社会地位等难以用纯经济尺度衡量的“利益”。随着现代社会的发展，人们对政治发展的要求越来越高，参与政治的积极性越来越高，政治人的行为越来越多地体现在人们的生活之中。还有学者认为生活中的人是“道德人”，我国古代的人性假设其实就是道德人，“人人皆可为尧舜”，“涂之人可为禹”，也就是说，不仅普通人

---

①　[英]亚当·斯密：《国民财富的性质和原因的研究》(上)，商务印书馆1972年版，第14页。

可以成为圣人，就连最恶的人——涂人也可以成为圣人。事实上，在现实生活中也确实有相当多的人追求着一种道德的完善和信仰的执著，他们的行为充分显示了人性中的伟大和光辉。

生活中的个人可能带有“经济人”、“政治人”、“道德人”的某些方面的特性，但归根结底其不是单一的“经济人”、“政治人”或“道德人”，而是凡夫俗子，是饮食男女，是“现实的人”。马克思对“现实的人”这个概念有着深刻的论述，他认为“任何人类历史的第一个前提无疑是有生命的个人的存在”①。然而，“我们开始要谈的前提并不是任意提出的，它们不是教条，而是一些只有在想象中才能加以抛开的现实的前提。这是一些现实的个人，是他们的活动和他们的物质生活条件，包括他们得到的现成的和由他们自己的活动所创造出来的物质生活条件”②。“现实中的个人，也就是说，这些个人是从事活动的，进行物质生产的，因而是在一定的物质的、不受他们任意支配的界限、前提和条件下活动着的。”③根据马克思的相关论述，我们可以清晰地知道“现实的人”才是社会得以存在和生活成为可能的基本要素，“现实的人”包括以下内容：(1)有生命的个人的存在。这是形成现实的人的自然生物基础。(2)其特有的存在方式是从事活动。马克思强调“这种活动的基本形式当然是物质活动，它决定一切其他的活动，如脑力活动、政治活动、宗教活动”④。物质活动是“现实的人”得以生存和创造历史每日每时都必须不停顿地进行的“第一个历史活动”。(3)其活动是在一定的物质生活条件下进行的。这是人赖以生存和进行活动的物质前提。这些条件既包括自然资源和环境，又包括人为满足自己的需要所发明和制造的各种工具、再生资源、产品，以及改变了的自然和社会环境。(4)其活动不是相互没有关联的纯粹个人行为，而是

① 《马克思恩格斯全集》(第3卷)，人民出版社1960年版，第23页。

② 《马克思恩格斯全集》(第3卷)，人民出版社1960年版，第23页。

③ 《马克思恩格斯选集》(第1卷)，人民出版社1995年版，第71～72页。

④ 《马克思恩格斯全集》(第3卷)，人民出版社1960年版，第80页。

彼此结成一定社会关系的社会行为。总而言之，“现实的人是一个社会历史范畴，是指所有生活在社会中的有生命的个人，他们是社会的主体，彼此结成一定社会关系不断地从事着实践和生活，因而是客观实在的、在历史中行动着的人”①。现实的人关注的重点往往是与自己的生活密切相关的问题，在现阶段的中国，相当一部分中国人关注的还是衣食住行、生老病死等日常生活问题。而不论是作为治国方略的法治还是作为基本目标的法治，其主要还是在国家层面、政府层面运行着，还根本没有触动人们的日常生活。

三、防恶的法治与向善的生活

由于人性的本原性和复杂性，使得对于人性的认识往往只能建立在假设之上。人性本善、人性本恶、人性有善有恶或人性无善无恶这些假设均有着相当的理论依据和经验支持，但都缺乏自恰的唯一论证。从总体来看，西方社会更强调性恶论，东方社会更强调性善论。因为对人性预设的悲观，西方社会建立起了法治模式来应对和预防人性中的恶；因为对人性预设的乐观，东方社会建立起了道德模式来宣扬和发展人性中的善。前文已述，中国的土壤并未孕育出现代意义上的法治，法治更多的是作为一种社会理想被推介、被移植到中国，而由于中国传统人性善的预设在某种程度上也影响了法治的进程。

在西方，法治是人的智性对社会生活的反映，但同时也是对人向善能力的怀疑。早在古希腊时期，柏拉图就由对“哲学王”的梦想转向对人性的怀疑，在晚年写下了《法律篇》，将统治者由无所不能的“哲学王”变成“法律的仆人”。他的弟子亚里士多德继承并发扬了这一思想，其因“不敢对人类的本性提出过高的要求”而强调法律至上。他说：“人一旦离开了法律和正义，就是最恶劣的动物。”②因此，“让一

① 陈志尚、赵敦华、李中华主编：《人学理论与历史》(人学原理卷)，北京出版社2004年版，第63页。

② [古希腊]亚里士多德：《政治学》，吴寿彭译，商务印书馆1965年版，第9页。

个人来统治，就在政治中混入了兽性因素，常人既不能完全消除兽欲，虽最好的人们(贤良)也未免有热忱。这就往往在执政的时候引起偏向”①。而优良的统治应当是理性的统治，法律恰恰正是免除一切情欲的神祇和理智的体现。亚里士多德的这一思想对后世影响巨大，近代的法治思想依然未脱离其槽厩。17 世纪英国思想家霍布斯认为，在自然状态下“人对人像狼一样”，是极端自私自利、相互仇视、野蛮残忍和富于侵略的，时时处在“每一个人对每一个人战争的状态”。在这种自然状态中，没有秩序，没有公正，没有生命保障，人人自危。人们出于生存需要、生活需要和劳动需要的愿望，强烈要求摆脱自然状态；理性发现了一些便于和平的条款，霍布斯称它为“自然法”，例如，命令人们力求和平；己所不欲，勿施于人；遵守和履行信约等。为了实现“自然法”，必须缔结一种契约，建立公共权力。霍布斯认为，唯一的方法是人们把所有的权力和力量交付给一个人或一些人组成的会议。自然权力一旦转让，自然状态也就终止了。由此，主权权力统一于同一个人格之中，国家也就产生了。霍布斯称国家为“利维坦”或“人间的上帝”。休谟认为，政治学家们已经确立了这样一条准则，即设计任何政府制度和确定几种宪法的制约和控制时，应把每个人都视为无赖——在他的全部行动中，除了谋求一己的私利外，别无其他目的②。被称为美国“宪法之父”的詹姆斯·麦迪逊说：“政府之存在不就是人性的最好说明吗？如果每一个人都是天使，政府就没有存在的必要了。如果是天使统治人，就不需要对政治有外来的或内在的控制了。在组织一个人统治人的政府时，最大的困难在于必须首先使政府能够管理被统治者，然后再使政府管理自身。毫无疑问，依靠人民是对政府的主要控制；但是经验教导人们，必须有辅助性的预防

① [古希腊]亚里士多德：《政治学》，吴寿彭译，商务印书馆 1965 年版，第 168～169 页。

② [美]斯蒂芬·L·埃尔金等：《新宪政论》，三联书店 1997 年版，第 27～28 页。

措施。"①杰弗逊说得更直接，"自由的政府，不是以信赖，而是以猜疑为基础建立的。我们用制约性的宪法约束受托于权力的人们，这不是出自信赖，而是来自猜疑。……因此，在权力问题上，不是倾听对人的信赖，而是需要用宪法之锁加以约束，以防止其行为不端"②。"人们需要的与其说是好的人，还不如说是好的制度。我们渴望得到好的统治者，但历史的经验向我们表明，我们不可能找到这样的人。正因为这样，设计使甚至坏的统治者也不会造成太大损害的制度是十分重要的。"③对西方社会而言，法治必须达到以下效果：不仅要对"无赖"行为实施有效的钳制，而且要能防止和遏止人们萌发各种损公利己的"无赖"冲动。

西方的神法也是按照人性恶的预想来设计的。《圣经》记载，人类的祖先亚当和夏娃在管理和看守伊甸园时，违背了上帝的禁令，偷吃善恶树上的智慧之果，犯下弥天大罪，受到上帝的惩罚而贬入尘世。亚当和夏娃的堕落祸及子孙，变坏的人性传给后代，令人类一出生就带有"原罪"。为了获得灵魂的拯救，人必须向神忏悔，遵守神的戒律。由于法律产生于上帝，是正义的体现，是上帝统治人类的工具，因此任何人必须接受法律的规范。阿奎那从人性恶与人的理性要求的对立来论证法律统治的正当性。他认为法的性质是理性，是人们赖以导致某些行动或者不作其他一些行动的准则或者尺度，法律是引人向善的，因为法律是神的正义的体现。"人在达到德行完备时是一切动物中最出色的动物；但是如果他一意孤行，目无法律和正义，他就成为一切禽兽中最恶劣的禽兽。"④基督教对人的批判及对人性的揭露，

① ［美］汉密尔顿等：《联邦党人文集》，商务印书馆 1982 年版，第 264 页。

② 转引自［日］杉原泰雄：《宪法的历史——比较宪法学新论》，吕昶等译，社会科学文献出版社 2000 年版，第 22～23 页。

③ ［英］卡尔·波普：《猜想与反驳》，傅季重等译，上海译文出版社 1986 年版，第 549 页。

④ ［意］托马斯·阿奎那：《阿奎那政治著作选》，马清槐译，商务印书馆 1997 年版，第 115 页。

为近代法治理念奠定了深厚的根基。对此，伯尔曼总结说："一方面，法律程序与法律制裁强化了善恶是非标准；在另一方面，法律准则被赋予了一种它们以前极少能企望的神圣正义性。"①西方的基本法律概念和法律制度，是在反对神治和人治这一漫长的历史发展进程中逐步获得其主要意蕴的，而宗教在此进程中一直起着举足轻重的作用。

西方人性本恶的假设构成了其法治的逻辑起点，马克思的历史唯物主义也向我们揭示："人来源于动物界这一事实已经决定了人永远不能摆脱兽性，所以问题永远只能在摆脱得多些或者少些，在于兽性和人性程度上的差异。"②黑格尔认为人性本恶的说法比人性本善的说法高明，因为它说出了一种更为伟大的思想。对人性本恶的正视和坦然也与法治一起渗透到西方人生活的方方面面，这与中国人的生活情形恰恰相反。在中国，尽管从来没有否认过人性中恶的因素的存在，但人性本善却始终是中国传统思想的主流。"人之初，性本善，性相近，习相远。"《三字经》开篇的这几句话几乎每个中国人都耳熟能详。在中国的传统思想中，人性本善是不容置疑的，这一点可以追溯到春秋战国时代，孔子是性善论的极力倡导者。孔子"性善论"体系以"仁"为支撑，孔子认为，"仁"不仅是人性修养的理想境界，也是人性的本来面目。"克己复礼为仁，一日克己复礼，天下归仁焉。"③孟子对"人性本善"说得更加明确："人性之善也，犹水之就下也。人无有不善，水无有不下。"④孟子进一步为"性善论"构建了一个相当有说服力的分析框架，这就是"四端说"。孟子认为人皆有四端："恻隐之心，仁之端也；羞恶之心，义之端也；辞让之心，礼之端也；是非之心，智之端也。人之有四端也，犹其有四体也。有四端而自谓不能者，自贼者

---

① [美]伯尔曼：《法律与宗教》，梁治平译，中国政法大学出版社 2003 年版，第 54 页。

② 《马克思恩格斯选集》(第 3 卷)，人民出版社 1995 年版，第 140 页。

③ 《论语·颜渊》。

④ 《孟子·告子上》。

也；谓其君不能者，贼其君也。”①只要将“四端”扩充，便可成为仁、义、礼、智“四端”，人就可成为“圣人”，故“人人皆可以为尧舜”②。以孔孟为代表的儒家认为人性的善是来自于天道。在孟子看来，“性”是“天之所与我者”③。“恻隐之心，仁也；羞恶之心，义也；辞让之心，礼也；是非之心，智也。仁义礼智，非由外铄我也，我固有之也，弗思耳矣。故曰：‘求则得之，舍则失之。’”④孟子强调“非由外铄我也”，主要是突出其内在本原性。由于其是内在本原的存在，所以不需要从外去寻找，而只需顺其本性去做就可以了，正所谓“尽其心者，知其性也。知其性则知天矣”⑤。孟子还引入了“诚”这一个本体论的概念来进一步论证其本原性。孟子说：“悦亲有道：反身不诚，不悦于亲矣。诚身有道：不明乎善，不诚其身矣。是故诚者，天之道也。思诚者，人之道也。至诚而不动者未之有也。不诚，未有能动者。”⑥由于“诚”是天之道，“思诚”是人之道，人思诚而自然“与诚一矣”。后来的儒学思想家对于“性善论”又进行了各种各样的论证与解释，不乏有更加深入、更加精致、更加具体的表述，但大体没有超出和脱离孔孟的这一框架。如宋代朱熹又引入“理”、“天理”等概念进一步夯实人性本善的天道基础。所谓天命之性就是“理”，“理则无有不善”⑦。明代王阳明虽然以“心”代“理”，更注重人的内心本来面目，但也认为“心也，性也，天也，一也”，“然心之本体，则性也”，“性无不善，则心之本体，本无不正也”⑧。

性善论在中国与人治相结合，形成了贯穿几千年的道德文明秩

① 《孟子·公孙丑上》。
② 《孟子·告子下》。
③ 《孟子·告子下》。
④ 《孟子·告子上》。
⑤ 《孟子·尽心上》。
⑥ 《孟子·离娄上》。
⑦ 《朱子语类》卷 87。
⑧ 《传习录》。

序，它看重致善，讲究仁、义、礼、智、信，对人的欲望、趋利性采取克制的态度，注重个人的修身、立德，不直接防恶，希望通过启发人的内心自觉，而不是通过制定人与人相防相制的外在强制规则，来缔造仁爱的社会。中国传统社会非常注重道德教化的作用，对法律有一种本能的鄙视和反感，认为“用法律条文来束缚哲学家——国王的手脚是愚蠢的，就好像是强迫一个有经验的医生从医学教科书的处方中去抄袭药方一样”①。因此，就人的本性而言，是不需要法律的，“以孝治天下”、“以德治天下”是最好的治国方式。这一思想在新中国成立后的很长一段时间里，依然对国家的政治生活和人们的日常生活产生着重要影响。时至今日，我们很多人仍然热衷于树立或塑造“道德楷模”，依然宣扬“重义轻利”、“克己奉公”、“廉洁自律”等道德力量的作用，而没有同时认识到法律和制度制约的重要性，没有意识到法治建设的根本性、长期性和全局性，这种情形对法治向生活的渗透无疑是一种阻碍。

四、复杂的法治与简约的生活

法治本是从生活产生，在生活中发展和生成的，其与生活有着内在的一致性。但因人类智识的参与，法治与实际的生活却发生了不同的思维倾向，法治向着复杂化的路径越走越远，生活却始终坚持着简约化的风格。正如德国学者拉德布鲁赫所说的，“生活只知道奔流不息的流动，但概念却为这流动划出清晰的界限。生活只表明‘或多或少’，而概念却要求做出决定：‘要么这样——要么那样’”②。法律正是这样一种概念化的产物。哈贝马斯在其“生活世界殖民化”理论中也表达了同样的观点，“与一种很少区别的社会体系最初共处的生活世界，越来越多地下降为与其他下属体系并行的一种下属体系。在这

① ［美］乔治·霍兰·萨拜因：《政治学说史》（上册），盛葵阳、崔妙因译，商务印书馆 1986 年版，第 92 页。

② ［德］古斯塔夫·拉德布鲁赫：《法律智慧警句集》，舒国滢译，中国法制出版社 2001 年版，第 4 页。

里，体系机制越来越脱离社会结构，即脱离社会统一借以进行的社会结构”①。在哈贝马斯看来，系统与生活世界的分离和系统的相对独立是正常的也是具有进步意义的，但问题在于，随着社会的发展，系统的复杂性越来越增强，相应地，它的独立性也在不断增强。法治正是这样的系统之一，它在自身不断的丰富和完善过程中变得越来越复杂，越来越脱离现实的生活。特别是在中国，法治本是建构的产物，缺乏生活基础，随着大量的法治著作问世，大量的法律条文颁布，大量的法律权威系统形成，其体系机制确是越来越趋复杂化，而难以被普通民众所理解和接受，难以进入民众的现实生活。

法治的复杂首先表现为法律的复杂。在我们这个时代，任何人都会同意一个看法，这就是，这个世界正在变得更加复杂而且在未来只会变得更加复杂。伴随着科技的突飞猛进，信息的爆炸传播，通讯的超速快捷，人口的迅猛增长，调整社会的法律规则日趋复杂，而且大有铺天盖地之势，以至于“不断增加法律规定、细化法律内容”在今天的法律世界中成为人们熟视无睹的一个现象。美国学者爱波斯坦提出，“随着时间的推移，我们全方位地处理社会问题的雄心，使我们迷恋一个十分复杂的法律规则体系，在这个体系中，只有法律工作者才能理解和驾驭，而且费用不菲。……随着时间的推移，我们发现，私人化的社会角色和公共化的社会角色，为了解决具体的困难问题，无一例外地必须求助于法律工作者的帮助，求助于对法律拿捏自如的政府管制人员的帮助。其实，正是因为如此，新的困难问题又因为其他原因而被引发出来。显然，对于我们来说，复杂的法律带来了一些便利，然而确定其中某些具体便利到底是什么、到底是怎样的，却是十分困难的。相反，确定这种便利是如何被‘冲抵’的，倒是比较容易的”②。

---

① ［德］哈贝马斯：《交往行动理论》（第 2 卷），洪佩郁、蔺青译，重庆出版社 1994 年版，第 206 页。

② ［美］理查德·A·爱波斯坦：《简约法律的力量》，刘星译，中国政法大学出版社 2004 年版，原书序第 4 页。

爱波斯坦认为，一个复杂规则，还是一个在日常社会活动中普遍深入适用的规则，并不仅仅指向生活在社会犄角旮旯那些人的危险活动。所以，“法律的复杂，不仅仅是法律规则的内在特性或表面特性的一个简单的界定指标。这种复杂，还使法律规则具有了深深滋扰日常生活结构的功能作用”①。爱波斯坦虽然针对的是美国的法治现实，但对任何一个法治国家来说，法律的过于复杂化都是一个普遍性的问题。

法治的复杂还表现为法治自身的复杂。法治作为一种文明形态具有非常复杂的结构，它既是一套制度设计，又是一种文化观念；既有机构设置，又有运行原理；既有静态的构架，又有动态的流变；既有共同的价值理念，又有各异的具体模式，不一而足。法治作为一个系统工程，它需要一系列的支撑，如要有运转良好的立法机关系统保证源源不断地提供大量的“良法”；要有一支受过良好训练的执法队伍忠诚地演绎法律的价值和目标；要通过各种有效的途径和办法对民众进行法律宣传和教育；要有一个相对完善的法律服务产业，以及以此为基础的法律服务体系，为民众享受法治生活提供法律咨询服务等。

面对复杂的法治，在我国法学学者和法律人士当中，有些人似乎有一种简约化的思维倾向。具体而言，这种思维倾向在理论上体现为对法治的有意无意和或多或少的化简，在实践上体现为对法治的有意无意和或多或少的提纯。这种简约化的思维倾向造成对法治认识的单向度，对法治过程的急进，从而造成了实践中的复杂化。事实上，法治建设本身是一项相当复杂的工程。从西方国家的法治历程来看，它们走向法治一般要花费上百年甚至数百年的时间。英国从 1215 年颁布《自由大宪章》开始启动法治进程，到 1689 年《权利法案》和 1701 年《王位继承法》最终确立法治的稳固地位，经历了 400 多年的时间。其

① ［美］理查德·A·爱波斯坦：《简约法律的力量》，刘星译，中国政法大学出版社 2004 年版，第 42 页。

间贵族、平民同国王斗争不断，几经反复。德国从 18 世纪末康德提出“法治国”的命题到 20 世纪 30 年代，经历了 100 多年的法治历程，但魏玛共和国还是滑向了法西斯专制。所以，选择法治的社会成本是极为高昂的。这种成本既包括非常宝贵的时间成本——法治的选择经过了几个世纪，也包括极其巨大的人力物力成本——特别是反反复复的革命或改革所付出的巨大代价。我国法治建设也将经历一个长期的过程，其间也会出现一些反复，对此我们一定要有清醒的认识。

与法治的复杂化不同，现实的个人生活不论是从主观意愿上还是客观状态上都应是或就是简约的。从现有的生活理论来看，生活在学者们的论述中是个比较含糊的概念。即使在同一个学者的理论体系中，生活也是一个捉摸不定的概念，如美国学者杜威 1916 年在《民主主义与教育》中认为：“‘生活’包括习惯、制度、信仰、胜利和失败、休闲和工作。”他同时又说：“我们使用‘生活’这个词来表示个体的和种族的全部经验。”①1925 年在《经验与自然》中他又指出：“生活是指一种技能，一种无所不包的活动，其中包括机体，也包括环境。”②杜威经常将“生活”与“经验”等同使用，他说，经验与它类似的“生活”一样，“既包括人们所做的、所遭遇的事情，人们所追求的、所爱的、所相信的、所忍受的事情，也包括人们怎样活动和接受活动，人们行动和遭受、意欲和享受、观察、信仰、想像的方式”③。我国学者对生活也有多种界定，如梁漱溟先生曾把生活等同于生命，他说，“生命与生活，在我说实际上纯然是一回事；一为表体，一为表用而已”，“‘生’与‘活’二字，意义相同，生即活，活亦即生。惟‘活’与‘动’则

① [美]杜威：《民主主义与教育》，王承绪译，人民教育出版社 1990 年版，第 3 页。

② [美]杜威：《经验与自然》，赵祥麟、王承绪编译：《杜威教育论著选》，华东师范大学出版社 1981 年版，第 273 页。

③ [美]杜威：《经验与自然》，赵祥麟、王承绪编译：《杜威教育论著选》，华东师范大学出版社 1981 年版，第 272 页。

有别。所谓‘生活’者，就是自动的意思”，“生命是什么？就是活的相续”①。陶行知先生说：“什么叫生活？一个有生命的东西在一个环境里生生不已的就叫生活。人生就是要‘活’——要‘生活’。”②学者们还根据不同的标准对生活作了种种分类，如从时态上将生活划分为过去的生活、现实的生活和未来的生活；从人的需要满足层次上将生活划分为物质生活和精神生活；从人的生活内容上将生活划分为专业生活、职业生活和业余生活。另外，还有政治生活、经济生活、艺术生活、军事生活、宗教生活；家庭生活、社会生活；个体生活、集体生活、公共生活；儿童生活、成人生活；幸福生活、苦难生活等类型。虽然从理论上似乎难以统一生活概念，但人们在现实生活场景中用到生活概念时又是不证自明的，或者说是“可意会”的，因为我们每个人每天都在生活着。事实上，学者们对生活的理论探讨只是从不同的视角来切入生活而已，对生活本身并没有什么本质的分歧。

本书从内在结构和基本图式上对生活作了非日常生活与日常生活的划分，非日常生活是指维持社会再生产和类的再生产的活动，而日常生活是指使社会再生产成为可能的维持个体的存在和再生产的各种活动。从文化的视角看，日常生活与自发的文化，非日常生活与自觉的文化是相对应的；从历史的视角看，人类生活经历了由日常生活占主流向非日常生活占主流的转变；但从价值的角度看，日常生活与非日常生活之间本身并没有孰优孰劣的问题，我们追求的理想状态是日常生活与非日常生活在现实的个人生活世界中比例的平衡与和谐。日常生活以重复性思维与重复性实践为活动方式，以传统习俗、经验、常识为活动图式，以生存本能、血缘关系、天然情感为立根基础，它是自在自发的、经验主义的和自然主义的，因此具有简约的风格和特

① 梁漱溟：《谈生命与向上创造》，马秋帆编：《梁漱溟教育论著选》，人民教育出版社 1994 年版，第 263 页。

② 陶行知主编：《生活教育》，民国二十三年第 30 期，上海书店 1981 年复印本，第 326 页。

征。非日常生活会向日常生活渗透，科学研究中对事物的结构分析和规律探讨、艺术创作中审美情景的建构、哲学中对人与世界的价值思考与终极追问、社会化大生产中的组织性和计划性、政治经济运行体制中的理性化与民主化图式，等等，都代表着人的自觉的文化精神，隶属于非日常生活。但是，非日常生活领域的知识或精神成果向日常生活领域渗透后，它们在日常生活领域中往往经过简单化、常识化、模式化、自在化等途径而失落了原本的自觉性和创造性。至今为止，绝大多数中国人依然在强大的日常生活中日复一日、年复一年地生活着，而在非日常生活领域，我们依然习惯于用日常生活的思维模式和交往方式来活动，从而将非日常生活也作了简约化的处理。简约化的生活惯性使人们在面对复杂的法治时往往很茫然，所以法治要进入生活层面还需要一个漫长的被接受过程。

第二节　中国法治走向“生活世界”的现实障碍

在一个有着几千年人治传统的文明古国选择法治道路，凝聚了多少代人的智慧和努力！回顾我们走过的法治历程，可以很明显地感觉到法治带来的巨大历史进步：法治优于人治已经成为人民的共识，民主立法、科学立法已成为我国立法的准则，依法行政已成为政府的自觉行动，等等。然而，法治每向前走一步，都有重重阻力，使得法治处于“高端徘徊”，而难以扎根、植入、嵌入和渗透到每一个中国人的生活中。从“生活”理论和实践看，造成中国法治难以走向“生活世界”的主要障碍：一是中国法治的“非日常生活”立场，二是中国法治的“多元”生活背景，三是中国法治的“传统日常生活”模式。

一、中国法治的生活立场偏移

有感于法治的过于复杂和模糊，中国法律界往往对法治作了许多提纯和化简，如习惯于仅仅从法律的角度来看待和思考法治，将法治理论和实践化简为“唯法律论”，而唯法律论又被提纯为“唯立法论”，唯立法论进一步体现为“唯制度论”①。正如苏力先生在《法治及其本土资源》中所指出的，“法律界往往把法律理解为制定法，因此把重视法治或法制理解为立法，理解为用制定法对社会进行全面、深入、持久的干预”②。制度是法治的载体和基础，法治的主旨在于依据一定的价值观来构建社会的基本结构、运行机制、行为方式，形成以法律制度为主导的有序化模式。自1978年以来，中国进入了一个以法制完备为基本标志的法治建设时期，要求建立一个门类齐全、结构严谨、内部和谐、体例科学、协调发展的法律体系。2007年10月，党的十七大报告指出，中国特色社会主义法律体系已基本形成。在社会主义法律体系基本形成后，党中央从我国社会主义现代化建设事业大局出发，提出了社会主义法治理念，其基本内容表述为“依法治国、执法为民、公平正义、服务大局、党的领导”。“社会主义法治理念是马克思列宁主义关于国家与法的理论与中国国情和现代化建设实际相结合的产物，是中国社会主义民主与法治实践经验的总结，是改革开放和社会主义现代化建设的重大思想和理论成就，为当前和今后建设社会主义法治国家提供了正确的思想指南。”③党的十七大报告明确指出“坚持依法治国基本方略，树立社会主义法治理念，实现国家各项工作法治化，保障公民合法权益”。从党中央的部署来看，法治建设已经从纯粹的制度层面的建设向理念层面的法治建设迈进，这是我国法治建设的一次大突破，法治不再仅仅是人们对社会的一种制度设计和安排，而且是人们的一种理想、信念和观念；法治也不仅仅是对人们的一种外在要求，而且是人们的一种内在精神。从制度层面的法治到理念层面的法治是中国法治理论思索的结果，也是中国法治实践探

① 姚建宗：《法治的生态环境》，山东人民出版社2003年版，第1页。

② 苏力：《法治及其本土资源》，中国政法大学出版社2004年修订版，第108页。

③ 《求是》杂志政治编辑部：《社会主义法治理念教育学习读本》，红旗出版社2006年版，第1页。

索的成果。

前面我们已经论述过，非日常生活领域包括两个部分，一是自觉的类本质活动领域，即科学、艺术和哲学等自觉的精神生产领域；二是制度化领域，即经济、政治、社会经营管理、各种公共事务等有组织的社会活动领域。不论是制度层面的法治还是理念层面的法治，均架构在非日常生活领域。制度层面的法治从动态的角度看主要包括立法、执法、司法、守法等。就立法而言，全国人民代表大会是我国的最高立法机关，但全国人民代表大会由数量众多的兼职代表组成，每年只开一次会，而且会期较短，为了更好地行使权力，由代表大会产生一个常务委员会，作为代表大会的常设机关，此常务委员会实际上行使了更多的立法权，这也反映了立法权往更上层集中的现象。在近现代西方社会，立法程序较之实体内容处于更重要的地位，因为"在一个缺乏自然法信仰的社会建立法治秩序，法律的权威性更有赖于程序法的合理与公正。这样，在现代社会中，程序实际上在一定程度上已成为法律的'中心'、'基石'，成为西方各种法学理论的最大公约数和寻求共识的最突出的收敛区了"①。立法程序为不同阶层或利益集团提供自由讨论、平等沟通的平台，但程序越复杂越规范，其专业性要求也就越高，也就越难以被普通民众所接受和掌握。就执法而言，20 世纪以来，行政权力扩张到社会关系的各个领域和层面，行政自由裁量权也获得了很大的生存空间，因此对行政自由裁量权进行限制是法治的中心，其基本措施就是行政程序的理性构建。就司法而言，我国的司法在新中国成立后就走上了平民化、大众化的道路，随着司法改革的进展，作为高度职业化的司法活动应走职业化、精英化的道路成为共识。就守法而言，有基于内心的信仰而自觉遵守法律的模式，也有基于习惯、道德、利益、暴力等多方面的因素而遵守法律，法治所倡导的守法应是基于信仰的遵守，而信仰法治实际上也是法治

① 季卫东：《程序比较论》，载《比较法研究》1993 年第 1 期。

理念培育的过程。制度层面的法治从静态的角度看主要是建立一套规范完备的法律体系，包括法律部门的齐备，我国现行有效的全部法律，已形成七个部门，即宪法及宪法相关法、民商法、行政法、经济法、社会法、刑法、诉讼及非诉讼程序法。法律部门中基本的主要的法律齐备，七个法律部门中均有“代表性”和“骨干性”立法，与法律配套的包括法规在内的附属性规范齐备。所以制度层面的法治显然是一种有组织的社会活动，而且带有明显的自觉建构色彩，属于非日常生活领域。而理念层面的法治更是代表一种自觉的法治精神，其显然也属于非日常生活领域。

中国法治的非日常生活立场，给法治涂上了鲜明的精英化、理想化的浪漫主义色彩，所以，在我国法治的实际运行中，其不可避免地与日常生活隔离出一个“真空”地带，从而也给法治理论和法治实践造成了许多难题。建构的法治、国家的法治、防恶的法治和复杂的法治与进化的生活、个人的生活、向善的生活和简约的生活之间的背离正是中国法治非日常生活立场造成的现象描述。为什么中国法治在自觉不自觉间就确立了一种非日常生活的立场呢？首先，法治承载了过多的社会目标。从历史上看，法治首先被作为一项促进强国的事业，中国要摆脱积贫积弱、受人欺凌的地位，就要实行法治。梁启超曾针对国势日衰的局面痛切指出：“试观我国今日政治现象与社会情态，纪纲荡然，百事丛脞，苟且偷惰，习焉成风。举国上下，颓然以暮气充塞之，而国势堕于冥冥，驯致不可收拾者。”①因此，他大声疾呼，法治主义为“今日救时唯一之主义”②，特别是在“万国比邻，物竞逾剧”的时代，“以一国处于万国竞争之涡中，而长保其位置，毋俾陨越，则舍法治奚以哉”③。中国“欲举富国强兵之实，惟法治为能致之”，

① 梁启超：《管子传》，《饮冰室合集 专集》，中华书局1989年版，第17页。

② 梁启超：《中国法理学发达史论》，《饮冰室合集 文集》，中华书局1989年版，第43页。

③ 梁启超：《管子传》，《饮冰室合集 专集》，中华书局1989年版，第18页。

“法治主义者，实应于当时之时代的要求”①，“实治国之不二法门”②。其次，法治被作为一种克服人治的理想，“人治”作为与现代“法治”相对立的传统文明，在中华民族的历史中曾起过非常积极的作用。“人治”的理想状态是依靠一个贤明君主来实现圣人之治，但实际上就是君主专制。君主专制是人类步入文明门槛以来出现的一种较为普遍的政体形式，有其历史必然性。历史上的“人治”具有如下特征：一是君主独裁；二是君主“言出法随”；三是君主凌驾于法律之上；四是法律的实际作用以君主的主观意志为转移。现代的“人治”就是指国家领导人或领导集团或政党超越法律，具有决定或改变国家命运的权威，而视法律为治理国家的装饰物。由于深感所处的环境太富于人治色彩，中国人渴望有一种高于或优于人治的模式，法治因此被寄寓了无限遐想。正因为在中国“法治的圣坛上”将太多的社会目标作“祭品”，所以本应作为生活方式的法治反倒变得空虚了。

中国法治的非日常生活立场契合了马克思主义的社会历史理论即唯物史观关于经济基础和上层建筑的原理，而经济基础和上层建筑架构的社会历史理论往往只关心非日常生活世界的政治经济运行规律等宏大问题。也就是说，人们可以根据经济基础和上层建筑的原理来解释理论上的法治，因此，法治的非日常生活立场就获得了某种正当性和合理性。事实上，经济基础与上层建筑只涵盖了由有组织的社会活动和自觉的精神生产所构成的非日常生活世界，而根本没有包括衣食住行等日常生活世界。而实际上，正是日常生活世界的文化图式，从深层次上影响和制约着特定时代的个体的行为方式和社会运行的内在机制。因为人们为了能够“创造历史”，必须能够生活；为了生活，首先就需要衣食住行，因此第一个历史活动就是生产满足这些需要的资料，这是一切历史的一个基本条件，人们单是为了能够生活就必须每日每时去完成它，现在和几千年前都是这样。正因为衣食住行等日常

① 梁启超：《中国法理学发达史论》，《饮冰室合集 文集》，中华书局1989年版，第92页。

② 梁启超：《管子传》，《饮冰室合集 专集》，中华书局1989年版，第17页。

生活具有如此基础的地位，所以我国法治的非日常生活立场偏离了人们的日常生活，从而造成了法治实践中的许多难题，如以制约和监督国家机关及其工作人员为精髓的法治主体应是全体人民，但实际上却由国家或政府在主导着；应由社会公众一起参与的法治却让公众成了旁观者。只有立足于人们的日常生活，中国法治才会有一个全民性的法治启蒙①，而不仅仅是作为国家机构的立法机关、政府机关、司法机关的法治启蒙，也不仅仅是党和国家领导人、国家机关工作人员的法治启蒙；只有立足于人们的日常生活，承载了非日常生活目标和理想的法治才有可能真正实现。

二、中国法治的生活背景复杂

现代中国法治是在一种复杂的二元结构背景中展开的。二元结构学说的创立者是美国黑人经济学家、1979 年诺贝尔经济学奖获得者刘易斯，他在 1954 年《劳动无限供给条件下的经济发展》一文中指出：发展中国家一般存在着由传统农业部门和现代工商业构成的二元经济结构。由于工业一般集中于城市，所以二元结构也可称为城乡二元结构。城乡二元结构不仅表现为现代工业为代表的现代部门与农业为代表的传统部门之间的二元经济结构，还表现在城市社会与乡村社会长期分割的二元社会结构②，以及由此而生的二元文化结构。

中国的二元结构带有很强烈的人为安排与设计性质，它可以分为两个发展阶段，一是新中国成立至改革开放以前的将近三十年期间，通过将农民和市民两种社会身份凝固化成一种制度安排，从而使二元

---

① 启蒙指的是把人从无知无识或者缺知缺识的“不成熟”的状态中解放出来，通过逐步获得知与识而使理性成熟起来的过程。中国法治的启蒙主要是在日常生活中的启蒙，即打破过分强大的经验、习惯、传统、宗法血缘和天然情感等交往模式，建立理性的、民主的、法治的社会运行机制，使作为文化的法治在日常生活世界扎根和渗透。

② 所谓社会结构，指的是“一个群体或社会中的各要素相互关联的方式”。参见[美]戴维·波普诺：《社会学》，李强等译，中国人民大学出版社 2002 年版，第 94 页。

结构得以形成。身份本来是自然人在相对稳定的社会关系中所处的地位。人在一定的社会中生活，都有其各不相同的身份，这是客观的社会学现象。但问题是我国通过户籍管制、统购统销、劳动用工限制等一系列制度对人们的身份予以人为划分，并依其不同而对地位、权利、义务等作出相应规定，因而这是一种能够在政治、经济、社会等方面带来差别待遇的“制度性安排”。户籍管制、统购统销、劳动用工限制等制度的逐步实行及其巩固，旨在把农民固定于农业和农村，使其为城市提供稳定的粮食和其他产品，又不使其流入城市而对城市的生活、生产带来压力，这实际就是一种“以农补工、以乡保城”的制度化模式。其核心就是限制农民进城，使国家能有效地控制城乡之间的社会资源分配和人口流动，因此也就在城乡间置起了一道樊篱。这种壁垒既使城乡成了各自封闭的两个天地，也使城乡居民有了大不相同的身份，且这种身份成为一种较为固定的制度化安排，难以自由转换。相比较来讲，城镇居民有着较为优越的地位，生产与生活有着相当完备的保障，而农民则缺乏这些保障。因而市民与农民之别不仅在于居所和职业的区别，而且更是一种可以带来不同地位、利益和待遇的等级化的身份的区别。二是改革开放以来的三十多年，为了加速经济发展进程，激发社会发展的活力，我国在区域发展政策上采取了非均衡的发展战略，允许一部分地区、一部分人先富起来，发挥示范和带动作用，带动落后地区，从而实现共同富裕。在这种非均衡发展战略的指导下，国家所有大型电力、交通、通讯以及信息等基础设施无不紧紧围绕城市中心而展开，从而扩大了城乡二元差距。近几年，国家实施了一些工业“反哺”农业的政策①，积极解决三农问题，城乡二元社会之间的联系有所加强，沟通也在逐渐增多，一些崛起的小城镇成为城市与农村的中介，流动的农民工成为农民与市民的中介，我国的城乡二元结构趋于弹性化。

---

①　发展经济学家按照工农业关系的一般发展趋势，将工业化划分为三个阶段：一是农业支持工业发展阶段，二是农业与工业平等协调发展阶段，三是工业反哺农业阶段。

城乡二元结构本是计划经济体制的产物，在进入市场化趋向的改革过程中应该逐步淡化。可是出于制度的惯性和利益的驱使，这种态势并没有很大的改观。城乡二元结构凝固成的身份不平等直接导致的就是权利的不平等。其突出表现是市民在政治参与、劳动就业、接受教育、社会保障等方面享有远多于农民的各种权利和待遇，而农民则缺乏应有的权利保障。城乡二元结构还导致了文化的二元状态：一方面是城乡二元，城市居民能够享受到改革开放和工业化带来的社会财富和先进文化，其文化心理、价值观念正在逐渐与现代工业文明接轨；而在相对封闭落后的农村社会，小生产文化心理、价值观念和思维方式依然存在于人们的意识和潜意识中。另一方面是城市内部的二元，因为中国城市里的工人、干部、知识分子和各种创业者，许多都与农民有着千丝万缕的联系，而且还有相当一部分就是由农民转化而来，其头脑中也不可避免地打下了传统文化心理的深深印迹；而另一部分人则完全适应了工业文明下的各种价值观念、思维模式。

经济、社会、文化的二元结构状态也造成了生活图式和生活背景的复杂。当今，中国社会从主流上看已经步入现代社会行列，但我们的工业文明还未完全形成，传统的农业文明仍在现实中具有影响力，中国人的存在方式或文化模式也呈现出多元化的态势。但从大的方面着眼，迄今为止的人类实践发展主要为我们提供了三种基本的生存模式：一是自在自发的生存模式①。自在自发的活动是最基础或最低层次的人的活动，往往最典型地表现为衣食住行等日常活动，它具有自

① 人的自在自发的存在状态同外在自然的自在存在有着本质的区别。构成人的自在自发的活动的内在结构和图式的传统、习惯、习俗等文化因素不是纯粹的自然的产物，它们一方面来源于远古时代的精神遗产，是人类精神尚未完全自觉、人尚未形成同自然的自觉分化时期原始初民所自发地形成的精神框架在日常生活中的自发传递或遗传；另一方面，它们表现为人的自觉活动产物向日常生活的回归，创造性的精神成果和自觉自为的活动方式经过周而复始的重复和历史的积淀也会成为个体所面对的、先验给定的、自在的规则。参见衣俊卿：《论人的存在——人学研究的前提性问题》，载《学习与探索》1999 年第 3 期。

在性、自发性和重复性的特征，是由重复性思维、传统习惯、给定的图式和规则自发地维系的活动，是一种自然而然地、不假思索地进行的重复性实践活动。二是异化受动的生存模式。马克思曾详细地探讨过现代社会的异化劳动，这种劳动对人而言具有外在性、强制性和异己性，在这里，构成人的本质的自由自觉的对象化活动和文化创造扭曲和蜕变为一种外在于人的被迫的和强制的活动，一种外在的异己力量。三是自由自觉的生存模式。自由自觉的和创造性的实践是人们通常所理解的真正意义上的人的实践，它以自觉的和清晰的方式展示出人的本质性的存在方式，是人的最高和最发达形态的文化模式。将这三种生存模式与中国的二元结构作对照，我们可以得出绝大多数中国人要么处于自在自发的乡村生活之中，要么处于异化受动的城市生活之中，只有极少数个体实现了自由自觉的生存模式。因为严格来讲，我国乡村还是以农业文明为基础的自然经济占据主导地位，自然经济在本质上是一种自在的客体经济或“无主体的经济”。在这种历史背景下，大多数活动主体停留于自在自发的层面，凭借着关于大自然周而复始地运行的经验常识和人之生老病死的自然规律而自在自发地过着衣食住行、饮食男女等重复性日常生活。中国的城市生活相对复杂，相当一部分城市居民虽然从物质上看已经比较“现代化”了，但从文化心理、交往形式、消费活动等生活图式上看倚重的还是经验、习惯、传统、宗法血缘和天然情感等，这些城市居民实际上延续的是一种农业文明下的生活模式。另一部分城市居民则被我们还不太发达的“工业社会”所异化，日常生活被经济利益控制，人在符号和信息的不断膨胀中缺乏真正的交往，个体远离社会，人与人越来越疏离，这也就是列斐伏尔所述的“控制消费的官僚社会”①中人的生存境况，人处于

① “控制消费的官僚社会”的主要现象特征是：(1)日常生活的碎片化、神秘化；(2)这是一个欲望被制造、被引导的心理躁动世界；(3)符号—想象的“假装”成为“现实”；(4)形形色色的时尚或流行的符号体系成为控制现代日常生活世界的最高物神。参见吴宁：《日常生活批判——列斐伏尔哲学思想研究》，人民出版社 2007 年版，第 189 页。

一种物化的生存困境之中。

中国的法治建设可谓是在相互冲突的双重“生活”背景中展开的：首先，它面对着农业文明条件下的乡村生活模式转型。中国有着十分漫长而又辉煌的农业文明，民众的生活方式倚重的是经验、习惯、传统、宗法血缘和天然情感等，这与法治所要求的民主、自由、平等、人权、理性、文明、秩序、效益与合法性等文化模式相冲突。其次，中国的法治建设面对着工业文明条件下的城市生活危机。中国的经济建设、城市化发展已将相当一部分中国人带进不太发达的“工业社会”，“工业社会”日益加深的人的异化和物化的生存困境、人与自然的生态关系的破坏等，开始显示出工业文明的局限性和内在缺陷。于是，我们一边正在从农业文明走向工业文明，一边又要克服工业文明带来的局限和弊端，这种双重“生活”背景所导致的冲突和错位使得中国的法治建设和研究十分沉重与复杂。

从农村的法治建设看，我国人口的绝大多数都在农村，农民在中国人口中所占的比例决定了农民是法治的最大受众以及参与者，广大农民所在的农村是中国法治建设的战略阵地。“没有中国农村的法治化就没有整个中国的法治化。”①然而，目前我国农村的法治建设已经滞后，法律在农村地区的实施状况差、威信低，民主制度在农村尚未真正得到贯彻，农民的法律知识薄弱、民主法治意识淡薄。这已经成为制约中国整体法治进程和中国乡村走向现代化的瓶颈，究其原因：一是城乡二元结构阻碍乡村法治建设。城乡二元结构的危害已经逐渐为人们所重视，然而更为可怕的是，它已经在很大程度上造就了城乡二元法治结构的形成。目前，我国农民并没有完全获得市场经济微观主体的法律地位，并在市场交易和分配过程中受到了不平等待遇②，农业发展的产业化和市场化更是非常之低，这就造成了农村地区经济

① 卓泽渊：《法的价值论》，法律出版社 1999 年版，第 338 页。

② 李昌麒：《中国农村法治发展研究》，人民出版社 2006 年版，第 78 页。

发展落后，经费紧张，财政收入主要用于农业基础设施的建设，真正用于农村法治建设的经费十分有限，相应的体制建设缺乏物质保障。二是传统文化阻碍乡村法治建设。我国经历了较长时期的封建社会，加上农村经济未市场化，小农经济和小农意识在农村地区仍然广泛存在，这就造成了农民更容易把自己固化于血缘与地缘的小群体中，从而生出强烈的宗派性①。在农民的观念中，家族具有很高的地位，他们碰到纠纷通常寻求私力救济或家族势力，这就造成了农民法律信仰的缺失，农村缺乏法治建设所需要的人文环境。同时，一些地区的宗法组织力量过于强大，在有的农村基层已经演化成为与政府和法律相抗衡的一种“法外组织”和显性权力，这就阻碍了农村社会的整合以及法律规范的推行②。例如，《村民委员会组织法》为农村实行民主决策、民主管理提供了法律保障，但由于基层政权的过度干涉、村民民主参与的积极性主动性不高、农村宗族势力过大等原因，使村民自治往往流于形式③。三是农村的地理位置阻碍乡村法治建设。孟德斯鸠认为政治与法律必须适合与其赖以存在的本国自然环境及社会文化和宗教状况，其中地理因素对法律及政体具有重要的制约作用。地理既是中央权力通达地方的天然通道，又是地方阻却中央权力的天然屏障④。尽管近年来政府加大了农村地区基础设施的建设，但仍未从根本上改变农村地区交通方式单一、通讯手段落后、信息闭塞等境况，农村仍然被隔离在城市地带之外。这些地方因为地域的关系，在避免了政府权力的“侵蚀”的同时，或许也就无缘享受现代制度文明之光的普照而显得迷信、落后甚至野蛮⑤。

---

① 于洪生：《破译迷信》，山东人民出版社2000年版，第25页。

② 张永理：《当代中国政治生活中的封建残余研究》，知识产权出版社2004年版，第190页。

③ 李长健：《我国农村法治的困境与解决方略研究》，载《武汉大学学报(哲学社会科学版)》2005年第5期。

④ 江国华：《宪法的形而上之学》，武汉大学出版社2004年版，第141页。

⑤ 江国华：《宪法的形而上之学》，武汉大学出版社2004年版，第141页。

从城市的法治建设看，我国长期以来采取的是优先发展城市、以城市带动农村的发展策略，所以，不论政治、经济、文化和社会基础，还是人员素质，城市都比农村条件好，但城市的法治建设依然面临平等原则与等级观念的冲突、民主精神与人身依附观念的背反、法治意识与人治观念的抵牾。而且城市居民的生活模式比乡村自在自发的单一生活模式更为复杂，在当前情况下，自在自发、异化受动和自由自觉的三种生存模式在城市居民中同时呈现，所以，城市法治建设的首要任务就是要促使人的自在自发、异化受动和自由自觉的三种基本生存模式在理论上和实践上的整合，从理论上看，其整合途径之一是摆脱农业文明条件下的自在自发的生存模式对人的自由自觉和创造性的阻滞，另一条整合途径是克服工业文明条件下的异化受动的生存困境，从而弥合人的活动所导致的人与自然、人与人的分裂与冲突，进而为和谐的法治社会的生成创造条件。但从实践方面看，这种整合需要付出巨大的社会成本，需要自上而下、自下而上两方面的联动配合，需要法律权威的形成、法律至上理念的树立以及诸多的法律操作环节，法治在城市的实现的难度不亚于农村。

三、中国法治的生活模式传统

21世纪的中国已在工业化和现代化的进程中取得了很大的发展，但是必须认识到，中国最广大的区域仍然是农村，最广大的人口仍然居住在农村，农村仍然是以家庭为主要生产单位的农业经济，基本上仍然是一个熟人社会、乡土社会。中国的城市地区已经相当程度的现代化了，陌生人的关系增加了，但由于单位制，由于绝大多数普通人的生活世界总是相对稳定并追求稳定，以及由于大量农民进入城市，熟人社会的行为习性在城市地区也并不罕见，即使是商贸交往中也无法避免。在这个意义上，中国城市也是一个“网络化熟人社会”。熟人社会是个相对封闭与凝固的天然共同体，在农村，大多数人以家庭和村庄等共同体为活动域限，终日面朝黄土背朝天，年复一年、代复一代、祖祖辈辈都在同样反反复复地吃喝穿住行，都在结婚、生子，衰老、死亡，都沉浸在日常生活之中，靠风俗、传统、习惯规范着人们的生活。即使生活在城市的人，其消费和交往活动也是在相对狭窄的地方共同体(如家庭、街道或某一区域)中展开，人们基于血缘关系和爱憎情感进行着日常交往。这种生活模式茨威格在《昨日的世界》中有过精彩的描述，“我的父亲、我的祖父，他们见到过什么？他们每个人都是以单一的方式度过自己的一生，自始至终过的是一种生活，没有平步青云，没有式微衰落，没有动荡，没有危险，是一种只有小小的焦虑和令人察觉不到的渐渐转变的生活，一种用同样的节奏度过的生活，安逸而又平静，是时间的波浪把他们从摇篮送到坟墓。他们从生到死生活在同一块土地上，同一座城市里，甚至几乎总是在同一幢住宅里。至于外面世界上发生的事，仅仅停留在报纸上而已，从未降临到他们的门前”①。茨威格所描述的“昨日的世界”对大多数中国人而言，也是“今日的世界”，今日世界中的中国人的生活主要还是一种传统的日常生活，这种日常生活的内在结构与一般图式是：以重复性思维与重复性实践为主的自在的活动方式；以传统、习惯、常识、经验等为基本要素的经验主义的活动图式；以本能、血缘、天然情感为核心的自然主义的立根基础；以家庭、道德、宗教为主要组织者和调节者的自发的调控系统②。不仅在日常生活领域是如此，在非日常生活领域，人们也往往用习惯、经验行动，用情感维系交往，用道德教化调节关系，这种情形与现代法治要求的背景环境相去甚远。

因为生活模式的传统，中国社会走向法治的最大阻力之一就是来自传统文化的消极影响。以经验和人情为主要内涵的传统文化在中国社会步入知识经济和信息时代之时似乎更强有力地渗透到时下的经济、政治等各个领域的活动之中，其突出表现：一是以经验对抗理性。有着几千年农业文明传统的中国民众往往习惯于消极的、被动的、无主体的文化模式。这种文化模式使得中国民众常常容易不思改

---

① ［奥］斯蒂芬·茨威格：《昨日的世界：一个欧洲人的回忆》，舒昌善等译，三联书店 1991 年版，第 3 页。

② 衣俊卿：《现代化与日常生活批判》，人民出版社 2005 年版，第二章。

进、知足常乐、小富即安，而对各种革新有一种恐惧的、拒斥的心理，习惯于凭借着经验、传统、常识、习惯而自在自发地生存与活动。这种前现代的经验式的文化模式至今还强有力地影响着许多民众，渗透到我们的行政管理、经济决策、文化创造等各个层面的社会活动中。二是以人情对抗法治。几千年传统农业文明中调节人际关系的天然情感、宗法观念和血缘关系，作为传统文化的遗产至今还强有力地影响着中国民众的交往行动，影响着社会的政治和经济活动的健康发展。从幼儿入托、儿童择校、学生高考、病人住院、工作调转等个人生活，到企业经营、行政管理、法律诉讼、职务提拔、职称评定、干部录用等社会活动，无处不留下人情的影响和痕迹。经验、人情等传统习惯根深蒂固，影响法治理念的树立，法律规则的执行。法治与传统习惯的冲突，使得我国法治之路无比艰辛，归根到底是因为中国人民缺乏一种对法治的信仰，对法律有遥远感和不认同感①。中国在几千年文明发展的过程中，始终没有形成信仰法律的传统。关于这个方面的历史原因，学界很多人已经进行了不少的探讨和研究，比如基于我们的传统法律文化中重视伦理、追求天人合一、宗法等级森严，传统政治体制中高度集权、权力至上，传统的法律工具主义理论，商品经济的不发达等原因使人们没有形成对法律的普遍信仰。相反，在长期传统思想的影响下，中国人一向信奉“礼之用，和为贵”。古代中国社会对传统的“礼”是普遍信仰的，从而形成了中国传统的“礼治”状态，这种状态被人们的现实生活不断强化，人和人的关系，都有着一定的潜在规则。行为者对于这些潜在规则从小就熟习，不问理由而认为是当然的。所以，维持礼俗的力量不在身外的权力，而在身内的良心。

对于传统的影响力，柏拉图有一个著名的“洞穴比喻”，他讲述了这样一个故事：一群人一直居住在一个大洞穴中，从孩提时代他们就一直住在这里，看不到光线，他们一直按照自己认为是“真正的”形状

① 苏力：《送法下乡》，中国政法出版社 2000 年版，第 96 页。

和影子生活。他们创造了一种基于幻想和实践的社会存在，这些幻想和存在与“真正的”事实没有任何联系；然而，他们相信这些虚幻，并安于现状。柏拉图问，如果其中一个囚徒被强制释放，也就是说，如果他被强行带出洞穴，并把他释放在阳光下，可能会发生什么？起初，他可能完全盲目，他看不见现在别人告诉他的任何真实的事物，渐渐地他会看到真实事物的本身。在阳光下，该囚徒会逐渐认识到洞穴生活的虚假性。如果他回到洞穴中他原来的位置，起初，他可能遇到很大的困难，他无法与其他囚徒进行有力的竞争。他们的结论是设法离开洞穴是不值得的。实际上，柏拉图得出结论说，他们会杀死设法释放他们的人。“矫正”洞穴的习惯是极其困难的。由于需要巨大的努力和力量才能逃脱洞穴生活，任何个人都难以逃脱洞穴生活，他们沉溺于他们自己的习惯中①。对现代中国而言，传统生活模式就是人们的“洞穴”，法治的推行就是帮助人们逃脱洞穴生活的力量，这种力量势必带有强制性和异己性而难以被人们认同。所以，在实践中，法律还没有成为人们的行动指南，还不能切实地指导人们的工作和生活；相反，法律总是被束之高阁，远离人们的生活，成为一种理想化的存在，与现实相脱离。如我国颁布了《合同法》，但如果交易是在熟人之间进行的，或者交易双方保持一种持续性的关系，那么合同就基本是可有可无。我们制定了《刑法》，但假如斗殴者是熟人，即使造成了依据制定法可以处罚的伤害，只要伤害不是十分严重，熟人之间还不准备彻底撕开脸面，他们会寻求其他解决方式。我们推行了《婚姻法》，但只要儿子还必须和父母住在一起，他在婚姻上就不可能不考虑“父母之命”，而如果父母只能而且也准备依赖儿子养老，作为大家庭的一员，作为利益相关者，他们也就不可能在儿子的婚姻问题上保持一种自由主义的不干涉态度。法律要改造社会势必需要有更大的强

---

① ［英］韦恩·莫里森：《法理学：从古希腊到后现代》，李桂林等译，武汉大学出版社 2003 年版，第 32 页。

制力才可能得到贯彻。并且，即使运用了更大的国家强制力，法律也仍然会受到抵制，无法真正进入社会，而往往只是停留在字面上。这样，法律即使是为了整个社会的长远利益或未来利益，也难以在短时期获得人们的认同，相反，人们甚至视这种法律为异已的压迫力，因为他们并不想逃脱“洞穴生活”。

法治在一个国家的生成并不是理性所能够完全驾驭的。当前我国法治国家构建所面临的不仅是法律体系自身的完善与健全，也不仅是法治理念的科学与合理，更主要的是解决历史深层积淀下来的文化传统的障碍。这种文化传统已经融注在每个中国人的血脉之中，并在社会生活的各个领域各个细微之处都有所体现。这种文化传统既是法治国家构建的本土根基与资源，也是法治生成的最大障碍。传统不容割断，也不可能被割断。一个国家现时的法治实践，总是受到该国传统文化的深刻影响。中国传统文化博大精深，其中固然蕴含着不少合理的、有用的因素，但是，总的来说，“旧中国留给我们的，封建专制传统比较多，民主法制传统很少”①。中国目前法治建设中出现的种种问题，诸如权大于法、人情高于国法、民众缺乏法律信仰、司法依附于行政等等，在一定程度上几乎都是传统的延续。从某种意义上说，目前的中国社会依然是个很“传统”的社会，人们依然自觉不自觉地生活在“传统”之中。传统仍在现实中发生着影响，这种影响以两种方式起作用：一是作为一种历史文化遗留，以观念的方式作用于现代社会的法律秩序之中；一是由于中国社会发展的不平衡，在那些狭义的“乡土社会”(即农村社会)中，它还实际地发挥着维持社会秩序的规范作用②。因此，我们讨论当今中国的法治绝对不能回避传统，相反，我们的法治一定要融入中国的传统，即本土“法治”可资利用的有效资源和百年来移植西方“法治”的成功经验，并在此基础上进行创造性转化。

---

① 《邓小平文选》(第2卷)，人民出版社1994年版，第332页。

② 刘作翔：《迈向民主与法治的国度》，山东人民出版社1999年版，第246页。

第三节　中国法治走向“生活世界”的基本路径

生活世界就是现实的人在其中生存、交往、创造价值和意义的场域。哈贝马斯将生活世界与客观世界、社会世界、主观世界等形式的世界作了区分，他认为生活世界“乃是为行为角色的创造性活动提供相互理解的可能的建构性范围的因素的总和，它作为交往行为过程本身的产生来源，一直居于背后，作为背景性的因素，并只是作为文化传统力量在解释过程中体现出来”①。哈贝马斯将生活世界分为三个层次，即文化、社会与个性，这也是生活世界的三个构成要素②。这三个构成要素同时也是哈贝马斯的生活世界再生产的三条路径：一是文化的再生产，即有效文化知识的不断传播和更新；二是社会统一，即良性社会联合或群体一体化的不断形成；三是个体的社会化，即负责任能力行动者确保健康发展的教育和成长③。中国法治建设最终要以回归生活世界为宗旨，中国法治的生成也要以是否落实到生活世界中为判断标准。所以，中国法治走向生活世界的路径也是生活世界再生产的路径，具体表现为“文化”路径，即中国特色社会主义法治文化的形成；“社会”路径，即通过社会转型来实现社会结构的优化和统

---

① 艾四林：《哈贝马斯》，湖南教育出版社 1997 年版，第 112～113 页。

② 哈贝马斯对生活世界“文化”、“社会”和“个性”三要素有专门的界定，他把“文化”称为知识储存，当交往参与者相互关于一个世界上的某种事物获得理解时，他们就按照知识储存来加以解释。他把“社会”称为合法的秩序，交往参与者通过这些合法的秩序，把他们的成员调节为社会集团，并从而巩固联合。他把“个性”理解为使一个主体在语言能力和行动能力方面具有的权限，也就是使一个主体能够参与理解过程，从而能论断自己的同一性。参见哈贝马斯：《交往行动理论》(第二卷)，洪佩郁、蔺青译，重庆出版社 1994 年版，第 189 页。

③ 李佃来：《公共领域与生活世界——哈贝马斯市民社会理论研究》，人民出版社 2006 年版，第 256 页。

一；“个性”路径，即法治自身的完善和普及①。

一、“文化”路径

在众多的文化理论研究中，堪称经典的是文化人类学家的观点。19 世纪后期，在达尔文进化论学说的影响下，文化人类学家强调文化的普遍性和进化性。如英国文化人类学家泰勒在其名著《原始文化》一书中，强调文化基于人类本质的一致性而具有普遍性和一致性的特征，他指出：“在文明中有如此广泛的共同性，使得在很大程度上能够拿一些相同的原因来解释相同的现象。”因此，“文化的各种不同阶段，可以认为是发展或进化的不同阶段，而其中的每一阶段都是前一阶段的产物，并对将来的历史进程起着相当大的作用”②。美国文化人类学家本尼迪克特在泰勒等人的研究基础上，开创了文化人类学的整体论传统，并通过“文化模式”来揭示文化的重要意义。她认为，文化在本质上是趋于整合的，各种文化特质形成一种具有内在统一精神和价值取向的文化模式，这种文化模式把每一个体的行为包容于文化整体之中，赋予它们以意义。她指出，“当我们明确地认为，文化行为是地域性的、人所作出的、千差万别的时候，我们并没有穷尽它的重要意义。文化行为同样也是趋于整合的。一种文化就如一个人，是一种或多或少一贯的思想和行动的模式。各种文化都形成了各自的特征性目的，它们并不必然为其他类型的社会所共有。各个民族的人民都遵照这些文化目的，一步步强化自己的经验，并根据这些文化内驱力的紧迫程度，各种异质的行为也相应地愈来愈取得了融贯统一的形态。一组最混乱地结合在一起的行动，由于被吸收到一种整合完

---

① 本书用哈贝马斯对生活世界的分层理论来论述中国法治走向生活世界的路径，只是一种分析方法的借鉴，事实上，笔者并未完全采用哈贝马斯关于“文化”、“社会”和“个性”的内涵界定，而只是借用了这个理论框架而已，其中的具体内容是笔者自己的理解。

② [英]泰勒：《原始文化》，连树声译，上海文艺出版社 1992 年版，第 1 页。

好的文化中，常常会通过不可思议的形态转变，体现该文化独特目标的特征”①。结合泰勒和本尼迪克特的观点，我们可以得知文化具有普遍性和进化性，文化可以形成多种模式。特定的文化模式就是特定民族或特定时代人们普遍认同的、内在的民族精神或时代精神、价值取向、习俗、伦理规范等构成的相对稳定的基本生存方式。人总是生活在一定的文化模式中，并被这种内在的、潜移默化的文化模式所型塑。对于封闭在狭窄的天然共同体或者地方共同体中的人们而言，可能很难感受到文化模式的存在和文化的力量。即使在“文化”术语和概念泛滥的今天，对于自己生活于其中的文化模式人们也常常难以达到“文化自觉”的程度。只有自己所处的文化模式出现“危机”②，或者自己被“抛入”一种新的文化模式中时，文化模式的差异和文化的力量才会突现出来，并“强制”人们去适应一个艰难的文化“转型”③过程。在此意义上，我们可以说文化路径是生活世界最艰难的一条重建路径，文化转型是生活世界最深层次的变革。

中国的文化渊远流长，为了不至于引起太多的混乱，而又能在宏观上对中国文化进行整体把握，我们采用大尺度，将中国传统的文化模式界定为道德文化模式，将我们正在建设的文化模式称为法治文化模式。“建设社会主义法治国家”，其基本出发点及最终落脚点是要建

---

① [美]本尼迪克特：《文化模式》，张燕、傅铿译，浙江人民出版社 1987 年版，第 45 页。

② 文化危机就是文化模式的转换过程中，固有的文化因素在衰退，新的文化因素在成长，但旧的文化模式并没有退出主导地位，新的文化模式还不能取而代之的紧张状态。文化危机一般表现为两种状态，一是自发状态，即多种文化因素发生冲突，直接体现到现实生活的个体之间并由此导致行为方式不同，还直接表现为社会生活中各种反常现象的增多等；二是自觉状态，即社会精英面对文化冲突开始自觉反思和检讨，批判传统文化模式，以期建立一种新的文化模式。

③ 文化转型指原来的主导性文化模式被另外一种主导性文化模式所取代。文化转型是文化危机的必然结果。

设中国特色社会主义法治文化，实现道德文化模式向法治文化模式的转型。下面就两种文化模式的消长作些阐述。

1. 道德文化模式的式微

道德是人们在一定社会历史条件下生存规则的反映，“这些规则的共同目的在于调整人们对于自己和对于他人的行为方式，使之既注意现在，又注意将来，既要注意自己，又要注意别人，既注意个人，又注意种族。一个单独的人总感到自己有欠缺、不完满、有限制。他需要别人、需要社会来补充，并且为了自己的生存，必须也让别人生存。由这种相互需要而产生的种种顾虑，就是我们所称的道德”①。道德是一种内化的规则，因为“道德行为，在每个人那里，是由他继承得来的各种特点以及他直接地获得的或以他的祖先为媒介而获得的观念和洞察力来决定的。在这个范围内，道德是自律的。然而，一个人不可能像鸟单独筑巢那样地制定道德。道德是通过他和别人的共同生活和共同活动而形成的。道德要求，如上所述，本质上就是别人的要求，每个人的社会欲迫使他适应这种要求。他个人的道德，只有在同他的同伴们的道德相互一致的情况下，才能成为一种社会约束和一种社会动力。在这个范围内，借用康德的话来说，道德就是他律性的，也就是说，每个人都从外界、从社会接受他的道德律。然而，只有当他感觉到，道德律是自己固有的欲，而不是一种由于威胁或利诱而得到遵守的、外来的法则时，它才能在他身上生产道德的效果”②。道德通过习惯、教育和经验等不同渠道被人们所获得，并内化为人的一种规定性。

在中国传统社会，道德不仅是人们的一种生存规则，而且是一种占据统治地位的文化模式。从中国传统道德本体的结构看，其具有二

① 狄慈根：《狄慈根哲学著作选集》，三联书店 1987 年版，第 80 页。

② 考茨基：《唯物主义历史观》第二分册(1927)，上海人民出版社 1965 年版，第 104 页。

元性，一为外倾之源的“天”，一为内倾之源的“心”。这种二元道德本体的结构对中国传统道德普世化产生了极为重大的作用。从理论上讲，人们对道德的信仰有外在超越命令，便能建立起人们对道德的敬畏感；人们对道德信念有内在超越命令，便可树立起人们对道德的主体意识。这实际上满足了人既有宗教寄托又有哲学求索的双重性格。从现实讲，人们因畏惧“天”的惩戒而能在现实生活中安分守己，也因害怕“良心”的谴责而“行不逾矩”①。道德就是这样通过外在和内在、“天”和“心”的双重作用渗入人们的生活，并逐渐形成一种独特的文化模式。从中国传统道德的内容看，其主要纲领是三纲五常。三纲是君为臣纲，父为子纲，夫为妻纲；五常是仁、义、礼、智、信；与五常并列的还有八德，即孝、悌、忠、信、礼、义、廉、耻。三纲五常既是宏观的社会规范也是微观的个人行为规范。从中国传统道德的实施看，实施外倾之源的“天”的主要手段是“礼”，而“礼”的内容和形式是不断发展的，从最初的“祭天”之礼到“节度”之礼再到“礼制”系统；实施内倾之源的“心”的主要手段有诚意、正心、慎独、弗思弗虑、敬、克己、存养、切己自反等②。正是由于中国道德的独特内涵，所以发展出天人合一、家国一体、礼法一致的道德文化模式，并在中国几千年的文明史中一以贯之。

中国的道德文化模式到了近现代为什么要进行转型呢？首先，任何文化都具有进化性，具有自我运动的内驱力。道德文化在面临自身变革的同时，总会受到异质文化的冲击，从而增强对原有道德反省和批判的力量。如道德文化模式下，讲究尊卑有别、长幼有序，平等便是异物；受“三纲五常”的约束，人格的独立既无可能也无必要；受“忠孝”的熏陶，自由成了奢侈品。随着个人主体意识的觉醒，道德文

---

① 李承贵：《德性源流：中国传统道德转型研究》，江西教育出版社 2004 年版，第 5 页。

② 李承贵：《德性源流：中国传统道德转型研究》，江西教育出版社 2004 年版，第 9 页。

化作为一种不提倡个人主体意识的文化必然受到冲击。其次，中国的文化转型是受动而非主动的，可以说是受到一种巨大的外力冲击而造成的文化断裂现象。这个断裂始于鸦片战争，鸦片战争以来的一百多年是中国历史上大动荡、大转折的时代，实际上也是一种文化危机状态。“五四运动”前的“新文化”运动是文化危机从自发状态转向自觉状态的转折点。当时高举“科学”和“民主”两大旗帜，反对旧道德。一些比较激进的人士主张全面抛弃旧传统，提出“全盘西化”的观点。而另一部分学者则主张发扬传统文化，批判矛头仅对准三纲等旧道德。毛泽东等马克思主义革命理论家则提出：“中国的长期封建社会中，创造了灿烂的古代文化。清理古代的发展过程，剔除其封建性的糟粕，吸收其民主性的精华，是发展民族新文化提高民族自信心的必要条件；但决不能无批判地兼收并蓄。”①这种观点无疑是正确的。新中国成立后，开始建设社会主义文化，但“文化大革命”期间，以“破四旧”的名义，把传统文化全面否定了。1978 年党中央拨乱反正，开创了中国社会主义事业发展的新时期。1991 年，江泽民同志《在庆祝中国共产党成立七十周年大会上的讲话》中说：“有中国特色的社会主义文化，必须以马克思列宁主义、毛泽东思想为指导，不能搞指导思想的多元化……必须继承和发扬民族优秀传统文化，而又充分体现时代精神，立足本国而又充分吸收世界文化优秀成果，不许搞民族虚无主义和全盘西化。我们应该牢牢掌握有中国特色文化的这些基本要求，极大地提高全民族的思想道德和科学文化素质，促进社会主义物质文明和精神文明的发展。”这是文化发展的正确方针。但“立足本国而又充分吸收世界文化优秀成果”的中国特色的社会主义文化到底是一种什么样的文化呢？1997 年，在总结古今中外文明成果以及探索中国一百多年来的文化基础上，党的十五大提出“依法治国，建设社会主义法治国家”的治国方略，这不仅是一个英明的政治决策，而且是为从

① 《毛泽东选集》(第 2 卷)，人民出版社 1967 年版，第 667～668 页。

鸦片战争开始的这场文化转型指明了方向——中国特色社会主义法治文化。

2. 中国特色社会主义法治文化的型塑

社会主义法治的提出有着特定的政治基础、经济基础和文化基础。就政治基础而言，现代法治以民主政治为其政治基础，民主政治必然是、也必须是法治政治，法治必须由民主政治支撑。民主政治的根本特征是国家的一切权力属于人民，人民当家作主。就经济基础而言，综观人类社会的历史，法治总是与商品经济、市场经济相关，法治的实现程度取决于商品经济、市场经济的发育和发展程度。市场经济构成了法治的基石，我国社会主义市场经济是社会主义法治的经济基础。就文化基础而言，我国学者一般认为构成法治文化基础的是理性文化。理性是人的一种特性，也是只有人才具有的能力，这种能力使人不仅能够在意识中能动地反映客观世界，而且能够创造一个新的世界；这种能力不仅体现于旨在把握和认识事物本质和必然的过程之中，而且体现于运用这种认识的成果来指导和规范自己行为的过程之中①。在西方，理性与上帝构成人的两大精神支柱，并由此发展出法治文化与宗教文化两种文化模式。这其中，理性文化尤为重要，它不但哺育了灿烂的古代文明，也支撑着整个现代工业文明。理性文化的基本要素包括公民意识、权利义务观念、平等自由观念、科学精神、社会契约观念、政治市场观念、思想市场观念等②。中国的传统文化是缺乏理性精神的，中国古代著作中的“理”往往与道德相关，如孟子的《告子篇》中出现：“心之所同然者何也？谓理也义也。”理在这里指“当然准则”，即伦理道德观念。宋明理学代表人物程颐、程颢在《二程遗书》中说：“在天为命，在义为理，在人为性，主于身为心。其实

---

① 陈志尚、赵敦华、李中华主编：《人学理论与历史》(人学原理卷)，北京出版社 2004 年版，第 267 页。

② 张文显：《法哲学范畴研究》，中国政法大学出版社 2001 年修订版，第 167 页。

一也。”这里将理作为人的本质，而理的内容则主要是封建的伦理道德观念。“理欲”之辨在中国思想史上是一个重要的问题，但中国几千年的文明史并未构筑起理性文化。所以，作为法治文化基础的理性文化在中国还是一个应然的概念，其与法治一样是一个有待培育和建设的领域。

探讨中国特色社会主义法治文化首先需要从人们对法律文化的认识谈起。国内外学者对法律文化的认识并不统一，如 1969 年美国法学家劳伦斯·弗里德曼在《法律文化与社会发展》一文中提出严格意义上的法律文化概念，“法律文化是指那些为某些公众或公众的某一部分所持有的针对法律和法律制度的观念、价值、期待和态度”①。美国学者理解的法律文化是一种法律观念形态，同时法律文化被用来说明不同社会的法的产生、发展所仰赖的文化传统和文化因素。我国学者孙国华教授在 20 世纪 80 年代对法律文化作出研究后提出，“法律文化属于社会精神文明，它反映了法作为特殊的社会调整器的素质已经达到的水平，反映了历史积累起来的有价值的法律思想、经验和有关法的制定、法的适用等的法律技术，反映了法的进步内容，有很大的实用价值”②。刘作翔教授则从两个角度来认识法律文化，即作为方法论意义的法律文化和作为对象化的法律文化，“法律文化”既是一种用文化的眼光认识法律现象的思维方式和研究方法，也是一种具有实体内容和对象化的文化结构③。我们认为法律文化是人们对包括法律制度和法律理念等在内的社会调控方式在生活中的认识、观念和态度。以此作为判断标准，中国传统社会是有法律而缺乏法律文化的，因为人们的生活更多依赖道德、家庭、宗法血缘等关系来调整。进入

---

① [美]劳伦斯·弗里德曼：《法律制度》，李琼英等译，中国政法大学出版社 1994 年版，第 223 页。

② 孙国华：《法律文化》，《法学基础理论讲义》，北京电大法律教研室 1985 年编印。

③ 刘作翔：《法律文化研究理论》，商务印书馆 1999 年版，第 67 页。

近现代以来，法律文化作为一个社会政治、经济、社会生活方式的概括和载体，它充分记载、反映和再现了这一充满矛盾、冲突、斗争、选择的历史。当代中国法律文化的现状是同当代中国社会的现状紧密相连的，中国社会一方面受到来自西方的现代工业文明的冲击，另一方面中国人还保持着农业文明下的文化心理、价值观念、生活方式、行为方式。这一现状在法律文化中主要表现为“法律文化二元结构”，即在当代中国法律文化整体结构中，存在着两种不相协调，相互冲突的文化现象和构成：以适应现代社会潮流的较为先进的制度性法律文化和以传统社会为根基的较为落后的观念性法律文化，这两种相互冲突的法律文化共融于当代中国法律文化的整体结构中，使得当代中国法律文化呈现出二重性特征①。制度性法律文化可以在短时间内更新，而凝聚着长期历史积淀的法律心态、法律认同等观念性法律文化却不会轻易改变。正如法国比较法学家勒内·达维德所说的，“立法者可以大笔一挥，取消某种制度，但不可能在短时间内改变人们千百年来形成的，同宗教信仰相连的习惯和看法”②。所以，在中国建设法律文化的重点在于不断完善以法律制度为核心的制度性法律文化的同时，应高度重视公民的法律文化心理和法律文化价值观的培养和教育，使观念性法律文化与制度性法律文化相协调，实现文化整合。只有在高度文化整合的前提下，法律文化的功能才能发挥，字面的法律制度才能变为现实的法律行为，作为法律文化更高阶段的法治文化才能实现③。

---

① 刘作翔：《法律文化研究理论》，商务印书馆 1999 年版，第 264 页。

② [法]勒内·达维德：《当代主要法律体系》，漆竹生译，上海译文出版社 1984 年版，第 467 页。

③ 一般认为，法治文化是法律文化发展的近现代阶段，最早形成于近代西方。从其形成和发展的历史来看，法治文化是以繁荣的商品经济、发达的民主政治和市民社会为前提，以权利、自由、平等、公平、正义等意识为基本构成要素，以主权在民、宪法法律至上、保障人权、监督制约公权力、依法行政与公正独立司法等价值理念为核心内涵，并且包括社会普遍的稳定的守法、信法、护法、用法等心理态势的法律文化。

探讨中国特色社会主义法治文化还需要对权利文化作一番评析。这里所说的权利文化是指 20 世纪 80 年代以来，中国法学界提出以“权利本位”为理论范式，试图摆脱中国传统法律“义务本位观”的束缚、克服新中国成立初期“阶级斗争范式”的宰制，从而在我们的法律理论和法律实践中实现以权利为核心和基石的一种文化现象。权利文化萌芽于古希腊古罗马，滥觞于自由资本主义时期，在整个西方社会得到孕育和成长。从 14 世纪的文艺复兴运动开始至 19 世纪末 20 世纪初，在长达几个世纪的漫长历史中，经过以自然法学派法学家为代表的所有法学家、思想家的共同努力，终于在西方建筑起了一幢宏伟的自然权利本位的大厦①。中国传统社会缺乏权利观念，道德文化对人的权利主张是采取压抑的态度，主张以“义”作为做人的根本，所谓“君子喻于义，小人喻于利”②，重义轻利，并从而形成了中国传统法律“义务本位”的基本定位。这种情形显然不符合现代法治精神，所以，自 1978 年始，中国法学界便开始了“法学解放”运动，这场“法学解放”运动，通过对“法的本质”、“现代法律的精神”、“法治(依法治国)”和“法制现代化”等学术热点问题的讨论而取得了相当大的成就，而“权利本位论”的提出和形成则是其间较为重大的学术成果之一③。事实上，由于“权利本位论”契合了转型期的社会和个人需求，在 20 世纪末有关法的本位问题上其基本形成了“一枝独秀”的局面④。“权利本位论”不仅为作为一门独立学科的法学提供了政治上的或意识形态上的正当性论证，而且还把法学中诸多被视作具有某种政治禁忌的

---

① 陈云生：《权利相对论》，人民出版社 1994 年版，第 93～135 页。

② 《论语 · 里仁》。

③ 邓正来：《中国法学向何处去》，商务印书馆 2006 年版，第 58 页。

④ 对权利本位论的探讨主要集中在 1989 年—1991 年，当时曾有义务重心说、权利义务并重论与之抗衡，但权利本位显然更符合时代潮流而得到了多数人的认可。其间，虽有不少学者对权利本位提出质疑，但往往只破不立，没有建立与之相对的观点。2004 年李龙教授率先提出的人本法律观在法学界产生较大影响，但并未与权利本位论形成交锋。

论题从当时极“左”政治或僵化的意识形态中解放了出来，使之成为公众的和学术的论题①。受理论上的权利本位导向影响，公民权利意识高涨，对权利的需求越来越多，中国已经逐步进入“走向权利的时代”。但权利本位论作为一个学术观点，它还存有理论体系的不完善和实践操作的不成熟，其在中国更多是一个法学口号或者一种价值取向，其主要作用在于唤起权利意识的觉醒和进行法治文化的启蒙。

在论述了道德文化、理性文化、法律文化和权利文化后，我们再来探讨中国特色社会主义法治文化。首先，中国特色社会主义法治文化不应该抛弃中国原有的文化传统，而应该从中国原有的文化传统中发掘出与法治相适应的文化因素来，进一步完善现有的法治模式②。其次，中国特色社会主义法治文化应合理吸收西方理性文化的精髓，将一些具有普适价值的法治理念充实到我国的法治理论和法治实践中来，因为“未来中国的法治仍将是世界法治文化精髓与中国国情的结合，是具有中国特色的法治”③。再次，中国特色社会主义法治文化不是一蹴而就的，它从法律制度入手，以法治思想观念的确立、法治理念的树立为旨趣，既要铸造与社会主义初级阶段相一致的法治文化体系，又要培养与社会主义初级阶段的政治、经济和社会和谐发展相适应的法律信仰、法律情感，建构优化的法治心理。最后，中国特色社会主义法治建设本身是一个制度选择的试错过程，所以，中国特色社会主义法治文化的实质是在积淀和创造深厚文化底蕴的基础上传承、研究、融合和创新法治。

---

①　苏力：《也许正在发生：转型中国的法学》，法律出版社 2004 年版，第 16～17 页。邓正来则表达了相反的观点，他指出权利本位论不仅没有完全摆脱政治话语或意识形态话语的支配，甚至还在某种程度上“证明”了政治话语或意识形态话语在中国法学讨论中的有效性或合法地位。参见邓正来：《中国法学向何处去》，商务印书馆 2006 年版，第 65 页。

②　於兴中：《法治与文明秩序》，中国政法大学出版社 2006 年版，第 16～17 页。

③　李林：《法治与宪政的变迁》，中国社会科学出版社 2005 年版，第 219 页。

二、"社会"路径

生活的基本单位是个人，但个人不是彼此隔绝、各自孤立存在的个体，而总是也只能是按一定方式集合成一定群体共同生存的社会性的个体。从两性结合，形成家庭、家族这样的最初的人群共同体，经过氏族、部落、民族，逐步扩大提高，直到形成国家即按一定地域构成的大的人群共同体，最后则发展到最大的人群共同体，即所有人组成的人类社会。因而，社会实质上就是人的集合，是人活动的结果，是人自己创造了社会，但社会产生之后，又外化、对象化为人的对立物。作为一个复杂的有机系统，社会大致可以分为三个层次：(1)基础层次，包括生产力和生产关系，经济基础和上层建筑，社会存在和社会意识等；(2)中间层次，各种人群共同体或社会组织，包括氏族、部落、民族、家庭、阶级、国家以及各种党派性组织和社会团体；(3)高级层次，主要是运筹性要素，包括社会预测和决策，社会管理和各种社会分工与协作等①。前两类要素通过运筹性要素的选择、调动、配置等手段，使社会成为结构合理、具有生命活力的有机整体。所以构成社会的各项要素不是处于彼此隔绝的孤立静止状态，而是处于不断的相互联系相互作用的运动状态，运筹性要素主要是发挥社会有机体自我调节的功能。

现象学社会知识学认为，社会是源于行为主体的解释过程，并逐渐获得客观性的社会日常结构。因此，社会是处于"坚硬的"物质世界与"柔软的"心灵世界之间的一个独立的领域。这个领域、这个现实或这个世界，不管我们如何称呼它，其中都充满了差异，因而十分复杂。人在社会中总是尝试去把握这个世界，描绘这个世界，并把它的不同图式协调起来。生活在一个巨大而又变化不定的社会中，这就使得我们既无法准确地描绘，也无法把各种图式恰到好处地协调起来。

---

① 陈志尚、赵敦华、李中华主编：《人学理论与历史》(人学原理卷)，北京出版社2004年版，第70页。

这就是说，社会成员总是学习和他们息息相关的东西；无论是社会，还是成员，都处于一个不断自我发现和自我创造的过程当中①。正是社会及其成员不断的自我发现和自我创造，导致了社会的不断发展。马克思主义认为社会发展是客观规律性与主体能动性的统一，因为人类社会的“历史是这样创造的：最终的结果总是从许多单个的意志的相互冲突中产生出来的，而其中每一个意志，又是由于许多特殊的生活条件，才成为它所成为的那样。这样就有无数互相交错的力量，有无数个力的平行四边形，由此就产生出一个合力，即历史结果，而这个结果又可以看作一个作为整体的、不自觉地和不自主地起着作用的力量的产物。因为任何一个人的愿望都会受到任何另一个人的妨碍，而最后出现的结果是谁都没有希望过的事物。所以到目前为止的历史总是像一个自然过程一样地进行，而且实质上也是服从于同一运动规律的”②。这段话说明由于社会是人的社会，而人的活动既是受动的（受包括自然环境在内的社会生活条件的制约），又是能动的（改造周围世界、创造人的世界），就每个个人的动机来说，人的活动是自觉自主的，就人类整体活动的结果而言，人的活动是不自觉不自主的。正是人的活动受动性和能动性两个矛盾的方面，人类社会才持续不断地向前运动和发展，从野蛮时代进入文明时代，从低级的不发达的文明社会向高级的发达的文明阶段迈进。但社会在长时期的运动过程中，其整体结构及各项要素不只是简单的量的增减，而是经过一定时期会有明显的质的变化，因而显现出发展的阶段性。从一个阶段进入另一个阶段，社会实际上就出现了“转型”。

关于“社会转型”的含义，在我国社会学学者的论述中，主要有三个方面的理解：一是指体制转型，即从计划经济体制向市场经济体制

---

① 转引自[德]哈贝马斯：《交往行为理论：行为合理性与社会合理化》，曹卫东译，上海人民出版社 2004 年版，第 78 页。

② 《马克思恩格斯选集》（第 4 卷），人民出版社 1995 年版，第 697 页。

的转变。二是指社会结构变动。持这一观点的学者认为，社会转型的主体是社会结构，它是指一种整体的和全面的结构状态过渡，而不仅仅是某些单项发展指标的实现。社会转型的具体内容是结构转换、机制转轨、利益调整和观念转变。在社会转型时期，人们的行为方式、生活方式、价值体系都会发生明显的变化。三是指社会形态变迁，即指中国社会从传统社会向现代社会、从农业社会向工业社会、从封闭性社会向开放性社会的社会变迁和发展。这三个方面的理解其实并不矛盾，只是从微观到宏观的视角不同而已，社会转型必然包括社会体制的转型、社会结构的转型，从而实现社会形态的整体变迁。自1949年新中国成立以来，中国社会一直在经历着变革和转型，因为新中国成立时的社会基础是礼治秩序，政治规则是一种变形了的集权制度，经济条件仍然处于以农业为主体的自然经济。中国共产党作为执政党，把制度变革放在首位，希望通过政治、经济和社会制度的变革来实现富强、民主和文明的和谐社会理想。这个转型虽取得了一些阶段性成果，如实现了从计划经济体制向市场经济体制的转变，人们的行为方式、生活方式、价值体系也发生了明显的变化，但与经济社会转型相伴而生的是，利益主体和社会结构正在发生重要变化，社会矛盾和社会问题日益突出，并已成为世界上收入差距比较大，城乡差距比较严重，就业、公共医疗、义务教育、社会保障等公共需求和公共服务方面问题比较突出的国家之一。这一现实，给改革发展和建设和谐社会带来许多不稳定因素，给政府扩大社会管理和公共服务职能提出严峻而迫切的挑战。

社会转型期在中国将长期存在。由中国科学院中国现代化研究中心、中国现代化战略研究课题组完成的《中国现代化报告2006》中指出，在未来50年里，中国社会现代化需要完成两次社会转型，一是从农业社会向工业社会、从乡村社会向城市社会转型；二是从工业社会向知识社会、从城市社会向城乡动态平衡社会转型。这两次转型，将从根本上改变中国人五千年形成的传统习惯和生活方式，导致社会利益和社会角色的重新洗牌。与两次社会转型相适应，中国社会现代化在推进新型城市化、推进社会信息化、推进社会知识化三个方面，未来 50 年均需完成两次转变。在推进新型城市化方面，中国人口空间结构将先后实现从农村社会向城市社会和从城市社会向信息化、知识化的城乡动态平衡社会两次转变，基本任务是：到 2050 年，城市化率提高至 80%左右，郊区化率提高至 50%左右。在推进社会信息化方面，中国人的生活条件和生活方式也要面临两次转变，一是从农村生活方式向现代城市生活方式转变，二是从城市生活方式向信息化、知识化、国际化生活方式转变，基本任务包括：到 2050 年，信息化率达 80%左右，出国旅游率达 50%左右，汽车普及率达 50%左右，预期受教育年数超过 17 年。在推进社会知识化方面，需加速中国劳动结构的两次转变，一是工业劳动力比重超过农业劳动力，实现就业结构工业化(非农业化)，二是知识性职业比重超过生产性职业，实现职业结构知识化(非物质化)，基本任务是：在未来 50 年，农业劳动力、生产性职业比重分别年下降 5%和 2%左右，知识性职业比重年上升 3%左右。

中国社会转型的内容主要包括：(1)由政府主导型社会向政府—市场均衡型社会转变。秦汉以来的中国始终是政府主导型社会，即政权机构在政治、经济、文化等各个领域的重大事务的管理和决策上起着主导作用。改革开放 30 年来，无论是改革的发动，重要改革措施的提出、实施，改革战略、路线、政策的修正等，都是按照政权机构的指令进行的。中国的改革就是试图在政府与市场两者之间寻找到一个均衡点，但事物是矛盾的，改革的市场化导向就是在国家政权以外创建一个区别于政权的资源配置中心，而这与政府主导型社会显然是矛盾的。(2)由整体利益社会向整体—个体利益均衡型社会转变。中国社会自古以来就强调整体利益，这种重视整体利益的现象在梁漱溟看来，是以家庭家族为本位而忽视个人的体现，强调个人对整体的服从。新中国成立以来，这种整体利益则体现为国家、集体或单位的利益。改革开放以来的中国也具有这个特点，因为在改革开放以来无数次的抉择中，核心问题之一就是考虑整体利益与个体利益的关系，改革的目标之一就是试图在国家的整体利益与个人的个体利益之间寻找到一个新的均衡点，改革的趋势是愈加激发出每一个人的活力，进一步体现以人为本，所以，30 年改革导致的结果是，越来越尊重和重视作为个体的每一个人的利益。近些年的发展就越来越体现出，那种牺牲个体利益推进整体利益的规划越来越难以实施，如“钉子户”越来越多的现象，实际上是对个体利益维护的一种比较极端和无奈的情形。(3)由家庭伦理本位社会向家庭伦理—个人自由均衡型社会转变。中国是家庭伦理本位社会，家国一体，个人依附于家庭家族。中国社会曾企图以政治活动的方式冲击家庭伦理本位，在“以阶级斗争为纲”的时代，社会上居然流行起了动辄“背叛父母”、“断绝父子关系”的政治潮流，但是，这种东西与中国家庭伦理本位社会是尖锐对立的。所以，自改革一开始就表现出了明显的家庭伦理本位“复归”的社会趋势。改革以前，人民公社体制的核心在于试图打碎家庭体制而实现对于劳动力“跨家庭”配置，而改革初期的成功之举则来源于家庭本位的复建。家庭联产承包责任制的核心是家庭又重新成为组合生产、配置劳动力的中心。随着市场化的发展，劳动力的流动更趋频繁，特别是农村劳动力的转移，年轻人大多进城务工，农村社会以留守老人、妇女、儿童为主，流动人口不稳定的婚姻关系等，对于传统家庭伦理本位社会又形成一次巨大冲击。所以，改革的目标以及基本方式就是要在家庭伦理本位与个人自由之间寻找一个均衡点。(4)由身份等级社会向平等竞争社会转变。中国历来是十分重视身份等级的社会，将人分三六九等的现象比比皆是。改革所引入的市场竞争机制，对于身份等级社会是个巨大冲击，在一定程度上有突破身份等级的趋势。(5)由关系社会向法理社会转变。中国自古就是人际关系极其发达的社会，孔夫子儒学的突出贡献就是阐释人际关系的规则，所谓君臣、父子、夫妻、兄弟、朋友的关系均有一套基本准则，并成为社会运行中最为核心的内容。30多年改革的重要逻辑之一就是试图从依靠人情关系运作的社会转变为依靠民主、法治的法理社会，走向法治国家。

“依法治国，建设社会主义法治国家”治国方略的提出对中国社会的转型起到了提供工具和明确目标的双重作用，并使人民当家作主、坚持和发展人民民主。能够制度化、规范化和程序化。而民主的制度化、规范化和程序化是社会主义法治国家的本质要求和根本实现途径。民主要与法治相结合，要在立法过程中体现人民意志和利益，进而使社会各种行为主体在宪法和法律范围内活动，使整个社会在法治轨道上正常运转，从而实现民主与法治的统一、活力与秩序的统一、多元与公正的统一。这些统一过程与中国从农业社会向工业社会、从乡村社会向城市社会转型、从工业社会向知识社会、从城市社会向城乡动态平衡社会转型的过程是相一致的，也正是在此意义上，我们说法治进入生活世界必须通过社会转型达致社会结构的优化和统一，为法治进入生活世界营造外部环境和夯实内部基础。

三、“个性”路径

“依法治国，建设社会主义法治国家”需要法治文化的积淀，需要法治社会结构的优化，但究其根本，还需要法治制度自身的完善，以及作为精神成果的法治向日常生活的渗透，使人内在地建立起现代的、民主的、法治的价值取向，从而超越传统的经验主义、官僚主义、人情关系。因此，相对于“文化”路径、“社会”路径而言，法治自身的完善、法治在人们生活中的普及是走向生活世界的一条更为直接、更具“个性”特征的路径。

法治的完善首先是制度层面的法治的完善，包括立法、执法、司法三个方面。

立法的完善有两层含义，一是要有健全的法律体系，即实现有法可依；二是所依之法必须是民主的、科学的法律，即良法。这两个方面相互关联，分别解决的是立法“量”与“质”的问题，而要保证立法的“量”与“质”，现阶段的中国首先需要在立法权的配置上进行完善。目前我国享有立法权的机构有全国人大、全国人大常委会、国务院及其所属部委、中央军事委员会及其所属部门、地方各级权力机关及其常设机关、地方各级行政机关。就中央一级的立法权限来看，在全国人大和全国人大常委会立法权的划分上，目前存在的主要问题是二者权力界限不清，全国人大常委会事实上行使了较多的立法权。解决这一问题的合理方案是仅保留全国人大的少数立法事项，将大部分立法权明确授权全国人大常委会行使，全国人大的主要职责为进行立法监督，通过设立高规格的宪法监督委员会来监督常委会的立法，以保证立法的质量和全国法制的统一。另外要明确中央权力机关和中央行政机关的立法权限，中央权力机关的立法侧重于最高性、普遍性、主导性和监督性，中央行政机关的立法侧重于技术性、广泛性、适用性和紧急性①。对地方一级的立法权，则应加以规范、限制、监督和引导，并应设立相应的立法审查部门，以保证下位法与上位法的协调。保证立法的“量”与“质”还需要在立法程序上进行完善，目前我国的立法程序主要存在以下一些问题：一是在议案的提出与议案进入议程之间存在障碍，代表和委员提出的议案进入审议程序的很少，立法提案多为国家机关提出；二是由于我国的人大代表都是兼职的，而且每年一次的会期非常短，对法律议案的审议有时会流于形式；三是立法上的全民讨论制度不规范，存在着较大的随意性；四是对法律议案采用整体表决的做法，不能准确地反映代表或委员的意志。针对上述问题来完善立法程序，一是要成立专门的审查机关决定议案是否进入审议程序，对不同的提案主体应一视同仁，赋予各提案主体以平等的机会；二是完善选举制度，保证具有法律知识和相关专业知识的代表或委员占一定比例，对代表或委员定期开展法律知识和相关专业知识的培训；三是对意义重大、涉及公民基本权利和义务的法案，先进行逐条表决，然后就整个法案进行表决，对一般的法案可按章或节进行表

① 丁以升：《法治问题研究》，上海交通大学出版社 2006 年版，第 139 页。

决，然后再进行整体表决。

执法的完善首先需要对行政自由裁量权进行规制。因为20世纪以来，作为“法治”基本内涵的依法办事原则在很大程度上被理解为依法行政，而依法行政的重点就是如何“防止滥用行政自由裁量权”①。在我国，由于现行法律关于行政自由裁量权的规定过于宽泛、行政程序法制建设比较脆弱，以及我国“大行政”的文化传统，行政机关和行政人员滥用自由裁量权的现象比较普遍和严重，所以我国法治完善的重中之重其实就是加强行政自由裁量权的法律规制。对行政自由裁量权的法律规制，有立法控权、行政程序控权和司法控权三种方式。立法控权就是要完善行政立法，对行政权作出合理的规定和限制。行政程序控权就是利用行政程序的预定性、不可逆性、科学性的特点，来限制程序义务人的主观随意性，保证行政决策过程的理性，提高行政活动的效率。中国现行行政程序缺乏统一的行政程序法典；行政程序设计偏重于维护行政权而缺乏对行政相对人程序权利的规定；尚未建立起类似于英国的自然公正原则及美国的正当法律程序等这样的宪法性原则；在行政程序中虽建立了包括时效制度、顺序制度、听证制度等在内的一些基本制度，但这些制度还很不完整，没有形成体系。要实现行政程序控权必须制定行政程序法典、更新行政程序价值取向、确立行政程序原则、健全行政程序制度。司法控权就是对行政自由裁量权进行司法审查。我国目前对行政行为的司法审查，原则上只限于合法性审查，而不包括合理性审查，这种情形对行政自由裁量权的限制是不力的，所以完善司法控权既要考虑行政行为是否符合法律的直接规定，又要考虑该行为是否“合理、善意而且仅为正当目的行使，并与授权法精神及内容相一致”②，这也是司法审查的重要标准。

---

① [英]威廉·韦德：《行政法》，徐炳等译，中国大百科全书出版社1997年版，第23～24页。

② [英]威廉·韦德：《行政法》，徐炳等译，中国大百科全书出版社1997年版，第56页。

独立、公正、完善的司法是法治发达国家的体现，但由于政治制度不同，各国司法体制也呈现出不同的特点。我国实行“议行合一”的人民代表大会制，国家权力由全国人民代表大会统一行使，这与西方国家普遍实行的“三权分立”体制不同。与西方法治国家司法权的完全独立不同，我国的司法是相对独立的：法院行使审判权、检察院行使检察权，都受到国家权力机关的监督，法官审判案件受到法院内部运行机制及来自法律监督机关的监督。这种相对独立的司法与建设社会主义法治国家的要求还有一定的差距，如地方司法机关对地方党委、地方政府和地方人大的某种客观依附性，导致部分司法权的地方化并影响国家法制的统一性和严肃性；在许多地方由于制约和监督司法机关的操作规程的匮乏，对司法机关进行制约和监督乏力；司法机关内部存在审级监督形式化、法律监督机关的监督表面化、司法行政机关监督职能虚无化等弊端；在司法工作中，还存在重实体、轻程序的做法，以及以行政管理方式管理司法工作，司法人员业务水平不高，司法腐败等问题。所以，我国必须进行司法体制改革，坚持司法主权、司法统一、司法独立、司法制约、司法民主、司法便民、司法求是、经济与效率的原则①，重新定位人民法院的功能，提高司法人员的素质。现阶段我国法院在功能上存在着一种二律背反的现象，一方面是法院功能的非理性扩张，法院承担了大量的非裁判性功能，如主动为社会提供法律服务、进行法制宣传教育、从事信访处理工作、参加一般的公益性社会活动、承担调查取证和案件执行工作等；另一方面是法院功能的大面积萎缩，许多应该由法院承担的功能事实上并没有归入法院，一些非纠纷裁判主体在一定程度上分享了裁判权，如部分党组织实际上行使着大案、要案的决定权，一些地方权力机关曾对法院进行个案监督，一些行政机关拥有特定案件的裁判权，甚至检察机关

---

① 李龙、汪习根：《法理学》，人民法院出版社、中国社会科学出版社2003年版，第406～409页。

也行使着一部分本应由法院行使的具有裁判性质的权力。借鉴西方国家的司法体制，我国人民法院的功能可以重新定位为：以纠纷裁判为中心，对其他国家权力进行制约，通过法律解释等方式来参与公共政策创制①。这些功能的发挥与法院体制的完善紧密相关，但也离不开司法人员素质的整体提升，而司法人员素质的整体提升需要法律教育的加强、司法人员选拔机制的完善以及整个社会法律知识的普及。

法治的完善是就法治的内在要求而言的，而法治的普及则是法治对外作用力的要求和体现，法治的完善是法治普及的前提，法治普及是法治走进生活世界的必经之路。法治的普及在我国主要是通过学校教育和大众传播两种方式来实现的。

发达的法律教育是法治文化发达的象征和标志，而发达的法治文化又是发达的法律教育的一个结果。要建成一个富强、民主、文明的现代化的社会主义法治国家，发展包括法律教育在内的教育是一个刻不容缓的任务，这也是由法治在现代化国家中所居的重要地位所决定的。法律教育的任务和目的是多重的，其中法律职业者的培养和训练是最重要的任务之一，因为法治的运行需要许多法律职业人员。这些法律职业者是法律组织机构的活动主体，是法律生活得以正常、有序、有效进行和运转的重要保证。博登海默指出：法律为社会所履行的职责，必然要求对培训法律工作者的方式方法进行控制。如果法律制度的主要目的在于确保和维护社会机体的健康，从而使人民过上有价值的和幸福向上的生活，那么就必须把法律工作者视为“社会医生”，而他们的工作则应当有益于法律终极目标的实现②。法律教育不仅要把法律知识和法律实践操作技巧的传授作为重要内容，至为关键的更应当是对接受法律教育的社会成员的法律职业良知与法律职业

① 丁以升：《法治问题研究》，上海交通大学出版社 2006 年版，第 208～227 页。

② ［美］E·博登海默：《法理学——法律哲学与法律方法》，邓正来译，中国政法大学出版社 1999 年版，第 505 页。

人格的培育，特别是培育法律职业神圣感、法律职业崇高感、法律职业自豪感与法律职业荣誉感。新中国成立后，以马克思主义法学理论为指导的法学教育在中国兴起，并全面引进苏联模式，但法学教育与我国的民主和法制建设一样历经了近三十年的曲折道路。党的十一届三中全会后，法学教育开始恢复并取得巨大发展，特别是“依法治国”方略的提出和实行为法学教育带来新的发展机遇，法学教育必须科学地确定培养目标、课程体系，全面实施素质教育，将培养高素质的法律职业人员作为一项长期的任务。

除了正规的学校教育外，法律教育还包括各种形式的普法教育，因为按照现代法治的理想，法治意味着法律进入到人们的日常生活之中，成为指引人们行为的有效规范。这一理想在中国的实现不是单一的学校教育所能胜任的，因为在中国这样一个有着几千年的历史传统的国度，人们的日常生活已经受到一套自然演进的社会道德规范的约束，而且每个人从小就非常熟悉这套规范。实行法治，就意味着人们至少是要部分地放弃他们所熟悉的社会规范，转而接受来自国家的正式法规范。如果人们无从了解国家的正式法规范，如果人们无从感受国家的法律规范的合理性，那么期盼人们会自动地接受和服从国家的法律规范，显然是不现实的。普法教育的作用，正是帮助人们了解国家的正式法规范，帮助人们理解国家的正式法规范的合理性，从而帮助国家的正式法规范进入人们的日常生活。从 1985 年起，中国启动了一场古今中外罕见的、由政府自上而下推动的、有亿万人接受教育的普法活动。发起这场活动的基本动机，就是为了改变中国民众千百年形成的法律意识淡薄，守法意识不强的习惯，以期形成一个为现代国家所必不可少的法治秩序。从 20 世纪 80 年代中期至今，中国党和政府先后开展了五个五年普法活动，在全社会范围内进行法制宣传教育。这种普法活动并不仅仅是送法下乡，而是送法到全社会。按照五五普法规划，法制宣传教育的主题活动包括“法律进机关”、“法律进乡村”、“法律进社区”、“法律进学校”、“法律进企业”、“法律进单位”等活动，覆盖全社会的各个领域。普法活动的对象不仅仅是人民群众，也包括领导干部。近年来，从中央到地方的各级党政机关逐步建立起了党委(党组)理论学习中心组集体学法制度、领导干部法制讲座制度、法律知识年度考核制度等普法制度。普法活动的形式和渠道也日益多样化，例如，在各级各类学校中开设法制课程，新闻媒体开展公益性法制宣传教育，提供免费法律咨询服务，召开立法听证会，行政执法听证会，审判公开等。这场深入而持久的普法教育活动对于民众了解国家法律和参与国家法律活动，对于全体社会成员增强法律意识，对公众法治认同的形成发挥着重要作用，也为中国的民主法治建设打下了一定的群众基础。这场普法教育也是中国的法治启蒙运动，民众法治意识的启蒙和培育，是法治发展的一个重要任务和要求，也是一个国家法治发展的不可逾越的阶段。

正规的学校教育和各种形式的普法教育为法治国家培养了人才、创造了文化条件，但受正规学校法治教育的毕竟只是少数人，而普法教育在教育内容上，过多地注重对具体条文的灌输、法律知识的普及，这实际上还是自上而下的国家努力的结果，而不是自下而上的对法的需求与接纳。“一个只靠国家强制力才能贯彻下去的法律，即使理论上再公正，也肯定会失败。”①所以，真正意义的法治更主要在于人们对法的认可与信仰，在于对法的自觉程度。因为“法治国家及其理论构想之所以开始实现是因为它被能够重建人类存在的‘具有批判力的大众’所掌握”②。也就是说法治国家及其理论构想的现实化不仅在于理论家和专业法律人士的工作，更主要在于“被能够重建人类存在的‘具有批判力的大众’所掌握”。而这种“具有批判力的大众”的形成是一个长期的过程，法治的大众传播在这个形成过程中起了很大的

---

① 苏力：《法治及其本土资源》，中国政法大学出版社 1996 年版，第 10 页。

② [俄]B·B·拉扎列夫主编：《法与国家的一般理论》，王哲等译，法律出版社 1999 年版，第 352 页。

作用。大众传播是指用各种各样的大众文化传播工具作为媒介，将法律制度、法治理念、法治文化传播普及到社会中去，使之成为人们生活中的一个组成部分。

不同时代的大众传播媒介不同，在西方法治演进过程中，《圣经》和希腊悲剧对培养民众的法治意识起了非常重要的作用①。而晚近以来，法律文学的兴起更是为人们接近法律开创了新的渠道。现代社会，报纸、杂志、书籍、电影、电视、广播、网络等重要的大众传播媒介每天都在向人们输送着大量的法律信息。电视作为一种广泛的、普遍的信息传播媒介，使人们直接或间接地参与了社会生活，并以其强有力的渗透力和扩散力，将大量的文化信息传播给社会，成为人们学习知识、获取文化的一个有效途径。美国法学家经过社会调查后得出结论：电视是美国人接触法律文化知识的一个重要途径。他们说："那些经常看电视的人比那些偶然看的人好像更加了解宪法上的保障。"②电视节目题材具有多样性，通过电视实现法治对现代社会生活逐步渗透的方式有：播放国家颁布的新法律、法规的信息，国家立法机关的立法活动情况，议案的辩论讨论情况，立法参与者的发言内容，法律通过的程序，选举程序，国家审判机关的重要审判实况，各种各样的法律知识讲座，法律知识竞赛实况等直接的方式；播放涉及法律问题的电视剧、电影、戏剧、相声、小品等间接的方式。除了电视这样一种大众化的、较为有效的传播工具外，网络也成为人们获取法律知识、法律信息的有效途径。而一些法治文学书籍以及改编的电

---

① 如《圣经》宣扬上帝的律法以及摩西如何在西奈山上得到了《十戒》，法律与宗教在西方的相互渗透培养了人们对法律宗教般的信仰之情。在希腊悲剧《伊狄蒲斯王》中，我们可以听到这样的台词："尽管您是国王，言论自由的权利对所有的人都是一样的。在这里我是我自己的主人。"这些都反映了西方人强烈的权利意识和法治意识。参见 Sophocles. *Oedipus the King and Antigone*. Appleton-Century-Crofts，Inc.，1960：18.

② [美]李·S·温伯格、朱迪思·W·温伯格：《论美国的法律文化》，载《法学译丛》1985 年第 1 期。

影作品在法治的传播过程中也起着相当重要的作用，如《秋菊打官司》、《被告山杠爷》等。在大众法治传播中，各种传播媒介一定要正确地而不是歪曲地向社会公众提供法律信息，否则就会在信息接受者中产生不良的社会效果，甚至诱发各种非法行为。所以，对大众传播媒介要加强管理和审查，使它们成为当代民主法治的基石，成为政治民主化的主要手段，成为公民更广泛深入地参与政治生活的重要途径，成为法治进入生活世界的基本路径。

余　论

一

不论是作为治国方略的依法治国，还是作为根本目标的法治国家，长期以来，中国的法治建设是在国家和政府层面推行着，我们已经习惯于用一种宏观的、自上而下的视角来看待法治。这种宏观视角与马克思的以经济政治为中心的宏观革命设想是基本吻合的。从生活的角度分析法治，实际上是从一个微观的、自下而上的角度来理解法治，从现实的个人的日常生活中来感受法治、接纳法治。这种微观视角以西方哲学界的“生活世界”理论为论述框架，以日常生活批判学说为参照体系，实际上也暗合了列斐伏尔的以日常生活为中心的微观文化革命理想。然而，在具体分析论述法治与生活问题的过程中，我们却发现很难用一种单一的理论来解决所有的问题，因为宏观的法治在我国已经是一个直接的存在论事实，从生活的维度来看待法治可能更多的还是一个认识论的问题，而认识是否透彻的第一个前提是不能回避存在和事实。基于此，我们对马克思的以经济政治为中心的宏观革命设想与列斐伏尔的以日常生活为中心的微观文化革命理想予以了融合，将日常生活看成独立于经济基础和上层建筑两个平台之外的一个新的平台，而不是用日常生活替代经济基础，用非日常生活替代上层建筑，尽管这两种理论有一定的交叉和对应，比如，上层建筑的社会意识形态部分与非日常生活的自觉的类本质活动领域、上层建筑的政治法律等制度部分与非日常生活的制度化领域。具体到法治的理论定位上，按马克思的经济基础与上层建筑理论，法治是上层建筑的重要组成部分，尽管这个上层建筑是由经济基础决定的，但它不是经济基础；按照生活世界理论，法治不仅属于非日常生活世界，还属于日常生活世界。将两种理论对接后，我们得出法治既以经济基础为基石，也以日常生活为基础。所以，法治的宏观视角不容回避，法治的微观视角不能忽视，从宏观视角的法治落实到微观视角的生活，构成了本书的理论基点和内在逻辑。

二

总结中国法治推行的实践经验，本书对法治作了三个层面的划分和判断，以 2007 年党的十七大报告中“中国特色社会主义法律体系已基本形成”的宣言为标志，将在此之前的法治建设归纳为“制度层面的法治”建设；以党和国家领导人提出并在十七大报告中予以明确的“树立社会主义法治理念”为标志，将我们正在完善和宣扬的社会主义法治理念作为“理念层面的法治”建设的起点；“文化层面的法治”建设是我们的一个预测和判断，这个判断是基于中国从传统农业文明向现代工业文明迈进的社会转型中必然经历文化转型的现实，即从传统农业文明中用经验习惯、宗法血缘、天然情感维系的道德文化向现代工业文明中用民主、理性、契约、法律维系的法治文化转变的情形。这个转变有一定的必然性，但肯定不是“突变”，所以我们无法给出一个精确的日程表，甚至无法给出一个标志性的里程碑。

制度层面的法治、理念层面的法治和文化层面的法治三个层次的划分不是逻辑推演的结果，而是实践经验的总结。但实践也有其内在的逻辑，正如韦伯在《新教伦理与资本主义精神》中提出并论证的一个命题：在任何一项事业背后，必然存在着一种无形的精神力量；尤为重要的是，这种精神力量一定与该项事业的社会文化背景有密切的渊源①。按照这个命题，从立体的角度看，制度层面的法治、理念层面的法治和文化层面的法治实际上是一个由表及里、由浅入深的过程，文化层面的法治潜在制度层面的法治和理念层面的法治最底层、最深处，并伴随着制度层面的法治和理念层面的法治建设过程，嵌成法治建设背景的一部分；理念层面的法治处在制度层面的法治之后，成为支撑制度层面的法治的一种精神力量；制度层面的法治位于最表层，从原则到规则、从形式到内容，法治改革的直接受力面在制度层面。从平面的角度看，制度层面的法治、理念层面的法治和文化层面的法治应是一个"金字塔"结构，其中理念层面的法治处于塔尖，制度层面的法治处于中间层，文化层面的法治是"金字塔"最底部、最夯实的一层。

本书对理念层面的法治、制度层面的法治和文化层面的法治三个层次的内在逻辑是以平面视角来区分的，之所以作这样的处理，是为了与生活世界理论作一种结构上的对应。因为生活世界理论同样是一个"金字塔"结构，处于塔尖的是自觉的类本质活动领域，处于金字塔中部的是制度化领域，处于金字塔底部的是日常生活领域。因此，理念层面的法治与生活世界的自觉的类本质活动领域、制度层面的法治与生活世界的制度化领域、文化层面的法治与生活世界的日常生活领域就构成了相应的对应关系，这种对应也直接证明了法治与生活的密切关系，为进一步论述"生活"的法治与"法治"的生活奠定了理论基础。

三

生活其实就是人如何去生存的问题，而法治是解决人如何去生存

① ［德］马克斯·韦伯：《新教伦理与资本主义精神》，彭强、黄晓京译，陕西师范大学出版社2002年版，译者絮语第3页。

的答案之一，尽管不是唯一的答案，甚至这个答案本身也并不完美，但却是人类目前可能找到的最佳答案，因为相对于道德、宗教而言，法治更具有包容性、公正性、安全性，它事实上已经成为当今世界最具普遍性的社会控制方式和生活模式。对法治如何进入生活世界并成为人们依赖法治而生存的自觉选择，我们设计了“文化”路径、“社会”路径和“个性”路径三条相互联系、相互作用的线路，但这三条路径只是为法治进入生活提供了“润物细无声”的雨露和土壤，法治最终在生活层面的实现是通过人对法治的“内化”完成的。法治通过“人”作用于生活，法治建设实质上也是人的生活形象建设和塑造的问题。其中，制度层面的法治提供人的形象标准，因为法治是一个法律如何想象(设想)人、如何打算对人起作用、法律采取什么方式对待人的问题。法治在历史上的作用表现在：它通过法律规定人们的行为模式，树立“理想类型的”人类形象，作为一种“架构”的技术引导人类“先行筹划”自己的生活。简言之，它是一个如何在法律上呈现并准备加以法律规定的人类形象问题。理念层面的法治着眼于对人的塑造，因为法治理念是关于法治的理想、信念和观念，是对法治的内在要求、精神实质和基本原则的理性认识及高度概括。理念不是先验确定的，而是实践性的，它总是一定社会的经济状况、社会现实、文化主流的反映。从实践中来的理念，需要回到实践中去指导新的实践，所以，法治理念对法治建设实践具有直接的引领、评价和构建作用，对处于法治建设实践中的人具有塑造功能。文化层面的法治侧重于对人的熏陶，因为文化是内在于人的一切活动之中，左右人的行为方式的基本的生存模式。中国法治的本质是在积淀和创造深厚文化底蕴的基础上传承、研究、融合和创新法治，使处于传统文化中的人在生存模式或生活方式上出现转化，实现人类创造文化、文化促进人类发展的双向互动过程。

四

维特根斯坦曾说，不可说的应当沉默。对于法治这样一个亘古常新、蕴涵隽永的话题，在古往今来讨论法治的浩繁文字中，从原则到制度、从形式到内容、从自然法到实证法、从自由主义到马克思主义、从传统到后现代，法治领域里可说的似乎早已被人说了，不可说的似乎是人们的认识还没有达到的领域。从生活的维度研究法治首先是一个“可说不可说”的认识论问题，但本书的侧重点不在于将法治的“不可说”变成“可说”，或者将“可说”的再重复一遍以强调其重要性，将法治与生活构筑起必要的联系更主要的是一个“可做不可做”的存在论问题。中国法治发展到今天，缺乏的不是理论的学说、观点，不是操作的规则、规定，而是如何与现实的人的生活建立起必要的联系，使法治真正成为“有我的法治”。

法治的生活之维，我们“可说”更“可做”，而努力的方向在于说得透彻，做得完美！

参考文献

一、中文及译著类

1. 中共中央马克思恩格斯列宁斯大林著作编译局：马克思恩格斯选集(第1卷)[M]. 北京：人民出版社，1995.
2. 中共中央马克思恩格斯列宁斯大林著作编译局：马克思恩格斯选集(第2卷)[M]. 北京：人民出版社，1995.
3. 中共中央马克思恩格斯列宁斯大林著作编译局：马克思恩格斯选集(第3卷)[M]. 北京：人民出版社，1995.
4. 中共中央马克思恩格斯列宁斯大林著作编译局：马克思恩格斯选集(第4卷)[M]. 北京：人民出版社，1995.
5. 中共中央马克思恩格斯列宁斯大林著作编译局：马克思恩格斯全集(第5卷)[M]. 北京：人民出版社，1995.
6. 中共中央马克思恩格斯列宁斯大林著作编译局：马克思恩格斯全集(第6卷)[M]. 北京：人民出版社，1995.
7. 李龙. 良法论[M]. 武汉：武汉大学出版社，2001.
8. 李龙. 人本法律观研究[M]. 北京：中国社会科学出版社，2006.
9. 李龙. 依法治国方略实施问题研究[M]. 武汉：武汉大学出版社，2002.
10. 李龙. 西方法学经典命题[M]. 南昌：江西人民出版社，2006.
11. 李龙，汪习根. 法理学[M]. 北京：人民法院出版社和中国社会科学出版社，2003.

12. 汪习根. 法治社会的基本人权——发展权法律制度研究[M]. 北京：中国人民公安大学出版社，2002.
13. 徐亚文. 程序正义论[M]. 济南：山东人民出版社，2004.
14. 周叶中. 宪法[M]. 2 版. 北京：高等教育出版社和北京大学出版社，2005.
15. 秦前红. 宪法变迁论[M]. 武汉：武汉大学出版社，2002.
16. 陈晓枫. 中国法律文化研究[M]. 郑州：河南人民出版社，1993.
17. 江国华. 宪法的形而上之学[M]. 武汉：武汉大学出版社，2004.
18. 於兴中. 法治与文明秩序[M]. 北京：中国政法大学出版社，2006.
19. 姚建宗. 法治的生态环境[M]. 济南：山东人民出版社，2003.
20. 衣俊卿. 现代化与文化阻滞力[M]. 北京：人民出版社，2005.
21. 衣俊卿. 现代化与日常生活批判[M]. 北京：人民出版社，2005.
22. 夏勇. 法制源流——东方与西方[M]. 北京：社会科学文献出版社，2004.
23. 李林. 法治与宪政的变迁[M]. 北京：中国社会科学出版社，2005.
24. 杨解君. 走向法治的缺失言说(二)——法理、宪法与行政法的诊察[M]. 北京：北京大学出版社，2005.
25. 李鹏程. 当代文化哲学沉思[M]. 北京：人民出版社，1994.
26. 艾四林. 哈贝马斯[M]. 长沙：湖南教育出版社，1997.
27. 李佃来. 公共领域与生活世界——哈贝马斯市民社会理论研究[M].北京：人民出版社，2006.
28. 吴宁. 日常生活批判——列斐伏尔哲学思想研究[M]. 北京：人民出版社，2007.

29. 王伯琦. 近代法律思潮与中国固有文化[M]. 北京：清华大学出版社，2005.
30. 卓泽渊. 法治国家论[M]. 北京：法律出版社，2003.
31. 卓泽渊. 法的价值论[M]. 2版. 北京：法律出版社，2006.
32. 韩忠谟. 法学绪论[M]. 北京：中国政法大学出版社，2002.
33. 梁治平. 法辨：中国法的过去现在与未来[M]. 北京：中国政法大学出版社，2002.
34. 梁治平. 寻求自然秩序中的和谐[M]. 北京：中国政法大学出版社，2002.
35. 俞可平. 治理与善治[M]. 北京：社会科学文献出版社，2000.
36. 马俊驹，余延满. 民法原论[M]. 北京：法律出版社，1998.
37. 梁慧星. 民法总论[M]. 北京：法律出版社，1996.
38. 吕世伦. 法理念探索[M]. 北京：法律出版社，2002.
39. 王人博，程燎原. 法治论[M]. 济南：山东人民出版社，1998.
40. 谢晖. 法律信仰的理念与基础[M]. 济南：山东人民出版社，1997.
41. 谢晖. 价值重建与规范选择——中国法制现代化沉思[M]. 济南：山东人民出版社，1998.
42. 高鸿均. 法治：理念与制度[M]. 北京：中国政法大学出版社，2002.
43. 赵汀阳. 论可能生活——一种关于幸福和公正的理论[M]. 北京：中国人民大学出版社，2004.
44. 张文显. 二十世纪西方法哲学思潮研究[M]. 北京：法律出版社，2006.
45. 张文显. 法哲学范畴研究[M]. 修订版. 北京：中国政法大学出版社，2001.
46. 苏力. 法治及其本土资源[M]. 北京：中国政法大学出版社，2004.

47. 苏力．也许正在发生：转型中国的法学[M]．北京：法律出版社，2004.
48. 苏力．制度是如何形成的[M]．北京：北京大学出版社，2007.
49. 季卫东．法治秩序的建构[M]．北京：中国政法大学出版社，1999.
50. 何家弘．从通俗到深奥——法治文化杂论[M]．北京：中国法制出版社，2008.
51. 孙晓楼．法律教育[M]．北京：中国政法大学出版社，1997.
52. 费孝通．乡土中国[M]．北京：三联书店，1985.
53. 高鸿钧．现代法治的出路[M]．北京：清华大学出版社，2003.
54. 辛鸣．制度论——关于制度哲学的理论建构[M]．北京：人民出版社，2005.
55. 黄楠森，陈志尚，赵敦华，李中华．人学理论与历史(人学原理卷)[M]．北京：北京出版社，2004.
56. 梁启超．饮冰室合集[M]．北京：中华书局，1989.
57. 李昌麒．中国农村法治发展研究[M]．北京：人民出版社，2006.
58. 张永理．当代中国政治生活中的封建残余研究[M]．北京：知识产权出版社，2004.
59. 狄慈根．狄慈根哲学著作选集[M]．北京：三联书店，1987.
60. 李承贵．德性源流：中国传统道德转型研究[M]．南昌：江西教育出版社，2004.
61. 刘作翔．迈向民主与法治的国度[M]．济南：山东人民出版社，1999.
62. 刘作翔．法律文化研究理论[M]．北京：商务印书馆，1999.
63. 邓正来．中国法学向何处去[M]．北京：商务印书馆，2006.
64. 丁以升．法治问题研究[M]．上海：上海交通大学出版社，2006.

65. 马长山. 国家、市民社会与法治[M]. 北京：商务印书馆，2002.
66. 齐延平. 人权与法治[M]. 济南：山东人民出版社，2003.
67. 范进学. 权利政治论：一种宪政民主理论的阐释[M]. 济南：山东人民出版社，2003.
68. 周汉华. 现实主义法律运动与中国法制改革[M]. 济南：山东人民出版社，2002.
69. 王伯琦. 近代法律思潮与中国固有文化[M]. 北京：清华大学出版社，2005.
70. 江山. 中国法理念[M]. 北京：中国政法大学出版社，2005.
71. 司马云杰. 文化社会学[M]. 济南：山东人民出版社，1987.
72. [古希腊]亚里士多德. 政治学[M]. 吴寿彭译. 北京：商务印书馆，1985.
73. [古希腊]亚里士多德. 尼各马科伦理学[M]. 苗力田译. 北京：中国社会科学出版社，1999.
74. [古罗马]西塞罗. 论共和国 论法律[M]. 王焕生译. 北京：中国政法大学出版社，1997.
75. [古罗马]西塞罗. 国家篇 法律篇[M]. 苏力译. 北京：商务印书馆，2002.
76. [德]哈贝马斯. 在事实与规范之间：关于法律和民主法治国的商谈理论[M]. 童世骏译. 北京：三联书店，2003.
77. [德]哈贝马斯. 交往行为理论：行为合理性与社会合理化[M]. 曹卫东译. 上海：上海人民出版社，2004.
78. [德]胡塞尔. 生活世界现象学[M]. 倪梁康，等，译. 上海：上海译文出版社，2002.
79. [德]胡塞尔. 欧洲科学危机和超验现象学[M]. 张庆熊译，上海：上海译文出版社，1988.
80. [德]古斯塔夫·拉德布鲁赫. 法律智慧警句集[M]. 舒国滢译.

北京：中国法制出版社，2001.
81. [德]黑格尔. 法哲学原理[M]. 范杨，张企泰译. 北京：商务印书馆，1961.
82. [德]马克斯·韦伯. 新教伦理与资本主义精神[M]. 彭强，黄晓京译. 西安：陕西师范大学出版社，2002.
83. [德]弗里德里希·尼采. 人性的，太人性的：一本献给自由精灵的书[M]. 杨恒达译. 北京：中国人民大学出版社，2005.
84. [德]京特·雅科布斯. 规范·人格体·社会：法哲学前思[M]. 冯军译. 北京：法律出版社，2001.
85. [德]鲁道夫·冯·耶林. 为权利而斗争[M]. 郑永流译. 北京：法律出版社，2007.
86. [德]贡塔·托依布纳. 法律：一个自创生系统[M]. 张骐译. 北京：北京大学出版社，2004.
87. [美]哈罗德·J·伯尔曼. 法律与宗教[M]. 梁治平译. 北京：中国政法大学出版社，2003.
88. [美]约翰·梅西·赞恩. 法律的故事[M]. 孙运申译. 北京：中国盲文出版社，2002.
89. [美]R·M·昂格尔. 现代社会中的法律[M]. 吴玉章，周汉华译. 南京：译林出版社，2001.
90. [美]E·博登海默. 法理学：法律哲学与法律方法[M]. 邓正来译. 北京：中国政法大学出版社，1999.
91. [美]贝思·J·辛格. 可操作的权利[M]. 邵强进，林艳译. 上海：上海人民出版社，2005.
92. [美]威廉·A·盖尔斯敦. 自由多元主义[M]. 佟德志，庞金友译. 南京：江苏人民出版社，2005.
93. [美]克鲁克洪等. 文化与个人[M]. 高佳，等，译. 杭州：浙江人民出版社，1986.
94. [美]霍贝尔. 原始人的法[M]. 严存生译. 北京：法律出版

社，2006.

95. [美]罗·庞德．通过法律的社会控制　法律的任务[M]．沈宗灵，董世忠译．北京：商务印书馆，1984.

96. [美]罗斯科·庞德．法律与道德[M]．陈林林译．北京：中国政法大学出版社，2003.

97. [美]罗伯特·C·埃里克森．无需法律的秩序——邻人如何解决纠纷[M]．苏力译．北京：中国政法大学出版社，2003.

98. [美]富勒．实证主义与忠于法律，法律的现代性剧场[M]．何作译．北京：法律出版社，2006.

99. [美]塞缪尔·亨廷顿．失衡的承诺[M]．周端译．北京：东方出版社，2005.

100. [美]布罗姆利．经济利益与经济制度[M]．陈郁译．上海：上海三联书店，1996.

101. [美]乔治·霍兰·萨拜因．政治学说史(上册)[M]．盛葵阳，崔妙因译．北京：商务印书馆，1986.

102. [美]本尼迪克特．文化模式[M]．张燕，傅铿译．杭州：浙江人民出版社，1987.

103. [美]杜威．民主主义与教育[M]．王承绪译．北京：人民教育出版社，1990.

104. [美]约翰·罗尔斯．正义论[M]．何怀宏，等，译．北京：中国社会科学出版社，1988.

105. [美]理查德·A·爱波斯坦．简约法律的力量[M]．刘星译．北京：中国政法大学出版社，2004.

106. [美]马斯洛．马斯洛人本哲学[M]．成明编译．北京：九州出版社，2003.

107. [美]埃里克·A·波斯纳．法律与社会规范[M]．沈明译．北京：中国政法大学出版社，2004.

108. [美]玛丽·安·格伦顿．权利话语——穷途末路的政治言辞[M]．周威译．北京：北京大学出版社，2006.

109. [美]道格拉斯·拉米斯．激进民主[M]．刘元琪译．北京：中国人民大学出版社，2002.

110. [美]列奥·施特劳斯．自然权利与历史[M]．彭刚译．北京：三联书店，2003.

111. [美]本杰明·内森·卡多佐．法律的生长[M]．刘培峰，刘骁军译．贵阳：贵州人民出版社，2003.

112. [美]罗纳德·德沃金．认真对待权利[M]．信春鹰，吴玉章译．北京：中国大百科全书出版社，1998.

113. [英]亚当·斯密．国民财富的性质和原因的研究(上)[M]．北京：商务印书馆，1972.

114. [英]泰勒．原始文化[M]．连树声译．上海：上海文艺出版社，1992.

115. [英]彼得·斯坦，约翰·香德．西方社会的法律价值[M]．王献平译．北京：中国人民公安大学出版社，1990.

116. [英]韦恩·莫里森．法理学：从古希腊到后现代[M]．李桂林，等，译．武汉：武汉大学出版社，2003.

117. [英]罗素．西方哲学史(上卷)[M]．何兆武，李约瑟译．北京：商务印书馆，1963.

118. [英]马林诺夫斯基．文化论[M]．费孝通，等，译．北京：中国民间文艺出版社，1987.

119. [英]洛克．政府论(下篇)[M]．叶启芳，瞿菊农译．北京：商务印书馆，1983.

120. [英]哈耶克．通往奴役之路[M]．王明毅，等，译．北京：中国社会科学出版社，1997.

121. [英]哈耶克．自由秩序原理[M]．邓正来译．北京：三联书店，1997.

122. [英]弗里德利希·冯·哈耶克．法律、立法与自由(第一、二、三卷)[M]. 邓正来，张守东，李静冰译. 北京：中国大百科全书出版社，2000.

123. [英]约瑟夫·拉兹. 法律的权威：法律与道德论文集[M]. 朱峰译. 北京：法律出版社，2005.

124. [英]彼得·狄肯斯. 社会达尔文主义——将进化思想和社会理论联系起来[M]. 涂骏译. 长春：吉林人民出版社，2005.

125. [英]H·L·A·哈特. 法律、自由与道德[M]. 支振锋译. 北京：法律出版社，2006.

126. [英]丹尼斯·罗伊德. 法律的理念[M]. 张茂柏译. 北京：新星出版社，2005.

127. [英]休谟. 人性论[M]. 张晖编译. 北京：北京出版社，2007.

128. [英]A·J·M·米尔恩. 人的权利与人的多样性——人权哲学[M]. 夏勇，张志铭译. 北京：中国大百科全书出版社，1995.

129. [法]孟德斯鸠. 论法的精神(上)[M]. 张雁深译. 北京：商务印书馆，1982.

130. [法]卢梭. 社会契约论[M]. 何兆武译. 北京：商务印书馆，1982.

131. [法]勒内·达维德. 当代主要法律体系[M]. 漆竹生译. 上海：上海译文出版社，1984.

132. [法]路易·若斯兰. 权利相对论[M]. 王伯琦译. 北京：中国法制出版社，2006.

133. [日]星野音一. 私法中的人，为权利而斗争[M]. 梁慧星译. 北京：中国法制出版社，2000.

134. [日]名和太郎. 经济与文化[M]. 高增杰，等，译. 北京：中国经济出版社，1987.

135. [日]美浓部达吉. 法之本质[M]. 林纪东译. 台湾：商务印书馆，1992.

136. [俄]B·B·拉扎列夫. 法与国家的一般理论[M]. 王哲，等，译. 北京：法律出版社，1999.

137. [俄]普列汉诺夫. 论一元论历史观之发展[M]. 博古译. 北京：三联书店，1961.

138. [俄]雅维茨. 法的一般理论——社会和哲学问题[M]. 朱景文译. 沈阳：辽宁人民出版社，1986.

139. [意]托马斯·阿奎那. 阿奎那政治著作选[M]. 马清槐译. 北京：商务印书馆，1997.

140. [奥]凯尔森. 法与国家的一般理论[M]. 沈宗灵译. 北京：中国大百科全书出版社，1995.

141. [奥]斯蒂芬·茨威格. 昨日的世界：一个欧洲人的回忆[M]. 舒昌善，等，译. 北京：三联书店，1991.

142. [奥]维特根斯坦. 逻辑哲学论[M]. 贺绍甲译. 北京：商务印书馆，1996.

二、论文类

1. 李龙. 弘扬社会主义法治理念，建设社会主义法治国家[J]. 武汉大学学报，2008(2).

2. 李龙. 马克思主义法学中国化的光辉历程[J]. 政治与法律，2008(1).

3. 周叶中. 宪法与公民生活息息相关——关于树立我国宪法权威的一点思考[J]. 求是，2004(11).

4. 周叶中. 依法治国首先是依宪治国：关于宪法与公民生活的演讲[J]. 中国律师，2002(12).

5. 周志轩，江国华. 宪政：和谐的生活哲学[J]. 现代法学，2002(4).

6. 汪习根. 公法法治论[J]. 中国法学，2002(5).

7. 汪习根. 论依法治国的价值定位[J]. 武汉大学学报，2003(5).

8. 徐亚文. 马克思主义法学中国化与当代中国的社会主义法治精神[J]. 武汉大学学报，2005(4).

9. 徐亚文，孙国东. 为法治找寻沃土[J]. 求索，2004(3).

10. 秦前红. 论我国宪法关于公民基本权利的限制规定[J]. 河南省

政法管理干部学院学报，2005(2).
11. 陈晓枫．法律文化的概念：成果观与规则观辨[J]．江苏行政学院学报，2006(1).
12. 陈晓枫．返视：法律文化研究[J]．河南省政法管理干部学院学报，2007(2).
13. 江国华．从农民到公民[J]．法学论坛，2007(2).
14. 江国华．宪法的人类学解释[J]．法学评论，2007(5).
15. 张万洪．法制现代化与传统法律资源研究[J]．武汉大学学报，2007(5).
16. 廖奕．以人为本与法律发展[J]．政治与法律，2007(3).
17. 衣俊卿．人之存在与哲学本体论范式[J]．江海学刊，2002(4).
18. 衣俊卿．社会发展与文化转型[J]．哲学动态，2000(3).
19. 衣俊卿．论中国现代化的文化阻滞力[J]．学术月刊，2006(1).
20. 衣俊卿．现代性的维度及其当代命运[J]．中国社会科学，2004(4).
21. 苏力．二十世纪中国的现代化和法治[J]．法学研究，1998(1).
22. 苏力．面对中国的法学[J]．法制与社会发展，2004(3).
23. 苏力．为什么送法上门？[J]．社会学研究，1998(2).
24. 苏力．中国当代法律中的习惯[J]．中国社会科学，2000(3).
25. 孙笑侠，郭春镇．法律父爱主义在中国的适用[J]．中国社会科学，2006(1).
26. 姚建宗．信仰：法治的精神意蕴[J]．吉林大学社会科学学报，1997(2).
27. 李伯超．现代法治的生成机制[J]．湘潭大学学报，2007(1).
28. 李步云，赵迅．什么是良法[J]．法学研究，2005(6).
29. 严存生．法治社会的“法”与“治”[J]．比较法研究，2005(6).
30. 张文显．“权利本位”之语义和意义分析[J]．中国法学，1990(4).
31. 郭道晖．试论权利与权力的对立统一[J]．法学研究，1990(4).
32. 胡玉鸿．个人社会性的法理分析[J]．法制与社会发展，2008(1).

33. 梁家峰. 法治的生活之维[J]. 新视野，2003(3).
34. 谢晖. 论法律秩序[J]. 山东大学学报，2001(4).
35. 肖北庚. 法律秩序的概念分析[J]. 华东政法学院学报，2002(2).
36. 李长健. 我国农村法治的困境与解决方略研究[J]. 武汉大学学报，2005(5).
37. 何士青. 人的全面发展与法律创新[J]. 当代世界与社会主义，2008(1).
38. 汪太贤. 论中国法治的人文基础重构[J]. 中国法学，2001(4).
39. 夏锦文，蔡道通. 论中国法治化的观念基础[J]. 中国法学，1997(5).
40. 韩成. 现实的人与人的现代化[J]. 学海，1996(6).
41. 杜月秋. 论立法的社会变革功能[J]. 学习与探索，2007(2).
42. 李俊. 论社会变革中的政治社会化治理机制[J]. 社会科学，2007(3).
43. 郭丹峰. 儒学统治与中国社会变革[J]. 湖北经济学院学报，2008(2).
44. 谭德礼. 社会变革与公共生活伦理的养成机制[J]. 贵州社会科学，2006(5).
45. 刘力. 中国社会变革过程中的个体主义倾向[J]. 中国农业大学学报，2007(1).
46. [美]李·S·温伯格，朱迪思·W·温伯格. 论美国的法律文化[J]. 法学译丛，1985(1).

三、外文类

1. Henri Lefebvre. Everyday Life in the Modern World. London: The Penguin Press, 1971.
2. Henri Lefebvre. Critique of Everyday Life, Volume Ⅰ. London and New York: Verso,1991.
3. Henri Lefebvre. Critique of Everyday Life, Volume Ⅱ. London

and New York: Verso, 2002.

4. J. Habermas. Between Facts and Norms: Contributions to a Discourse Theory of Law and Democracy. Cambridge: The MIT Press, 1996.
5. J. Habermas. On the Pragmatics of Social Interaction. Translated by Barbara Fultner. Cambridge: The MIT Press, 2001.
6. Lon L. Fuller. The Morality of Law (revised edition). New Haven: Yalc University Press, 1969.
7. Rudolph von Jhering. Law as Means to an End. Transl. I. Husik. New York, 1925.
8. Joseph Kohler. Philosophy of Law. Transl. A. Albrecht. New York, 1921.
9. Joseph Raz. The Authority of Law: Essays on Law and Morality. London: Clarendon Press, 1979.
10. W. Michael Reisman. Law in Brief Encounters. New Haven: Yale University Press, 1999.
11. P. S. Cohen. The Modern Social Theory. London, 1968.
12. E. E. Evans-Pritchard. Social Anthropology. London, 1951.
13. R. Kley. Hayek's Sicial and Political Thought. London: Clarendon Press, 1994.
14. Robert Alexy. A Theory of Constitutional Rights. London: Oxford University Press, 2002.
15. Robert O. Keohane, Joseph S. Nye. Power and Interdependence (3rd Edition). Beijing: Peking University Press, 2004.
16. Cass R. Sunstein. Designing Democracy: What Constitutions Do. London: Oxford University Press, 2001.
17. Anthony Giddens. The Consequences of Modernity. Cambridge: Polity Press, 1990.

18. Kenneth Bock. Human Nature and History. New York: Columbia University Press,1980.

19. David Ross. The Rights and the Goods. London: Oxford University Press,1930.

20. Ronald Dworkin. Sovereign Virtue: The Theory and Practice of Equality. Cambridge: Harvard University Press,1996.

21. Ronald Dworkin. Law's Empire. Cambridge: Harvard University Press,1986.

22. Dawn Oliver. Common Values and the Public-Private Divide. London: Butterworths,1999.

23. J. Finnis. Natural Law: The Classical Tradition. in the Oxford handbook of jurisprudence and philosophy of law. edited by Jules Coleman and Scott Shapiro. London: Oxford University Press, 2002.

24. Ronald Hamowy. Law and the Liberal Society: F. A. Hayek's Constitution of Liberty. Journal of Libertarian Studies, 1978(2).

25. Karl N. Llewellyn. A Realist Jurisprudence-The Next Step. Columbia Law Rev,1930(30).

26. Stephen G. Breyer. Judicial Independence in the United States. Saint Louis University Law Journal, 1996(40).

27. Stanley Lubman. Studying Contemporary Chinese Law: Limits, Possibilities and Strategy. AM. J. COMP. L,1991(39).

28. Philip Leith. Legal Education in Germany: Becoming a Lawyer, Judge, and Professor. Web JCLI,1995(4).

后　记

从1993年开始学习法律至今，十几个寒暑过去了，其间工作几经变迁，从律师事务所到高校，从法律实务工作到行政工作，现实生活中，自己越来越成为法律的“边缘人”；然而，从本科到硕士到博士，自己却一直坚守在法学的园地里，追逐着一个“法律人”的光荣与梦想。因为是“边缘人”，对理想中的法治就有了一些现实的思考；因为是“法律人”，对现实中的生活就有了一些理想的超越。理想与现实，于我而言，就是法治与生活的关系。

此书是在我的博士论文基础上修改完成的。将自己的博士论文确定为“法治的生活之维”这个选题，是众多师长帮助的结果，因为刚开始思考这个问题的时候，我是以法治如何内化为“人”的思维模式和生存方式作为契入点的，所以在开题时选用了“法治化人”这样一个带有歧义性的题目。恩师李龙教授的真知灼见于我是醍醐灌顶，甘露滋心；陈晓枫教授、秦前红教授、周佑勇教授的批评意见和宝贵建议使我明白该在何处坚守、该去何方张扬；江国华教授亦师亦友的教导与探讨让我重新审视自己的选题与立论，更加清楚了可与不可的关系；周叶中教授、汪习根教授、徐亚文教授言语的鼓励、著作的滋养，给予我源源不断的灵感与启发。

从生活的维度研究法治，于我是一次艰难的学术探索。首先是资料的庞杂与匮乏。为收集资料，在北京出差期间我曾奔走于各个图书馆；在台湾、香港访问期间曾流连于各大书店；在英国访学的三个月里，房东Cleere太太多次偕我前往牛津等地选购书籍。虽多方收集资料，但还是面临相关资料过多、直接资料较少的难题，所以作了大量的甄选与阅读工作。其次是学术背景的单一。将法治与生活构筑起联系不是一个单一的法学命题，它更需借助于哲学的研究成果和学术范式，需要借助历史学、社会学的研究方法与分析路径。采撷着哲学、历史学、社会学园地里的葡萄，酝酿着法学的葡萄酒，实属不易，酒香如何还有待检验，而心中感慨早已萌生。第三是研究时间的有限。从开始写作到初稿完成，历时一年多，其间忙于处理各种杂务，思绪时续时断，只是在夜深人静时，或伏案苦读，或冥思苦想，或奋笔疾书，在“出世”的喜悦里徜徉，在“入世”的艰辛中沉浸，在这些或深或浅的日子里，“我如金匠　日夜捶击敲打/只为把痛苦延展成/薄如蝉翼的金饰”。

书稿虽已完成，但对法治与生活的研究只是刚刚起步，写作的艰难让我清醒地认识到自己功底的不足，收笔时的仓促让我明白自己论证的不充分，而试图尝试的多学科融合不可避免地存在一些生搬硬套的粗疏与错误，这些只能祈望于今后改进了。

生有涯、学无涯，我愿毕生求学，学以致用，以答谢诸位师长的引领指导、众多学友的砥砺相助。感谢恩师李龙教授对我的悉心教诲，感谢家人对我的支持与包容，感谢所有给予我关心帮助的同事、朋友！

本书的出版，得到了华中师范大学出版社提供的出版基金资助，得到了华中师范大学领导和同事们的关心和支持，编辑谢琴、廖建求、沈继成老师做了大量认真细致的工作，在此一并感谢！

桂子山上丹桂飘香，珞珈山间樱花烂漫，生命中的风景定格成不朽的记忆，清新而隽永！

罗丽华

2011 年 7 月于桂子山